中国经济高质量发展与创新系统研究

Zhongguo Jingji Gaozhiliang Fazhan yu Chuangxin Xitong Yanjiu

冯梦黎　著

西南财经大学出版社
Southwestern University of Finance & Economics Press

中国·成都

图书在版编目(CIP)数据

中国经济高质量发展与创新系统研究/ 冯梦黎著.—成都：西南财经大学
出版社，2022.9
ISBN 978-7-5504-5028-8

Ⅰ.①中… Ⅱ.①冯… Ⅲ.①中国经济—经济发展—研究 Ⅳ.①F124

中国版本图书馆 CIP 数据核字(2021)第 167875 号

中国经济高质量发展与创新系统研究

冯梦黎 著

策划编辑:王 琳
责任编辑:廖 韧
责任校对:植 苗
封面设计:张姗姗
责任印制:朱曼丽

出版发行	西南财经大学出版社(四川省成都市光华村街55号)
网 址	http://cbs.swufe.edu.cn
电子邮件	bookcj@swufe.edu.cn
邮政编码	610074
电 话	028-87353785
照 排	四川胜翔数码印务设计有限公司
印 刷	郫县犀浦印刷厂
成品尺寸	170mm×240mm
印 张	12.25
字 数	289 千字
版 次	2022 年 9 月第 1 版
印 次	2022 年 9 月第 1 次印刷
书 号	ISBN 978-7-5504-5028-8
定 价	79.80 元

前　言

　　经济增长和经济发展是一种长期持续的经济现象，它关系到生产力的不断提高。生产力的不断提高是建立在科技和制度不断创新的基础之上的。由此可知，经济增长和发展离不开科技和制度这两个核心要素。其中，从世界各国的发展经验来看，科技创新是促进各个阶段经济显著增长和发展的前提条件，是带来较高速率的经济总量增长和促进经济转型实现现代化经济体系的源泉。当前世界正在进入以科技信息产业为主导的新经济发展时期。进一步看，科技本身仅仅是促进经济增长和发展的必要和前提条件，要使其成为经济增长和发展的充要条件和现实源泉，使科技创新内在能量得到释放、不断推动经济增长，实现经济和科技发展的良性循环，促进经济内生的高效增长，就要在制度上做出相应的调整并适应科技的发展。历史上，以蒸汽机和电力的广泛使用为特征的现代经济增长，要求采用大规模的以工厂为基础的组织形式和现代科学技术，并以广泛的社会分工和协作为基础，这与自给自足的封闭观念和落后的以家庭为单位的生产组织是格格不入的。因而，一方面，制度顺应各个时代经济社会发展的要求进行调整和创新，取代旧的、落后的制度和思想的过程，对现代经济增长和良性发展的实现起着重要的决定性作用。另一方面，经济增长和发展作为一种长期、持续的经济现象，从它的整个动态发展过程来看，它又具备某种或快或慢的速率以及不同的变化幅度、效益和质量等特点，与背后起主导作用的经济发展方式有密切的关系。依靠资源绝对数量驱动的经济发展方式是一种粗放型的经济发展方式，而依靠创新驱动的经济发展方式是一种集约型的经济发展方式。

　　改革开放的制度创新，为中国经济增长进入快车道奠定了重要的制度基础。我国经济增长经历了一个由资源红利→人口红利→制度红利支撑的发展过程，我国人均国内生产总值从 1978 年的 381.23 元增长至 2021 年的 80 976 元①。但褪去中国经济总量 40 多年迅猛增长的光环，我们可看到中国经济增长方式仍是注重数量的高投入、高消耗的粗放式增长，与经济增长成绩斐然相伴随的是日益扩大的收入差距和愈发严峻的发展不平衡等一系列相关的资源、环境、社会等问题。现阶段，随着资源被不断消耗，资源红利亮起了红灯；出生率下降、人口老龄化严重，人口红利也存有潜在的危机，以往由资源、要素驱动的粗放式经济增长已不再适应当前的经济形势。同时，随着人民群众对社会经济发展的诉求不断增多，我国社会主要矛盾已经转化为人民日益增长的美好生活需要和不平衡不充分的发展之间的矛盾。当社会主要矛盾是"人民日益增长的物质文化需要同落后的社会生产之间的矛盾"时，速度"快不快"有着基础性的重要意义；而现在社会主要矛盾已经转化为"人民日益增长的美好生活需要和不平衡不充分的发展之间的矛盾"，产品和服务的"缺不缺"不再是制约人们生活的核心问题，要满足人民日益增长的美好生活需要，质量"高不高"就成了关键。可以看出，中国传统增长模式已经步入瓶颈期，旧的经济模式已经出现"钝化"。在新的经济形势下，为实现全面建成社会主义现代化强国的目标，我国应通过制度红利全面深化改革，推动经济转向新经济发展模式、进入由创新驱动促进经济发展质量提升的阶段，把资源红利由初级资源红利转变为高级要素资源红利，也要更加注重人口的质量而不是绝对数量。

因此，转变经济发展方式，促进传统经济占主导的状况向新经济占主导的方向发展，构建现代化经济发展体系，促进高新科技信息产业发展，是解决经济发展质量不够高、结构不够优化、发展不充分不平衡以及动力不足等问题的内在要求，是使中国经济实现跨越式发展，促进中国经济走向更高水平和高质量发展的重要基础。以创新带动各类资源和要素的进步为经济增长提供了新动能，可以解决阻碍经济发展的各种矛盾，促进传统经济发展模式的转变。从我国科技体制安排来看，我国在以前实行经济赶超战略的过程中，可以对西方发达国家的先进和前沿科技进行模仿，在政府主导和安排下可以充分调动闲置或分散的各类资源，实现经济跨越式发展。但进入高质量发展阶段，随着发达国家对科技的封锁，同时我国在某些领域也陆续接近世界科技前沿，接下来的科技发展没有现成的路径可供模仿。在这个阶段，就要求政府迅速转变角色，正确处理好市场与政府的关系，使市场机制发挥积极有效的资源配置作用，带动科技创新活动和产业的发展，只有这样，市场化改革才能有序展开，其弊端才能及时得到消除。总而言之，经济发展质量的提升既表现为科技发展带动产品

---

① 国家统计局. 中华人民共和国 2021 年国民经济和社会发展统计公报 [EB/OL]. (2022-02-28) [2022-04-13]. http://www.stats.gov.cn/tjsj/zxfb/202202/t20220227_1827960.html.

和服务供应质量的提升、国家综合实力的提升，同时也关乎制度的发展。可以看出，经济质量提升的核心问题，就是面对当前社会经济发展的现实情况和制约因素，正确认识制度创新和科技创新，使经济增长转向进一步依靠制度创新所形成的"制度红利"，与制度创新作用于科技创新所带来的"科技红利"产生叠加效应的经济发展路径，并通过制度创新和科技创新构成一个高效运行的创新系统，带动社会经济活动向高效性、规范性、有序性和可持续性发展。那么，创新系统和经济高质量发展之间的内在逻辑关联是什么呢？创新系统又由哪些要素组成呢？创新系统又如何作用于经济发展，使得经济的增长和发展方式由重视数量向重视质量转变呢？这些都是本书试图解释的问题。

本书运用马克思的生产力和生产关系理论、马克思的劳动价值论与科技劳动思想、熊彼特的创新经济发展理论、新经济增长理论、诺斯制度变迁与经济增长理论、福利经济学和凯恩斯主义关于政府干预的思想、国家创新系统理论等对中国经济高质量发展与创新系统进行研究。首先，本书对创新系统进行解构，把创新系统分为创新主体、创新方式和创新能力三个要素，深入研究和揭示创新系统的运行机制及其规律。其次，本书从对经济高质量发展的理性认识和客观要求出发，试图在理论上阐释中国经济高质量发展与创新系统的内在关联；在此基础上，以"长时段的历史观"对中国经济高质量发展与创新系统的历史与现实进行了事实描述，并据此就创新系统对经济高质量的作用效果进行实证研究，基于实证结论，发现和提出发展过程中可能存在的问题。最后，本书以开放的大视野聚焦国外创新系统促进经济发展质量提升的实践，以提炼和总结出对我国创新系统的优化与经济高质量发展的实现的重要启示，并提出中国经济高质量发展与创新系统进一步优化的政策建议。

冯梦黎

2022 年 5 月

目　录

1 中国经济高质量发展与创新系统研究概述

1.1 研究背景

经济增长和经济发展是一种长期持续的经济现象，它关系到生产力的不断提高。生产力的不断提高是建立在科技和制度的不断创新之上的①。由此可知，经济增长和发展离不开科技和制度这两个核心要素。其中，从世界各国的发展经验来看，科技创新是促进各个阶段经济显著增长和发展的前提条件，是带来较高速率的经济总量增长和促进经济转型实现现代化经济体系的源泉。当前，世界正在进入以科技信息产业为主导的新经济发展时期，科技创新优势将决定一个国家的国际地位，中美贸易战就是一个最好的例子。美国对中国的限制以中国的通信等高科技产品为对象，如中兴事件②。如果被期待为增长源泉的行业的收益、收入和就业受到威胁，那么社会稳定有可能会受到影响。可以看出，我国在某些关键技术和产业的发展方面，仍受到他国的控制和影响，中兴事件就是我国经济发展质量成色的试金石。

进一步说，科技本身仅仅是促进经济增长的必要和前提条件，要使其成为经济增长的充要条件和现实源泉，使科技创新内在能量得到释放、不断推动经济增长，实现经济和科技发展的良性循环，促进经济内生的高效增长，就要在制度上做出相应的调整并适应科技的发展。历史上，以蒸汽机和电力的广泛使

---

① 这里参考了美国经济学家、1971年诺贝尔经济学奖得主西蒙·库兹涅茨于1971年12月11日在哈佛大学所做的"现代经济增长事实与思考"演讲。参见：王宏昌，林少宫.诺贝尔经济学奖金获得者讲演集：1969—1977年［M］.北京：中国社会科学出版社，1997：97-98.

② 前几年中美贸易战爆发，国人终于发现在很多关键技术节点上我们仍处于受制于人的被动地位，说到底，国与国的竞争，终究还是靠硬科技、硬实力。

用为特征的现代经济增长，要求采用大规模的以工厂为基础的组织形式和现代科学技术，并以广泛的社会分工和协作为基础，这与自给自足的封闭观念和落后的以家庭为单位的生产组织是格格不入的。因而，一方面，制度顺应各个时代经济社会发展的要求进行调整和创新，取代旧的、落后的制度和思想的过程，对现代经济增长和良性发展的实现起着重要的决定性作用。另一方面，经济增长和发展作为一种长期、持续的经济现象，从它的整个动态发展过程来看，它又具备某种或快或慢的速率以及不同的变化幅度、效益和质量等特点，与背后起主导作用的经济发展方式有密切的关系。依靠资源绝对数量驱动的经济发展方式是一种粗放型的经济发展方式，而依靠创新驱动的经济发展方式是一种集约型的经济发展方式。

改革开放的制度创新，为中国经济增长进入快车道奠定了重要的制度基础。我国经济增长经历了一个由资源红利→人口红利→制度红利支撑的发展过程，我国人均国内生产总值从 1978 年的 381.23 元，增长至 2021 年的 80 976元。但褪去中国经济总量 40 多年迅猛增长的光环，我们可看到中国经济增长方式仍是注重数量的高投入、高消耗的粗放式增长，与经济增长成绩斐然相伴随的是日益扩大的收入差距和愈发严峻的发展不平衡等一系列相关的资源、环境、社会等问题，主要表现在四个方面：第一，资源目前的储量状况（尤其是能源和土地）难以支撑原有粗放式发展方式下经济的持续增长，经济增长迫切需要找寻新的动力；第二，我国之前推进的工业化对生态环境有严重的负面影响，自然资源消耗总量偏大，各类生产活动对环境的污染严重，粗放型经济增长模式对资源和环境造成了巨大的压力；第三，我国经济规模较大，但部分国内产品处于价值链的低端，没有在高科技和高收益产业中占主导，导致高产值、低收益的情况严重；第四，当前中国经济发展已经跨入"后人口机会窗口期"①，原有的主要依赖生产要素高强度投入的高速低效发展模式已趋于终结。同时，随着人民群众对社会经济发展的诉求不断增多，我国社会主要矛盾已经转化为人民日益增长的美好生活需要和不平衡不充分的发展之间的矛盾②。可以看出，中国传统增长模式已经步入瓶颈期，旧的经济模式已经出现

---

① "人口机会窗口期"是指人口负担系数小于或等于 50%的时期，也可称为"人口红利期"。在这段时期内，劳动力供给充足，社会负担相对较轻，有利于社会经济发展。"后人口机会窗口期"是指人口机会窗口期处于尾声阶段，劳动力优势逐步减弱。

② 当社会主要矛盾是"人民日益增长的物质文化需要同落后的社会生产之间的矛盾"时，速度"快不快"有着基础性的重要意义；而现在社会主要矛盾已经转化为"人民日益增长的美好生活需要和不平衡不充分的发展之间的矛盾"，产品和服务的"缺不缺"不再是制约人们生活的核心问题，要满足人民日益增长的美好生活需要，质量"高不高"就成了关键。

"钝化"。在新的经济形势下，为实现全面建成社会主义现代化强国的目标，我国应通过制度红利全面深化改革，推动经济转向新经济发展模式、进入由创新驱动促进经济发展质量提升的阶段，把资源红利由初级资源红利转变为高级要素资源红利，也要更加注重人口的质量而不是绝对数量。

这就要求我国迅速转变经济发展方式，促进传统经济占主导的状况向新经济占主导的方向发展，构建经济现代化发展体系，促进高新科技信息产业发展。这不仅是解决发展中各类矛盾的要求，也是解决经济发展质量不高、结构不优、动力不可持续等问题的基础，更是指引中国经济跨越转型升级关口走向更高水平、实现中国现代化的关键。转变经济发展方式、构建经济现代化发展体系，实现效率变革和动力变革取决于科技和制度对经济增长驱动的效果。我国在以前实行经济赶超战略的过程中，可以对西方发达国家的先进和前沿科技进行模仿，在政府主导和安排下可以充分调动闲置或分散的各类资源，实现经济跨越式发展。现在我国经济也逐步转向高质量发展阶段，已经具备一些高质量发展的特征，例如当前经济发展结构不断优化，树立了"创新是引领发展的第一动力"的理念，深化科技教育体制改革，鼓励大众创业、万众创新，破除了科技成果转化、科技人员流动的障碍，加强了知识产权保护，在全社会形成了"大众创业、万众创新"的良好氛围；产业上、中、下游之间协同性增强，要素流入流出自由、顺畅、高效，价值也不断攀升；资源、环境、生态与经济社会之间的相互容纳程度也不断提高；等等。

但进入高质量发展阶段，随着发达国家对科技的封锁，同时我国在某些领域也陆续接近世界科技前沿，接下来的科技发展没有现成的路径可供模仿。在之前路径依赖的作用下，我国的科技体制也存在一定的问题。第一，我国宏观调控较为严格，市场准入约束较多，不适当的政府补贴与行业垄断影响了"无形之手"的作用，导致企业无法公平地参与市场竞争，企业在这样的环境下不能发挥出创新潜力。第二，我国知识产权相关法律制度尚不完善，创新成果得不到有效保护，微观创新主体难以从科技创新活动中受益，导致各类微观创新主体积极性较低。第三，人力资本的配置不尽合理。新经济增长理论提出，科技创新不仅是对产品、工艺、材料和科学技术方面的提升，还体现在劳动力质量上面。我国经济在人口红利和资源红利的推动下走上了快车道，但在这一过程中忽视了对劳动力质量和经济质量的提升。当前，我国虽然不断对教育进行改革，但教育水平与我国经济社会发展的需求，还是有一定的距离，还不能完全适应高质量经济的发展。同时，人力资本也存在着突出的错配问题，一部分有能力和高素质的人才流向了政府机构或国有单位，这些部门的工作较为稳定，拥有较高的收入和福利，但这些部门大多都有一个共同的特点，就是受原有体制影响较为明显，科技创新效率相对较低，无法完全发挥出这类高质量人才的才能。因此，面对复杂多变的国际国内形势，在全球化和信息化的大背景下，推进经济转向高质量发展阶段还有很长的路要走。这就要求政府迅速转变角色，全面深化改革，不断克服原有制度的惰性和惯性，致力于经济高质量发展所需要的科技创新和制度创新，推动经济进入由创新驱动促进经济发展质量提升的阶段，把资源红利由初级资源红利转变为高级要素资源红利，带动科技创新产业的发展和经济的高质量增长。

可以看出，经济质量提升的核心问题，就是面对当前社会经济增长的现实情况和制约因素，正确认识制度创新和科技创新，使经济增长转向进一步依靠制度创新所形成的"制度红利"，与制度创新作用于科技创新所带来的"科技红利"产生叠加效应的经济增长路径，并通过制度创新和科技创新构成一个高效运行的创新系统，带动社会经济活动向高效性、规范性、有序性和可持续性发展。那么，创新系统由哪些要素组成呢？经济高质量发展和创新系统之间的内在逻辑关联是什么呢？创新系统又如何作用于经济发展，使得经济发展路径由重视数量向重视质量转变呢？这些都是本书试图解释的问题。

本书运用马克思的生产力和生产关系理论、马克思的劳动价值论与科技劳动思想、熊彼特的创新经济发展理论、新经济增长理论、诺斯制度变迁与经济增长理论、福利经济学和凯恩斯主义关于政府干预的思想、国家创新系统理论等对中国经济高质量发展与创新系统进行研究。首先，本书对创新系统进行解构，把创新系统分为创新主体、创新方式和创新能力三个要素，深入研究和揭示创新系统的运行机制及其规律。其次，本书从对经济高质量发展的理性认识和客观要求出发，试图在理论上阐释中国经济高质量发展与创新系统的内在关联；在此基础上，以"长时段的历史观"对中国经济高质量发展与创新系统的历史与现实进行了事实描述，并据此就创新系统对经济高质量的作用效果进行实证研究，基于实证结论，发现和提出发展过程中可能存在的问题。最后，本书以开放的大视野聚焦国外创新系统促进经济发展质量提升的实践，以提炼和总结出对我国创新系统的优化与经济高质量发展的实现的重要启示，并提出中国经济高质量发展与创新系统进一步优化的政策建议。

1.2 研究意义

1.2.1 理论意义

对中国经济高质量发展与创新系统进行研究是希望对中国经济发展方式转变和发展思路提出新解释，希冀对经济学理论的发展特别是发展经济学、转型经济学和中国特色社会主义经济理论有微薄的理论贡献。

第一，对中国经济高质量发展与创新系统进行研究，有利于拓展发展经济学的外延。发展经济学是研究经济发展规律、经济发展与社会发展相互关系的规律、以经济发展为基础的社会发展规律的经济学。它不是讨论经济的短期波动，而是讨论从原始的传统经济形式转变为现代经济形式的动态和长期过程，而这一过程的本质就是经济、产业结构的调整和优化，经济、产业结构的调整和优化是一个根据资源禀赋和动态比较优势不断创新的过程。因此，本书在发展经济学分析方法的基础上，拓展了经济增长和经济发展的内涵，提出了创新系统对经济高质量发展各个方面的重要作用，阐述了创新系统和经济高质量发展的内在关联，并对创新系统内部组成进行了解构，揭示了创新系统下经济高质量发展的基本规律。这对发展经济学的研究内容的外延进行了一定程度的拓展。

第二，对中国经济高质量发展与创新系统进行研究，有利于丰富转型经济学的研究内容。转型经济学研究的是建立在经济增长方式转变、经济发展模式转轨基础上的经济学范式的转换。我国当前还处于完善社会主义市场经济体制和转变经济增长方式的攻坚期，正是基于这样的发展背景，本书首先对创新系统进行了解构，并从经济高质量发展的客观要求和需求出发，指出创新系统是带动经济高质量发展的前提条件；在此基础上，以"长时段的历史观"对中国经济高质量发展与创新系统的历史与现实进行了事实描述，并据此就创新系统对经济高质量的作用效果进行实证研究，基于实证结论，提出和解释发展过程中可能存在的问题。整个研究过程体现了转型经济学的核心要义，在一定程度上丰富了转型经济学的研究内容，体现了抽象和具体、普遍性和特殊性的结合。

第三，对中国经济高质量发展与创新系统进行研究，有利于完善中国特色社会主义经济理论。中国特色社会主义理论体系，是指中国共产党把马克思主义与中国实际相结合，实现马克思主义中国化的最新理论成果，它是科学社主义的基本原则与中国实际相结合的产物，具有鲜明的时代特征和中国特色。本书在对创新系统与经济高质量发展进行一般性分析的基础上，结合我国经济高质量发展与创新系统的历史形成与发展演变过程，借鉴国外创新系统促进经济高质量发展的经验，提出经济高质量发展与创新系统进一步优化的政策建议，这对完善中国特色社会主义经济理论体系、完善我国创新系统、形成内生增长动力、提高我国国家创新能力、提高经济发展质量具有重要的理论指导意义。

1.2.2　现实意义

我国正处在促进经济高质量发展、转换增长动力、优化经济结构的关键时期，因此，对中国经济高质量发展与创新系统进行研究具有十分重要的现实意义。

第一，对中国经济高质量发展与创新系统进行研究，是完成我国经济发展方式转变的需要。转变经济发展方式的关键和核心就是要摆脱对资源和环境等的过分依赖，提升各类资源和要素的质量，优化其投入结构，实现经济增长动力的转换，实现人力资本、科技和信息等高级资源和要素对经济的拉动作用。因此，对创新系统的研究：一方面，对创新系统进行解构，我们可以了解到转换经济发展方式的具体手段，促进经济的转型发展；另一方面，通过对创新系统与经济高质量发展的契合度分析，我们可以了解到创新系统在经济增长过程中的重要性，以及创新系统对经济增长各个方面的影响。

第二，对中国经济高质量发展与创新系统进行研究，是推进供给侧结构性改革的需要。深入推进供给侧结构性改革，要求我们必须以坚持质量第一、效益优先为原则，推动低端产业向中高端产业转变，实现产业结构的调整与升级。这一原则下的发展需要由制度作用下的科技创新或科技产业的发展来带动。在此基础上，由于后金融危机时代不断催生着新的科学技术和产业，在世界各国交往越发频繁这个大背景下，要想占领全球经济科技的制高点，就要抓住发展高科技产业的机会，依靠创新系统大力推进高科技产业的发展。因此，研究创新系统视角下的经济高质量发展，是推进供给侧结构性改革的需要。

第三，对中国经济高质量发展与创新系统进行研究，是实现可持续发展的需要。我国几十年的粗放式经济增长消耗了大量的资源，对环境也造成了破坏，现在已经到了必须对生态绿色发展、低碳循环发展和可持续发展加以重视的新阶段。这就要求经济发展必须摆脱粗放式的发展方式，转向低消耗、低排放、低污染的高质量发展方式。要减轻碳排放和环境污染，保护和修复被破坏的生态环境，实现经济可持续发展，不能只依靠放慢工业化进程，而是要通过绿色科学技术的发展，大力促进低碳、清洁、环保和循环经济的发展，同时也要利用制度安排约束和激励科技创新微观主体。由此可以看出，对创新系统的研究有助于形成资源节约、环境友好的绿色发展体系。

第四，对中国经济高质量发展与创新系统进行研究，是跨越中等收入陷阱的需要。当前，我国已迈入中等收入阶段，在一定程度上也面临着中等收入陷阱的挑战。研究经济高质量发展与创新系统，可以知道如何通过有效的科技创新和制度创新，把社会目标和个人目标相结合，把个体的努力程度、回报与科技创新活动的效率、科技创新成果的转化率紧密联系起来，在促进经济发展的同时提升个人和整体社会的福利，以跨越中等收入陷阱。

1.3　国内外研究现状及述评

改革开放以来，我国经济逐步由以前的停滞和落后转向持续、高速增长，这引起了国内外学者的广泛关注；而随着经济发展动力逐步减弱，社会主要矛盾发生改变，客观条件要求我国经济增长方式实现转变，迈向经济高质量发展路径。在这样的经济发展基本现实下，学者们对影响经济增长的因素进行了研究，从前期对要素的考察，逐步变为对创新驱动和创新系统的考察。

1.3.1　要素驱动下的中国经济增长

我国早期经济增长主要是由要素驱动的，部分学者从要素配置与积累动因的层面来考察中国的经济增长。蔡昉和王德文通过对全要素生产率中各要素的贡献度进行研究，发现劳动要素在经济增长中发挥了非常重要的作用，中国经济、就业制度、劳动力市场的改革都是在劳动要素的释放和重新配置下快速发展的，它为中国经济增长做出了不可或缺的贡献①。舒元和徐现祥通过实证研究中国经济增长的基本事实，把"干中学"纳入经济增长模型，证明了"干中学"是中国经济增长的引擎，"边干边学"才是适合我国国情的经济建设道路，并进而否定了新古典增长理论和 R&D（研究与开发）类型增长理论②。

一部分学者认为，在中国，资本的形成和资本的配置效率才是推动经济增

---

① 蔡昉，王德文. 中国经济增长可持续性与劳动贡献 [J]. 经济研究，1999 (10)：62-68.
② 舒元，徐现祥. 中国经济增长模型的设定 [J]. 经济研究，2002 (11)：3-11.

长的重要引擎。中国经济增长前沿课题组研究发现，我国市场化程度的提高以及经济发展结构的改革对社会高效率形成资本有很大的帮助，同时，高资本又可以促进经济不断增长①。邱晓华等也发现大量的资本是促进中国经济增长的原动力，除此之外，贡献较强的还有产业结构的升级、人力资本效率的提高、制度影响下的技术进步，但劳动资本的投入相对于其他影响因素对经济增长的贡献较弱②，林毅夫和任若恩也得到了类似的结论，他们认为改革开放以来中国经济是由资本的投入来驱动的，其次是全要素生产率，劳动投入的影响是最小的③。郭建平和何建敏对资本形成和中国经济增长之间的长期关系进行了研究并进行了稳定性检验，他们同样认为资本在经济发展中起到了至关重要的作用④。翁媛媛等认为改革开放以来，资本投资对经济增长的驱动力量逐步提升，而人力资本和全要素生产率对经济的驱动作用自 2002 年起不断下降⑤。武鹏认为在改革开放初期，也就是 1978—1985 年，资本投入、劳动投入和全要素生产率对我国经济增长的贡献较为平均；但在 1986—1997 年，资本投入和全要素生产率对经济的影响产生巨大的波动；随后 1998—2011 年，资本投入和全要素生产率对经济的驱动作用呈反向变动，资本的驱动效益越发突出⑥。靳涛和陶新宇研究发现，在新中国成立初期直至改革开放，资本对经济的贡献较为显著；但 1998—2012 年，由于城镇化发展，资本的推动作用变得更加明显⑦。

扬（Young）发现中国这种依靠要素驱动的粗放式增长方式是一种"不可持续的增长"，这样的持续增长会使中国经济陷入类似苏联经济发展的窘境中⑧。拉迪（Lardy）也得到类似的结论，他发现资源的投入在中国经济增长

① 经济增长前沿课题组. 经济增长、结构调整的累积效应与资本形成：当前经济增长态势分析 [J]. 经济研究，2003 (8)：3-27.

② 邱晓华，郑京平，万东华，等. 中国经济增长动力及前景分析 [J]. 经济研究，2006 (5)：4-12.

③ 林毅夫，任若恩. 东亚经济增长模式相关争论的再探讨 [J]. 经济研究，2007 (8)：4-12.

④ 郭建平，何建敏. 我国经济增长与资本形成关系的实证研究 [J]. 管理工程学报，2008，22 (4)：134-136.

⑤ 翁媛媛，高汝熹. 中国经济增长动力分析及未来增长空间预测 [J]. 经济学家，2011 (8)：65-74.

⑥ 武鹏. 改革以来中国经济增长的动力转换 [J]. 中国工业经济，2013 (2)：5-17.

⑦ 靳涛，陶新宇. 中国持续经济增长的阶段性动力解析与比较 [J]. 数量经济技术经济研究，2015 (11)：74-89.

⑧ YOUNG A. The razor's edge：distortions and incremental reform in the People's Republic of China [J]. The quarterly journal of economics，2000，115 (4)：1091-1135.

中是边际收益递减的，因而利用扩张性投资促进经济长效和持续发展是不现实的[1]。我国学者也就此问题展开了研究，黄志钢和刘霞辉通过对生产函数建模，分别对消费、效率的拉动，资本、劳动的投入四类经济增长途径进行了研究和结果测算。他们发现，除了效率拉动，其他三类增长模式都无法持续，而消费拉动经济增长实质上是经过市场检验的投入驱动型经济增长[2]。

1.3.2 技术进步对经济增长的影响

在中国经济日渐暴露其不可持续的结构性矛盾之时，中国的潜在增长率开始出现了下降。2012年以来，中国经济与高速增长挥手告别，转向经济增长的新常态阶段。不同学者对造成中国经济增长减慢的原因有不同的认识，蔡昉认为中国经济增长减缓的原因应该从供给侧结构性改革的方面寻找[3]。他还认为我国经济增长速度的减缓，既归咎于宏观经济周期因素，同时也受潜在长期的增长率的影响[4]。可以看到，自从国际金融危机爆发，全球经济增长速度减缓，中国经济也受到国际金融危机和全球经济持续低迷的冲击和影响。同时，改革开放以来中国在从要素驱动型向创新驱动型经济转变的过程中，除了体制方面存在一定的问题之外，供需错位、供给推力无效等结构性问题所导致的产能过剩，加之与产能过剩相关的影子银行违约、银行问题贷款等，都对我国经济增长进入增速换挡期产生了直接影响[5][6]。中国经济增长前沿课题组也认为人口红利不断减弱、资本增长和累积的速度下降、科技发展程度不够等是导致经济增速减缓的直接原因[7]。总体来看，我国经济增速减缓，一方面受到国际经济整体发展环境和经济周期走势的影响；另一方面主要还是由于我国原有增长方式是一种不平衡的增长方式，是以GDP（国内生产总值）为中心、以投

---

[1] LARDY N. China: toward a consumption-driven growth path [J]. Policy briefs, 2016 (1): 85-111.

[2] 黄志钢，刘霞辉. "新常态"下中国经济增长的路径选择 [J]. 经济学动态，2015 (9): 51-62.

[3] 蔡昉. 从中国经济发展大历史和大逻辑认识新常态 [J]. 数量经济技术经济研究，2016 (8): 3-12.

[4] 蔡昉. 中国"潜在增长率"趋势 [J]. 人民论坛，2012 (23): 40-41.

[5] 樊纲. 回归正常增长与保持稳定增长：当前国际国内宏观经济形势及政策建议 [J]. 开放导报，2014 (6): 7-10.

[6] 刘树成. 防止经济增速一路下行：2015—2020年中国经济走势分析 [J]. 经济学动态，2015 (3): 4-8.

[7] 中国经济增长前沿课题组. 中国经济增长的低效率冲击与减速治理 [J]. 经济研究，2014 (12): 4-15.

资为主导、对科技重视不足的粗放式经济增长方式。

从世界各国（地区）的经济发展历程也可以看出，能否促进经济持续和高效增长，转换经济增长动力是最关键的影响因素，不能顺利地转换经济增长方式，则落入"中等收入陷阱"的风险变大，经济增长将会趋于停滞甚至呈负向增长；亚洲"四小龙"正是通过培养促进经济增长的新源泉成功跨越了"中等收入陷阱"。反观某些欧美国家，在达到中等收入水平时，并没有及时进行经济增长动力的转换，因而长期陷入经济增长的停滞状态①。同样，中国经济的持续增长也需要通过转换增长方式、实现技术进步来推动②。林毅夫也表示，随着技术不断创新、产业不断升级导致的劳动生产率的不断提高，中国还有 20 年 8% 的增长潜力③。从过去一百多年发达国家的经验来看，由于科技创新的成本高、风险大，发达国家发展科技期间经济增长速度为 2%~3%。那么，重构经济增长动力机制，实现经济增长由粗放型向集约型转变是保持经济长期稳定增长的必然选择。

国内众多学者就技术进步对经济的促进作用进行了研究，吕冰洋和于永达认为，从中国的发展历程来看，技术的推动是关键性的，它使我国从改革开放前落后的工业化国家快速发展成工业化程度较高的国家④。任保平和王蓉认为由于收益递减规律使经济增长受到限制，当引入先进技术时，可以改变生产要素的组合，使相同数量的生产要素得到更多的产出，使收益递增，提高生产率，他们还认为技术进步可以克服资源有限性的约束，为经济增长提供持续动力⑤。同时，企业本身科技水平的提高，可以更好地带动我国经济增长方式的转变⑥⑦。任保平等认为在经济发展新常态背景下，对经济增长动力的提升应该集中在全要素生产率的发展上，具体而言就是提高要素和资源配置、促进经

① KRUGMAN P. The myth of Asia's miracle [J]. Foreign Aff., 1994 (73): 62.

② 赵志耘，吕冰洋，郭庆旺，等. 资本积累与技术进步的动态融合：中国经济增长的一个典型事实 [J]. 经济研究, 2007 (11): 18-31.

③ 林毅夫. 中国还有 20 年左右 8% 增长潜力 [N]. 山西晚报, 2015-03-07 (2).

④ 吕冰洋，于永达. 要素积累、效率提高还是技术进步：经济增长的动力分析 [J]. 经济科学, 2008 (1): 16-27.

⑤ 任保平，王蓉. 经济增长质量价值判断体系的逻辑探究及其构建 [J]. 学术月刊, 2013 (3): 88-94.

⑥ 傅元海，张丹，孙爱军. FDI 技术溢出影响经济增长方式的理论研究 [J]. 当代财经, 2010 (6): 75-84.

⑦ 于津平，许小雨. 长三角经济增长方式与外资利用效应研究 [J]. 国际贸易问题, 2011 (1): 72-81.

济结构转变、改善制度效率等①。唐永和范欣在马克思主义政治经济学扩大再生产模型的基础上，建立了一个技术发展下的经济增长模型，试图对技术进步对经济增长的影响进行研究。他们发现，在不同技术发展程度下，不变资本、可变资本和总资本的增长率不同。技术对经济增长的影响机制有两种，分别是劳动生产率机制和资本有机构成机制，而资本有机构成的改变和劳动生产率的提高，会通过剩余价值率和资本增长率作用于经济增长②。

1.3.3 创新驱动的产生

在此基础上，学者们把技术进步延展到一个含义更广阔的意义上——创新。在创新作用下的经济增长，拥有较强的自主创新性，它在抗经济周期、带动经济长效发展方面都有较大的优势③。以美国硅谷为代表的科技创新驱动发展的奇迹，体现了创新驱动经济的典型范式。创新驱动下的经济增长方式不仅能解决效率提升的问题，还可以实现科技知识、人才资源和制度等要素的新组合，带动经济持续和高效发展④。

随着中国经济步入新常态阶段，学者们发现经济增长的动力源泉必须从资源、投资驱动转向创新驱动来提高劳动生产率⑤⑥⑦⑧，创新驱动是实现经济和科学技术发展相统一的重要路径，只有通过创新带动经济增长方式的转变，才能避免中国落入中等收入陷阱之中⑨⑩。辜胜阻和刘江日认为，要继续推动城镇化建设、产业结构升级，实现新型城镇化和工业化同步发展，必须要实施

---

① 任保平，李梦欣. 中国经济新阶段质量型增长的动力转换难点与破解思路 [J]. 经济纵横，2016（9）：33-40.

② 唐永，范欣. 技术进步对经济增长的作用机制及效应：基于马克思主义政治经济学的视角 [J]. 政治经济学评论，2018（3）：147-167.

③ 夏天. 创新驱动经济发展的显著特征及其最新启示 [J]. 中国软科学，2009（S2）：113-118.

④ 洪银兴. 论创新驱动经济发展战略 [J]. 经济学家，2013（1）：5-11.

⑤ 刘志彪. 从后发到先发：关于实施创新驱动战略的理论思考 [J]. 产业经济研究，2011（4）：1-7.

⑥ 张来武. 科技创新驱动经济发展方式转变 [J]. 中国软科学，2011（12）：1-5.

⑦ 任保平，郭晗. 经济发展方式转变的创新驱动机制 [J]. 学术研究，2013（2）：67-76.

⑧ 庞瑞芝，范玉，李杨. 中国科技创新支撑经济发展了吗？[J]. 数量经济技术经济研究，2014（10）：37-52.

⑨ 陈曦. 创新驱动发展战略的路径选择 [J]. 经济问题，2013（3）：42-45.

⑩ 陈波. 论创新驱动的内涵特征与实现条件：以"中国梦"的实现为视角 [J]. 复旦学报（社会科学版），2014（4）：124-133.

"创新驱动"战略，让经济增长从数量扩张转向高质量增长①。裴小革把创新驱动理论建立在马克思主义政治经济学的基础上，认为衡量创新驱动能力的标准，不是人力投资的绝对数量，而是由人的教育学习、劳动工作、创新驱动实践来决定的。在积极推进创新、创业战略的同时，还要鼓励创新和创业主体多在高新科学技术领域做出贡献，推动新发明、新产品和新市场的出现，实现创新驱动发展，从而真正实现经济增长方式的转变②。

除此之外，当前中国制度的不协调、制度创新的滞后已成为影响科技创新能力提升的主要原因③。因此，当前要转变重视科技创新本身而忽视相关制度发展的落后思想，通过制度的不断革新，在促进经济高质量发展中实现科技创新和制度发展的良性互动，推动我国加快进入创新型国家的行列④。杨轶通过对传统产业政策进行分析，发现传统产业政策以科技本身为核心的特征，在经济增长中存在很大的局限性；在此基础上，他从理论基础、影响机制层面分析了创新驱动型产业政策的优势，并提出发展过程中需重视几个关键问题⑤。汪青松认为，要想让我国经济走上创新驱动的内生经济增长道路，必须正确处理好市场与政府的关系，必须进行行政体制改革，真正使政府的角色发生改变，从管制型政府转为服务型政府，从人治政府转为法治政府，从全能政府转为责任政府，从无限政府转为有限政府⑥。梅永红从构建可以有效促进创新型经济发展和促进经济内生增长的体制、机制方面进行了研究，她认为要将"制度创新"作为科技创新的原动力，形成"以市场促创新"的良性发展格局，从而产生创新能力拉动经济增长的效应⑦。任保平和郭晗认为，创新驱动需要"推动制度创新，改善制度供给"，在具体制度和政策安排上实现一系列转变，实现从"投资激励"向"创新激励"的转变，以及从"科技政策"向"创新政策"的转变；同时，促进经济发展方式转变的具体政策措施包括：积极培

① 辜胜阻，刘江日. 城镇化要从"要素驱动"走向"创新驱动"［J］. 人口研究，2012，36（6）：3-12.

② 裴小革. 论创新驱动：马克思主义政治经济学的分析视角［J］. 经济研究，2016（6）：17-29.

③ 刘云，谭龙，李正凤，等. 国家创新体系国际化的理论模型及测度实证研究［J］. 科学学研究，2015（9）：1324-1339.

④ 李晓伟. 技术创新与制度创新的互动规律及其对我国建设创新型国家的启示［J］. 科技进步与对策，2009，26（17）：1-4.

⑤ 杨轶. 试论创新驱动型产业政策［J］. 改革与战略，2008（2）：103-105.

⑥ 汪青松. 行政体制转型与经济发展方式转变［J］. 安徽师范大学学报（人文社会科学版），2010（6）：6-10.

⑦ 梅永红. 创新驱动的体制思考［J］. 理论视野，2010（4）：42-44.

育科技研发人才，大力推动科技产业发展；加强建设产学研体系，积极推动体制创新；优化创新创业环境，重点提升文化创新①。张来武认为，实施创新驱动战略的核心问题在于深化体制改革，需要通过"多层参与、公共治理"来配合"顶层设计"②。江飞涛等指出，实现向创新驱动、效率驱动增长方式的转变，关键在于理顺市场与政府的关系，即政府必须在尊重市场机制的基础上采取有限的干预，让市场发挥其决定性作用，并为市场建立完善的制度体系，促进科技创新与科技转移③。康华等通过对 2006—2013 年中国上市公司数据的研究发现，企业研发投入受之前的政策和制度的影响较为明显④。樊继达认为我国要想转变经济发展方式以创新驱动经济发展，必须进行国家层面上的战略调整，推动经济发展方式由传统要素驱动向创新要素驱动转变，产业分工也要延伸向价值链高端发展，从过度依赖投资与出口的"凯恩斯型增长"转向以创新为主的"熊彼特型增长"，要将"追赶型中央政府+生意型企业+竞争型地方政府"重塑为"领跑型中央政府+创新型企业"⑤。

通过学者们的研究可以看出：一方面，创新驱动所必需的科学技术条件是源源不断的科技创新和进步，整个社会科学技术的进步可以为各类微观科技创新主体的持续创新奠定良好的基础⑥。另一方面，科技创新需要良好的制度基础来保障，有代表性的观点是诺斯对专利制度的评价，他认为只有在专利制度完善的情况下，才能形成鼓励科技创新和将创新所形成的私人收益不断提高至接近社会收益率的激励机制⑦。各国发展的历史经验都证明，"资源驱动"与"投资拉动"的经济增长方式都是不可持续的。只有通过持续的创新力量对经济进行拉动，才会存在"取之不尽、用之不竭"的动力⑧。创新驱动是实现经

① 任保平，郭晗. 经济发展方式转变的创新驱动机制 [J]. 学术研究，2013（2）：67-76.
② 张来武. 论创新驱动发展 [J]. 中国软科学，2013（1）：1-5.
③ 江飞涛，武鹏，李晓萍. 中国工业经济增长动力机制转换 [J]. 中国工业经济，2014（5）：5-17.
④ 康华，屈文秀，吴祖光. 国家创新体系、资本密度与我国上市公司研发投入：基于制度观视角 [J]. 科技管理研究，2016（6）：31-35.
⑤ 樊继达. "央+企+地"创新驱动模式能否持续？[J]. 国家行政学院学报，2016（5）：106-112.
⑥ "科学的影响使有技艺的人奋发进取，使新的能源得到开发；它利用动力来创造，比人工还要精密；它能把机器的成本降低，直到它能适用于多种用途。""这当然是真正的新奇事物，真正的革命，做出了如此巨大的变革，因为它可以重复出现。"参见：诺斯. 经济史上的结构和变革 [M]. 厉以平，译. 北京：商务印书馆，1999：134，161.
⑦ 诺斯. 经济史上的结构和变革 [M]. 厉以平，译. 北京：商务印书馆，1999：162.
⑧ 陈波. 论创新驱动的内涵特征与实现 [J]. 复旦学报（社会科学版），2014（4）：124-133.

济增长方式转变和实现"中国梦"的源泉。

1.3.4 对国家创新系统的认识

这里实际上还涉及了一个国家创新系统的问题。最早对国家创新系统进行研究的是英国著名技术创新研究专家弗里曼。弗里曼对二战后日本的发展进行研究后发现，新的科学技术在引进、消化、研发、再创新、应用和扩散过程中，与企业、教育与培训单位等相关部门组成的科技创新网络有密切联系，这样的科技创新网络对经济有很大的促进作用①。随后，他又提出产业结构、教育培训、企业研发和政府政策是国家创新系统中最为关键的四个因素，他认为科技的差别与企业家管理下企业科技创新行为有很大的关系②。1992年，丹麦人伦德华尔（Ake Lundvall）正式提出了"国家创新系统"的概念，他系统研究了国家创新系统的构成与运行方式。他认为，国家创新系统由一些部门和资源构成，它们在生产、流动和转移各种新的科技知识的过程中相互作用③；同时，他还认为国家创新系统有广义和狭义的区别。狭义的国家创新系统包含参与科技活动的各类部门和组织，如从事科技研发的高校、科研院所和企业等。广义的国家创新系统不仅包括这些参与科技创新的组织和部门，还囊括了它们之间形成的网络组织系统，它们之间的合作、竞争联系等各个方面④。1997年，这个定义被正式书写在英国贸易与工业部的研究报告《英国的国家创新系统》中。1996年，OECD（经济合作与发展组织）在《以知识为基础的经济》中提出国家创新系统的结构是决定经济发展的重要因素⑤。第二年，OECD又在《国家创新系统》中强调国家创新系统中企业和研究机构、人才间的科技知识流动和转移的重要性⑥。

国内也有学者认为国家重要战略的实施需要一个有效的社会机制作为载体，这个载体就是国家创新系统。宋丽萍认为创新系统对创新能力的提升和经

---

① FREEMAN C. Networks of innovators: a synthesis of research issues [J]. Social science electronic publishing, 1991, 20 (5): 499-514.

② FREEMAN C. The 'National system of innovation' in historical perspective [J]. Cambridge journal of economics, 1995, 19 (1): 5-24.

③ LUNDVALL B A. National systems of innovation: towards a theory of innovation and interaction learning [M]. London: Pinter, 1992: 2.

④ 同②: 12.

⑤ OECD. The knowledge-based economy [R]. Paris: Organisation for Economic Co-operation and Development, 1996.

⑥ OECD. National innovation systems [R]. Paris: Organisation for Economic Co-Operation and Development, 1997.

济的可持续发展具有非常重要的意义，当前我国区域创新系统创新能力不足。唐永和范欣认为，国家应努力提升自主创新能力、创新人才培养机制、提升科技成果转化率、构建国家自主创新体系，以创新促进国家经济增长[①]。迈尔斯和马奎斯（Myers and Marquis）以及朗格里什（Langrish）研究了社会基本制度对科技创新系统的影响，他们发现除了市场机制对科技创新的核心推动作用外，政治制度在科技创新中也有着不可取代的位置。布洛克（Block）认为美国政府以发展主义网络化作为支撑机制，通过资助和支持私营企业新技术商业化来不断加强自身的干预作用[②]。布洛克和凯勒（Block and Keller）通过分析美国1971—2006年的创新数据指出，在国家科学技术研发过程中，政府在提供必要资金和解决合作失灵方面至关重要[③]。王德华和刘戒骄指出，发达国家和发展中国家的经济发展实践表明，政府可以作为促进者、需求者在创新系统中发挥重要作用[④]。他们通过梳理国家创新系统的研究脉络，分析政府在系统失灵中的作用机理，研究美国、日本、德国创新系统的框架和近期进展，发现科技完备的国家的创新系统，需要政府在提高微观主体的创新能力、构建创新战略、构建产学研合作网络等方面发挥能动作用和主导作用。

可以看出，近年来关于国家创新系统的研究，已经从早期的单纯强调科技创新对经济的促进作用，转移到重视科学技术知识的发现、科学技术成果的转化上，同时也关注科技与经济发展的协调性，重视科技创新可以切切实实带来的好处。

1.3.5　创新与经济高质量发展

后来有学者在经济的健康和高效增长研究中引入了一个更广阔的概念——经济增长质量，并研究了创新与经济高质量增长之间的相关性。任保平和郭晗从我国经济增长客观发展现实出发，讨论了促进我国经济高质量发展的路径[⑤]：第一，我国发展急需从"要素和投资驱动"转变为"创新驱动"。这就

---

①　唐永，范欣. 技术进步对经济增长的作用机制及效应：基于马克思主义政治经济学的视角 [J]. 政治经济学评论，2018（3）：147-167.

②　BLOCK F. Swimming against the current：The rise of a hidden developmental state in the United States [J]. Politics & society，2008，36（2）：169-206.

③　BLOCK F，KELLER M R. Where do innovations come from? Transformations in the US economy，1970—2006 [J]. Socio-economic review，2009，7（3）：459-483.

④　王德华，刘戒骄. 国家创新系统中政府作用分析 [J]. 经济与管理研究，2015，36（4）：31-38.

⑤　任保平，郭晗. 新常态下提高我国经济增长质量的路径选择与改革取向 [J]. 天津社会科学，2015（5）：84-90.

需要政府通过各类措施大力推进创新主体的自主研发，保护其合法的科技产权；同时，也要重视人力资本质量的提升和培育，从而带动全要素生产率和自身竞争力的提高。第二，为我国步入经济高质量增长阶段创造有利环境和条件，转变和消除阻碍经济高质量增长的制度安排，促进相关制度和政策的不断创新。第三，在大力促进创新型经济发展的同时，重点对先进科技产业进行培育，构建大数据和"互联网+"体系。同时，经济增长质量使得经济增长理论从经济增长的最优路径选择扩展到了最佳社会效应和最佳环境效应的实现上①。毛其淋认为创新确实可以在一定程度上降低污染物的排放，提高产品生产效率、优化产业结构，增强经济持续发展的动力②。李卫国认为在提高自然资源的利用效率和保护环境的层面，创新也起到了最为核心的作用，因此进行创新驱动战略，可以大大提升各类生产活动的效率③。白俊红和王林东以中国大陆省级区域为研究对象，通过构建指标体系，量化我国各地区的创新驱动能力，就创新驱动对中国地区经济增长质量的影响进行实证研究。他们研究发现，东部的创新驱动能力处于绝对优势地位，而中、西部次之；创新驱动战略对全国和东部地区经济增长质量提升的促进作用明显，但对中部地区经济增长质量的影响不显著，对西部地区经济增长质量则有显著的负向影响④。

现阶段，创新已经成为推动经济高质量增长的关键因素，这不仅是经济发展的客观要求，也是推动人类文明进步的重要途径，当前经济发展也呈现出和以往不同的新规律。因此，要想创建创新驱动下的经济增长模式，提升经济增长的质量，就要以制度创新消除制度性障碍，以制度创新推动科技创新，改善科技资源配置效率，促进科技成果转化为现实生产力⑤。

纵观已有研究，学者们对创新与经济增长的相关研究颇多，这些都为本书的研究奠定了良好的理论基础。在经济社会发展过程中，创新的出现和发展是贯穿整个经济发展系统的，这就要求把对创新的研究也纳入一个适当的系统中，但当前对创新的研究更多集中在对创新驱动原理的探讨以及对国家创新系统的内在组织结构的分析，对整个创新系统深层次的内核和本质内容的探讨较少；同时，由于实现经济高质量发展是进行创新的核心目标，能否创建一个由科

① 任保平. 经济增长质量：经济增长理论框架的扩展 [J]. 经济学动态，2013（11）：45-51.

② 毛其淋. 二重经济开放与中国经济增长质量的演进 [J]. 经济科学，2012（2）：5-20.

③ 李卫国. 中国省际经济增长质量的实证分析 [D]. 杭州：浙江财经大学，2013：34-43.

④ 白俊红，王林东. 创新驱动是否促进了经济增长质量的提升？ [J]. 科学学研究，2016（11）：1725-1735.

⑤ 沈坤荣，曹扬. 以创新驱动提升经济增长质量 [J]. 江苏社会科学，2017（2）：50-55.

技创新子系统和制度创新子系统相辅相成促进经济高质量发展的创新系统就至关重要。现有大部分文献，一方面讨论的是经济高质量增长，这个概念相对高质量发展来说稍显局限，而经济高质量发展才是进行创新的核心目标；另一方面，现有文献对经济高质量发展的探讨多集中于对其自身的内涵进行揭示，涉及经济与创新系统内在关系的综合研究较少。因此，中国经济高质量发展与创新系统的关系正是本书要着力研究的核心问题，亦是本书的研究价值所在。

1.4　研究方法

依循经济学研究经济问题的一定的分析方法和理论范式，本书以马克思的生产力和生产关系理论、马克思的劳动价值论与科技劳动思想、熊彼特创新经济发展理论、新经济增长理论、诺斯制度变迁理论以及国家创新系统理论等为基础，综合运用逻辑演绎法、系统分析法、定性与定量相结合的分析方法、纵向与横向历史分析相结合的方法，形成中国经济高质量发展与创新系统研究的基本理路、分析框架和具体研究内容，对中国经济高质量发展与创新系统进行研究。

1. 逻辑演绎法

本书依循一般性分析和具体分析相结合的逻辑线条，在整体上采用了从一般到特殊的逻辑推理方法，对中国经济高质量发展与创新系统进行研究。由于本书采用的逻辑演绎是从一般性的原理和结论推演到个别事物上的，因此，演绎分析的结论是否正确，取决于一般性原理是否正确以及推理过程是否具有缜密的内在逻辑。本书根据对相关理论的研究，形成中国经济高质量发展与创新系统研究的基本理路和分析框架，并在后文用一般性分析方法对这个逻辑框架进行较为缜密的解构研究；并在此基础上，对我国经济高质量发展和创新系统的历史形成和演变发展过程进行阐述，总结当前发展的特点和存在的问题。

2. 系统分析法

系统分析法是指在研究过程中，把研究对象看成有机整体（系统）来进行分析的研究方法。它强调在研究核心问题的各个组成层次时，总是强调从整体来考察部分，整体不是部分的机械相加，而是它们有秩序的组合。本书试图从系统分析的理念出发，对创新系统进行解构分析，分析创新系统内部的核心内容以及各个组成部分的逻辑关联，便于大家更好地理解创新系统，以及它对经济高质量发展的作用机制。

3. 定性与定量相结合的分析方法

定量研究方法是指对研究主体和研究问题进行数据化表达，然后对数据进行处理、分析和检验，从而获取研究结论的分析方法。定量分析是一种对研究对象进行数量分析的方法。定性研究方法是指根据事物内在规定性和本身所具有的特点，以大家所普遍承认的理论、思想和方法，以及大量的现实案例为分析基础，对事物发展的本质属性进行研究。定性研究和定量研究都是科学研究的重要步骤和方法之一。本书在研究的过程中，始终坚持定性与定量分析相结合的研究方法：一方面，对创新系统的内在结构（创新主体、创新方式和创新能力）进行研究，并采用定性、规范分析方法，运用相关理论对中国经济高质量发展与创新系统的契合度进行分析；另一方面，利用统计数据，通过定量、实证研究方法对理论分析部分进行验证，就我国创新系统对高质量经济增长的影响进行实证研究。

4. 纵向与横向历史分析相结合的方法

本书运用纵向与横向历史分析相结合的方法进行分析。由于过去的经济发展路径和制度安排会对现在的经济发展和制度安排产生影响，即存在一定程度的路径依赖效应，本书通过纵向分析，研究了中国经济高质量发展与创新系统的历史发展演变状况，对我国创新系统和经济增长的特点，以及存在的问题进行了总结。另外，本书还以横向比较分析的方法研究了以美国、日本和韩国为代表的发达国家的创新促进经济发展质量提升的实践与启示，从中萃取经验和教训，并提出政策建议。

1.5　研究思路

本书循着"提出问题→研究问题→分析问题→解决问题"的研究逻辑和进路，展开"问题导向→理论分析→实证研究→政策建议"的研究：首先通过对相关文献和理论进行梳理和研究，提出经济高质量发展与创新系统研究的重要性和必要性；其次，对所运用的基本理论以及形成的分析理路和框架进行介绍和说明，并在此基础上，对创新系统进行解构研究，并对创新系统和经济高质量发展之间的内在联系（契合度）进行分析；再次，根据我国创新系统和经济高质量发展的历史形成和演变发展状况，就创新系统对经济高质量的作用效果进行实证研究，基于实证结论，提出和分析可能存在的问题；最后，通过研究相关国外创新系统促进经济发展质量提升的实践与启示，提出中国经济高质量发展与创新系统进一步优化的政策建议。本书研究的技术路线见图1-1。

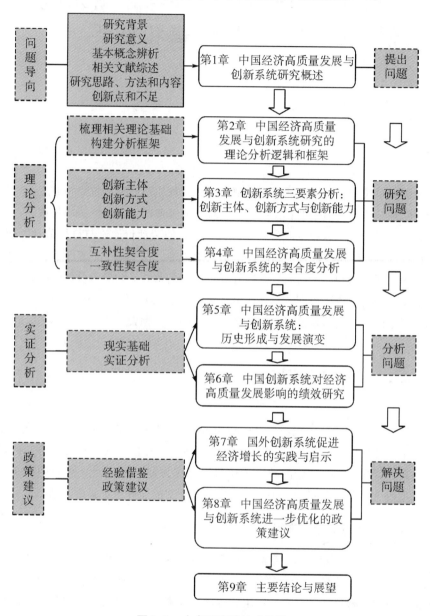

图1-1　本书研究的技术路线

2 中国经济高质量发展与创新系统研究的理论分析逻辑和框架

创新系统和经济增长问题历来都是经济学理论所研究的核心领域之一。从经济学理论研究的演进来看，广受人们瞩目的经典的创新和经济增长理论，主要有马克思的生产力和生产关系理论、马克思的劳动价值论与科技劳动思想、熊彼特的创新经济发展理论、新经济增长理论等，这些理论不乏匠心，对研究中国的创新机制和经济高质量发展有着积极的借鉴意义和参考价值。因此，本章对相关理论进行了梳理，并在研究的基础上，形成了本书研究的基本理路，构建了中国经济高质量发展与创新系统研究的分析框架。

2.1 基本概念辨析

法国思想家罗兰·巴特（Roland Barthes）在《叙事作品结构分析导论》一文中明确指出："如果我们在入手时就遵循一个提供给我们首批术语和原理的模式，就会使这一理论的建立工作得到许多方便。"[①] 为此，先要明确文章的基本概念以及概念间的内在关系，从而为下文的展开奠定必要基础。

2.1.1 经济高质量发展

对经济高质量发展的考察源于对增长效率的考察，同时多以经济高质量增长来代表经济高质量发展。多恩布什与费希尔的《宏观经济学》认为生产要素的积累强调数量增长，资源利用的改进或要素生产率增加强调经济增长的质量。由于他们的理论具有模型化的特点，后有部分学者据此从效率方面对经济

---

① 巴特. 叙事作品结构分析导论 [M] //张寅德. 叙事与研究. 北京：中国社会科学出版社，1989：4.

高质量进行了定义和研究①②③④⑤⑥。但何强认为经济增长质量包括了经济增长的各个方面，只从效率方面进行研究存在较大局限性⑦。郑玉歆也觉得单纯使用全要素生产率对经济高质量增长进行衡量存在着资源配置、经济效益反映上的困难⑧。

也有许多学者从"过程—结果""手段—目的""主体—客体"的复合观来对经济增长质量和经济高质量增长进行考察。苏联经济学家卡马耶夫于1977年出版的《经济增长的速度和质量》对经济增长质量的定义是资源变化和物质生产的总和，以及增加的商品产量和质量⑨。世界银行的托马斯于2000年在剑桥大学出版社出版了《增长的质量》一书，他认为经济增长的质量"作为发展的步伐补充，构成了经济增长过程中的关键内容，如：分配的机会，环境的可持续性的全球风险管理和治理结构"。在对增长质量重要性的解释中，他认为"正像人们纳入食物的质量而不是数量，影响人们的健康的一样是增长的方式和分布而不是它的速度，对减低贫困和提高生活质量有根本的影响。数量并不一定代表质量"。郭克莎认为除经济增长效率外，经济增长质量还包括了国际竞争力、通货膨胀率和环境污染程度⑩。温诺·托马斯指出经济增长质量是增长速率的补充，是描述经济增长过程的核心指标，他从自然环境、福利、教育机会、腐败等角度对多个国家经济增长的质量进行了比较。罗伯特·巴罗（Robert J. Barro）认为经济增长数量和经济增长质量是两个相对应的概念，他定义经济增长质量是与经济增长数量密切相关的政治、社会和宗教等方面的因素。彭德芬认为一个国家或地区的社会、政治等各个指标的优劣是衡量经济增长质量的重要内容⑪，这也与库兹涅茨（Kuznets S.）、刘燕妮等、埃格

① 沈坤荣. 中国经济增长绩效分析 [J]. 经济理论与经济管理, 1998 (1)：28-33.
② 王积业. 关于提高经济增长质量的宏观思考 [J]. 四川政报, 2000 (6)：11-17.
③ 刘亚建. 我国经济增长效率分析 [J]. 思想战线, 2002, 28 (4)：30-33.
④ 康梅. 投资增长模式下经济增长因素分解与经济增长质量 [J]. 数量经济技术经济研究, 2006 (2)：153-160.
⑤ 沈利生, 王恒. 增加值率下降意味着什么 [J]. 经济研究, 2006 (3)：59-66.
⑥ 章祥荪, 贵斌威. 中国全要素生产率分析：Malmquist 指数法评述与应用 [J]. 数量经济技术经济研究, 2008 (6)：111-122.
⑦ 何强. 要素禀赋、内在约束与中国经济增长质量 [J]. 统计研究, 2014 (1)：70-77.
⑧ 郑玉歆. 全要素生产率再认识：用 TFP 分析经济增长质量存在的若干局限 [J]. 数量经济技术经济研究, 2007 (9)：3-11.
⑨ 卡马耶夫. 经济增长的速度和质量 [M]. 陈华山, 译. 武汉：湖北人民出版社, 1983：35.
⑩ 郭克莎. 论经济增长的速度和质量 [J]. 经济研究, 1996 (1)：36-42.
⑪ 彭德芬. 经济增长质量研究 [M]. 武汉：华中师范大学出版社, 2002：8-22.

斯和伊恩尼斯（A. Eggers and Y. M. Ioannides）的研究有着相似性①②③。刘树成指出经济增长的质量和数量是一个有机、相统一的整体，并从较为广阔的意义层面定义了经济增长质量，他认为经济增长质量的提高，就是经济增长态势稳定性的提高、经济增长方式可持续性的提高、经济增长结构协调性的提高、经济增长效益和谐性的提高④。维诺德（H. D. Vinod）、钞小静和惠康从福利效应的视角分析了经济增长质量，注重对个人发展、国际空间、生态环境的考量⑤⑥。钞小静和任保平在综述各种观点的基础上认为，经济增长质量包括经济增长的福利变化与成果分配、资源利用和生态环境代价、经济增长的结构和经济增长的稳定性四个方面。他们根据这个标准对评价经济增长质量的指标体系进行了建构，进而对1978—2007年中国经济增长质量状态及地区差异进行了考察⑦。朱方明和贺立龙认为经济增长质量是指一个国家或地区在一定时期内新增加的经济活动及其成果的质量，且是相对于经济增长数量而言的。他们同时从微观层面定义了经济增长质量的考察方式，分别从投入要素质量、经济活动过程质量、经济成果质量和环境质量4个方面进行⑧。王薇和任保平则在经济增长效率的基础上，进一步考虑经济的结构协调与平稳运行，进而对经济增长质量进行了界定⑨。随洪光和刘廷华的研究也与之类似，除了增长效率，他们还从稳定性和可持续性的角度定义了经济增长质量⑩。

---

① KUZNETS S. Economic growth and income inequality [J]. American economic review, 1955 (45): 1-28.

② 刘燕妮，安立仁，金田林. 经济结构失衡背景下的中国经济增长质量 [J]. 数量经济技术经济研究，2014 (2): 20-35.

③ EGGERS A, IOANNIDES Y M. The role of output composition in the stabilization of U. S. output growth [J]. Journal of macroeconomics, 2006, 28 (3): 585-595.

④ 刘树成. 论又好又快发展 [J]. 经济研究，2007 (6): 4-13.

⑤ VINOD H D. Open economy and financial burden of corruption: theory and application to Asian [J]. Journal of Asian economics, 2003, 13 (6): 873-890.

⑥ 钞小静，惠康. 中国经济增长质量的测度 [J]. 数量经济技术经济研究，2009 (6): 75-86.

⑦ 钞小静，任保平. 中国经济增长的时序变化与地区差异分析 [J]. 经济研究，2011 (4): 26-40.

⑧ 朱方明，贺立龙. 经济增长质量：一个新的诠释及中国现实考量 [J]. 马克思主义研究，2014 (1): 72-80.

⑨ 王薇，任保平. 我国经济增长数量与质量阶段性特征：1978—2014年 [J]. 改革，2015 (8): 48-58.

⑩ 随洪光，刘廷华. FDI是否提升了发展中东道国的经济增长质量 [J]. 数量经济技术经济研究，2014 (11): 3-20.

可以看出，质量型增长和发展反映的是涉及经济增长的各个方面的发展程度①，经济增长质量是定义经济高质量增长或发展的出发点。综合已有学者对经济增长质量的定义，我们认为经济高质量发展是一国或地区在数量规模增长的基础上，依靠科技进步、提高资源配置效率和生产效率等手段而实现经济向"创新、协调、绿色、开放、共享"发展的一种长效和健康的发展方式，它体现了经济发展的各个方面，包括总量上的增长、结构的优化、福利的增进和可持续的增长。促进经济全面和健康发展，向高质量发展路径转变需要依靠体现在总量上的增长、结构的优化、福利的增进和可持续的发展上的六个方面的建设：一是建设创新引领、协同发展的产业体系，二是建设统一开放、竞争有序的市场体系，三是建设体现效率、促进公平的收入分配体系，四是建设彰显优势、协调联动的城乡区域发展体系，五是建设资源节约、环境友好的绿色发展体系，六是构建多元平衡、安全高效的全面开放体系。

2.1.2 创新系统

创新具备深刻的内涵，从哲学、文化到技术创造、经济发展等各个领域都可以谈论创新，在实际使用中，"创新"一词还经常与"改革"等同使用。一般认为，"创新"是与"守旧"对立的，创新就是要打破常规，具有独创性。因此，创新并不同于创造，创新不是从无到有，世界上独一无二，而是打破常规，或在当时当地具有独创性，即可称为创新。在此基础上，本书运用系统分析法对本书所指的创新系统进行定义，创新系统是按照"创新主体利用不同创新方式实现创新能力"这一客观秩序和基本逻辑形成的，是由创新主体、创新方式和创新能力相互联系、组合而成的整体。创新系统可以分为科技创新子系统和制度创新子系统。

2.1.2.1 科技创新子系统

科技创新是科学创新与技术创新的统称。科学创新是指理论化了的知识体系，旨在认识世界、探求客观真理，揭示客观事物的本质和运动规律，主要回答"是什么"与"为什么"的问题，表现为知识形态；而技术创新则是指关于制造某项产品、应用某项工艺或提供某项服务的系统知识，旨在改造世界，为人们提供利用和改造自然界的物质手段和信息手段，主要回答"做什么"与"如何做"的问题，表现为物化形态。科学的任务是要有所发现，而技术

---

① 任保平，钞小静，魏婕. 中国经济增长质量报告：中国经济增长质量指数及省区排名[M]. 北京：中国经济出版社，2012：15.

的任务是要有所发明，前者是创造知识的研究，可以增加人类的知识财富，后者是综合利用知识于需要的研究，可以增加人类的物质财富。科学的目标往往是不确定的，其结果具有唯一性，对其评价主要看其创造性、真理性；而技术活动一般具有非常明确的目标，其结果具有多样性，对其评价主要看其是否可行、能否带来经济效益。科学和技术是辩证统一的整体，科学是技术实现的理论基础，而技术又是科学呈现的手段。科学是创造知识的研究，技术是应用知识于需要的研究。两者都产生于生产实践，都随着生产实践的发展而发展。科学创新是技术创新的基础和源泉，科学创新也需要得到技术的支撑和市场的推动。由此可见，科技创新既包括技术创新，又不局限于技术创新，它特别强调科学研究和科学发现在创新中的重要性①。刘诗白将"科技创新"这一概念总结为科技知识的创新、生产的物质技术条件的创新以及人力素质和劳动技能的创新②。鉴于上述认识，我们认为，科技创新是一种基于科学知识的积累、科学研究的发现，创造和应用新的科学技术，并相应地采用新的管理方法和生产模式，开发新的科技产品、提供新的高质量服务的过程。

而根据创新系统的定义，科技创新子系统涵盖的内容也包括科技创新主体、科技创新方式和科技创新能力，它强调的是各类创新主体，通过自身和相互之间的作用，利用各类人才、资金等要素，通过各类创新方式，例如移植式科技创新、自主性科技创新、破坏式科技创新和差异化科技创新方式，最终使创新能力得以实现的过程。它是科学技术创新和发展并得到应用的结果，也是各创新主体、创新要素交互作用下的一种复杂涌现现象③。

2.1.2.2 制度创新子系统

制度是人类社会发展到一定时期的产物，它并不是与生俱来的。科斯认为"制度是一系列被制定出来的规则、守法程序和道德伦理规范，它旨在约束主体福利或效用最大化利益的个人行为"④。制度可以被分为两个大类，第一类是正式制度，第二类是非正式制度。正式制度包括政治、经济和合同的规则，这实际上体现的是一种受法律保护的规则。非正式制度，包括习俗、价值观等意识形态，是代代相传的文化结构。本书研究的主要是正式制度。

---

① 付家骥，姜彦福，雷家骕. 技术创新：中国企业发展之路 [M]. 北京：企业管理出版社，1992：70-78.

② 刘诗白. 论科技创新 [J]. 改革，2001 (1)：5-9.

③ 宋刚. 钱学森开放复杂巨系统理论视角下的科技创新体系 [J]. 科学管理研究，2009 (6)：1-6.

④ 科斯，阿尔钦，诺斯，等. 财产权利与制度变迁：产权学派与新制度学派译文集 [M]. 上海：上海三联书店，1996：356-454

马克思在《德意志意识形态》中提出"现存制度只不过是个人之间迄今所存在的交往的产物"①。从这个定义我们可以看出，制度是"交往的产物"，而其本质是社会性的关系，因此，它会随着交往形式的变化而变迁。"新的交往形式又会成为桎梏，然后又为别的交往形式所代替。"② 新制度经济学家也有类似的见解。凡勃伦认为原有的制度是与过去环境相适应而产生的，当外部环境发生变化时，制度也应适应新的环境而进行变革。康芒斯也认为制度必须具有效率性和公正性，但由于外部环境的变化，会导致现存制度无效率和不公正的产生，个体与组织在追求自身利益最大化的动机下，就有可能影响和改进现有的制度规则，并逐渐产生新的制度。所以，新制度经济学认为，制度创新是指由于新制度会带来潜在的更高的收益，创新者会对现行制度进行的改变和创新，用新的规则和方式来代替旧的制度。

由于本书研究的制度创新具有一定的指向性，在这里有必要对制度创新进行一个说明。李萍指出，经济制度与经济体制的内在含义是不完全相同的，经济制度一般指的是社会基本经济制度，而经济体制指的是具体经济制度。社会基本经济制度是由一定社会生产关系的本质所规定的，包括生产资料所有制性质，以及由此决定的生产、流通、分配、消费及其关系等重要内容，直接反映了特定社会经济条件下经济主体间的矛盾、利益关系及其格局；而具体经济制度，指的是组成社会基本经济制度的各种具体的社会行为准则和规则，它是社会经济活动中特定生产关系的具体实现形式，即通常所说的经济体制。本书所说的制度创新是指具体经济制度的创新，而不是社会基本经济制度的创新。

而根据创新系统的定义，制度创新子系统涵盖的内容也包括制度创新主体、制度创新方式和制度创新能力，它强调的是新的更富效率和更具有灵活性的制度规则（或组织）取代旧的、落后的、缺乏效率的以及灵活性不足的制度规则（或组织）的过程，既包括产权制度、竞争规则、科技政策等各种主要的正式规则的变革和新性质的交易组织的产生，也包括制度灵活性的提升。

① 马克思，恩格斯. 马克思恩格斯全集：第三卷 [M]. 北京：人民出版社，1960：79.
② 马克思，恩格斯. 马克思恩格斯选集：第一卷 [M]. 北京：人民出版社，1995：124.

2.2　相关理论基础研究

2.2.1　马克思的生产力和生产关系理论

依据马克思主义经典作家的论述，可以把生产关系一定要适合生产力发展的规律的基本理论表述如下：

（1）生产关系一定要适合生产力发展的规律，揭示了生产力对生产关系的决定作用和生产关系对生产力的依存性。

在物质资料生产方式中，生产力不仅是最活跃、最革命的因素，而且是决定性的因素。人类社会的发展史表明，有什么样的生产力，最终就形成什么样的生产关系，生产力的发展变化，迟早要引起生产关系的发展变化。生产力是由生产力诸要素构成的整体。所谓生产力的性质①，一般地说，是指生产力始终处在不断地运动、变化和发展之中的特性。社会生产永远不会中断，永远不会停留在一个点上。由于劳动者生产经验、劳动技能不断地积累和增长，不断发明、创造和改良生产工具；由于分工、协作以及劳动的各种社会结合形式的日益发展，逐渐提高了劳动的社会性质；由于科学技术的发展和它在生产上的应用，更加促进了生产工具的变革，提高了劳动者的生产经验、劳动技能并把劳动的组织和管理提高到新的水平，从而把生产力推进到新的阶段。生产力不停顿地向前发展，具有历史的必然性。

生产力的性质，还包括生产力在不同的历史阶段有不同的质和量的规定性。生产力的质的规定性，以生产工具为主要标志，例如，石器工具、金属手工工具（青铜器、铁器）、蒸汽机、发电机和电动机、原子能利用装置和电子计算机等。在人类历史上，生产工具的每一次重大改革，都是生产力提高到新的阶段的标志。生产力这种质的飞跃，既是先前量的积累的结果，又表现为新的量的规定性。我们通常分析某个国家的生产力发展水平，必然要考察该国的社会生产总量（国民经济总产值）、国民收入总量、工农业增长速度、劳动生产率提高速度等。这些方面都是生产力量的规定性的具体表现。

在生产中，生产力是物质内容，生产关系是社会形式。辩证唯物主义提

---

① 在马克思主义经典作家的著作中，关于生产力的性质，有时用"生产力发展要求"，有时用"生产力发展水平""生产发展程度""生产力发展状况"，有时还用"生产力发展性质"等术语。本书采用"生产力的性质"这个由斯大林提出的比较概括的术语。

出，在内容和形式的相互关系中，内容决定形式，形式取决于内容，随着内容的改变，形式也就必然要发生相应的变化。这就是说，在生产过程中，人们建立什么性质的社会形式，这种社会形式具有什么特点，都是由当时生产力的性质和水平所决定的。由于生产力处在不断运动、变化和发展的状态中，而生产关系又具有相对稳定性，原来适合生产力性质的生产关系，逐渐变成不适合生产力性质的生产关系。这种不适合生产力性质的生产关系迟早要被适合生产力性质的新的生产关系取代。那么，为什么旧的生产关系迟早要被新的生产关系取代呢？只有把适合当前生产力的新的生产关系建立起来，生产才能继续向前发展，文明的果实才不致丧失①②。

（2）生产关系一定要适合生产力发展的规律，还包括生产关系的相对独立性及其对生产力的反作用。

我们所说的生产力对生产关系的决定性作用，生产关系对生产力的依存性，不是指生产关系完全是被动和消极的。恰恰相反，生产关系对生产力有相对独立性，有积极能动的反作用。辩证唯物主义告诉我们，形式作为内容诸要素的结构方式、组织形式，有它的相对独立性和反作用。因为，内容之所以需要一定的形式，就是需要一定的结构方式、组织形式来把内容诸要素很好地结合起来，使内容得以不断地发展。人们在生产过程中，在同自然发生关系的时候，相互间也要发生一定的关系。这种生产关系的建立，归根到底，是为了保证人们同自然界的斗争能够顺利进行、不断发展。所以，生产关系在一定生产力的基础上形成之后，它就不是被动或是消极的，而是对生产力的发展具有促进或阻碍作用。一方面，当生产关系能够适应生产力发展的时候，它可以对生产力起到促进作用；而生产关系逐步变得与生产力性质基本上不相适应的时候，它就会阻碍生产力的迅速发展。

---

① 马克思说："为了不致丧失已经取得的成果，为了不致失掉文明的果实，人们在他们的交往方式不再适合于既得的生产力时，就不得不改变他们继承下来的一切社会形式。"参见：马克思. 马克思致巴·瓦·安年柯夫［M］//马克思，恩格斯. 马克思恩格斯选集：第四卷. 北京：人民出版社，1972：321.

② 斯大林说："先是社会生产力变化和发展，然后，人们的生产关系、人们的经济关系依赖这些变化、与这些变化相适应地发生变化。""生产关系不能过分长久地落后于生产力的增长并和这一增长相矛盾，因为只有当生产关系适合于生产力的性质和状况，并且给生产力以发展余地的时候，生产力才能充分地发展。因此，无论生产关系怎样落后于生产力的发展，但是它们迟早必须适合——也确实在适合——生产力的发展水平，适合生产力的性质。不然，生产体系中的生产力和生产关系的统一就会根本破坏，整个生产就会破裂，生产就会发生危机，生产力就会遭到破坏。"参见：斯大林. 论辩证唯物主义和历史唯物主义［M］//斯大林. 列宁主义问题. 北京：人民出版社，1964：648.

生产力总是在它的社会形式——生产关系中发展的。生产关系作为生产的物质内容的结构方式、作为生产力诸要素的结合方式，对生产力的发展规定着一定的界限和范围。生产关系处于适应生产力发展的区间内，生产关系可以对生产力的发展起正面、积极的促进作用，它有利于生产力的不断发展。如果新的生产关系在一定时间内不稳定下来，那么它促进生产力发展的作用就无法显示出来。然而，事物的辩证法在于，随着时间的推移，生产力进一步发展，原有的生产关系不再适应生产力发展的要求。此时，生产力和生产关系间的矛盾不断被激化，落后的生产关系使生产力发展停滞和倒退，原有的生产关系由促进生产力发展变为制约生产力发展，新的革命即将到来。

生产力决定生产关系，生产关系又依存于生产力且对它产生影响，两者间这样的交互作用，构成了生产方式的矛盾运动。生产关系由适合生产力性质到不适合生产力性质，经过社会革命又在新的基础上适合生产力性质，这是一个不断向前发展的过程。在这种长时间的社会经济运动过程中，生产关系会逐步转变为适应生产力发展的要求，这是由生产力和生产关系之间内在的、本质的、必然的联系所决定的。马克思主义把这种社会经济运动过程中，生产力和生产关系之间内在的、本质的、必然的联系，称作生产关系一定要适合生产力性质的规律。

在阐明了生产关系一定要适合生产力性质规律的基本内容之后，关于这个规律的客观性也就十分清楚了。马克思主义哲学认为，社会经济规律同自然规律一样，具有客观性。所谓规律的客观性，就是指物质世界的运动规律，客观事物内在的、本质的、必然的联系，是存在于人的意识之外，不以人的意识、意志、愿望等主观的东西为转移的。自然规律、社会经济规律，不管人们认识不认识、喜欢不喜欢，只要条件具备，它就会发生作用。人们只能通过实践，认识规律、利用规律，而不能违反它的客观要求，更不能创造、消灭或者"改造"规律。

生产力是人们改造自然、征服自然的能力，是人们过去活动的产物。任何人都不能自由地选择生产力。任何人都是在现成的生产条件基础上开始生活、进行生产的。人们可以提高技术、改进生产工具，可以创造新的生产工具，从而把生产力提高到新的水平。然而，在一定的历史阶段，人们能前进多远、提高多快，离不开当时已经形成的社会经济条件①。

2.2.2 马克思的劳动价值论与科技劳动思想

在马克思的劳动价值论中，价值被归结为物化在或凝结在产品中的一般人类劳动。在劳动价值论中，马克思从劳动二重性出发，指出商品的价值是由生产商品的劳动创造的，决定商品价值的是无差别的一般人类劳动。劳动是创造价值的力量，"是价值的源泉，并且是大于它自身的价值的源泉"②。马克思还认为，创造商品价值的劳动，一方面包括体力劳动，另一方面包括脑力劳动。科技劳动是一种复杂的脑力劳动，这种复杂程度会随着科学技术的发展而日趋复杂和高级，这种创造和运用科技知识的劳动能够创造出比普通生产劳动多得多的价值。马克思曾预言："随着大工业的发展，现实财富的创造较少地取决于劳动时间和已消耗的劳动量，较多地取决于在劳动时间内所运用的作用物的力量，而这种作用物自身——它们的巨大效率——又和生产它们所花费的直接劳动时间不成比例，而是取决于科学的一般水平和技术进步，或者说取决于这种科学在生产上的应用。"③ 也就是说，科技进步扩大了创造价值的劳动这一概念的外延。具体说来，随着科技的进步及其广泛应用，创造价值的劳动不再局限于直接生产过程中生产商品的各种劳动，而且包括了那些从直接生产过程中分离出来而又为直接生产过程服务的劳动。不难发现，马克思在很早之前就已经看到了科学技术的重要性，看到了科技劳动是社会化劳动的一部分，是可以创造价值的④。

而对于先进科技是否直接创造价值的问题，马克思也做出了回答。马克思指出："劳动过程的不同因素在产品价值的形成上起着不同的作用。""工人把一定量的劳动——撇开他的劳动所具有的特定内容、目的和技术的性质——加到劳动对象上，也就把新价值加到劳动对象上，另一方面我们发现，

---

① 马克思提出："人们不能自由地选择自己的生产力——这是他们的全部历史的基础，因为任何生产力都是一种既得的力量，以往的活动的产物。所以生产力是人们的实践能力的结果，但是这种能力本身决定于人们所处的条件，决定于先前已经获得的生产力，决定于在他们以前已经存在、不是由他们创立而是由前一代人创立的社会形式。单是由于后来的每一代人所得到的生产力都是前一代人已经取得而被他们当作原料来为新生产服务这一事实，就形成人们的历史中的联系，就形成人类的历史。"参见：马克思. 马克思致巴·瓦·安年柯夫 [M] //马克思，恩格斯. 马克思恩格斯选集：第四卷. 北京：人民出版社，1972：321.

② 马克思. 资本论：第一卷 [M]. 北京：人民出版社，1975：219.

③ 马克思，恩格斯. 马克思恩格斯文集：第八卷 [M]. 北京：人民出版社，2009：195.

④ 门亚杰. 科学技术是第一生产力：也论科技劳动创造价值 [J]. 生产力研究，2006（1）：85-87.

被消耗的生产资料的价值又成了产品价值的组成部分，例如，棉花和纱锭的价值包含在棉纱的价值中。可见，生产资料的价值由于转移到产品上而被保存下来。这种转移是在生产资料转化为产品时发生的，是在劳动过程中发生的。它是通过劳动实现的。然而是怎样实现的呢？"工人并不是在同一时间内劳动两次……把新价值加到劳动对象上和把旧价值保存在产品中，是工人在同一时间内达到的两种完全不同的结果（虽然工人在同一时间内只劳动一次），……在同一时间内，劳动就一种属性来说必然创造价值，就另一种属性来说必然保持或转移价值。""生产资料只有在劳动过程中丧失掉存在于旧的使用价值形态中的价值，才把价值转移到新形态的产品上。它们在劳动过程中所能丧失的最大限度的价值量，显然是以它们进入劳动过程时原有的价值量为限，或者说，是以生产它们自身所需要的劳动时间为限。因此，生产资料加到产品上的价值决不可能大于同它们所参加的劳动过程无关而具有的价值"，而"劳动过程的主观因素，即发挥作用的劳动力，却不是这样。当劳动通过它的有目的的形式把生产资料的价值转移到产品上并保存下来的时候，它的运动的每时每刻都形成追加的价值，形成新价值"。"可见，转变为生产资料即原料、辅助材料、劳动资料的那部分资本，在生产过程中并不改变自己的价值量。因此，我把它称为不变资本部分，或简称为不变资本。相反，转变为劳动力的那部分资本，在生产过程中改变自己的价值。……因此，我把它称为可变资本部分，或简称为可变资本。"① "正像人呼吸需要肺一样，人要在生产上消费自然力，就需要一种'人的手的创造物'。要利用水的动力，就要有水车，要利用蒸汽的压力，就要有蒸汽机。利用自然力是如此，利用科学也是如此。……现在资本不要工人用手工工具去做工，而要工人用一个会自行操纵工具的机器去做工。"② 因此，大工业把巨大的自然力和自然科学并入生产过程，必然大大提高劳动生产率，这一点是一目了然的。但是生产力的这种提高并不是靠在另一地方增加劳动消耗换来的，"像不变资本的任何其他组成部分一样，机器不创造价值，但它把自身的价值转移到由它的服务所生产的产品上"③。

2.2.3 熊彼特的创新经济发展理论

熊彼特认为，经济发展的源泉主要是企业家精神和部分企业的垄断利润。经济发展的重要机制，就是创新。

---

① 马克思. 资本论：第一卷 [M]. 北京：人民出版社，2004：243.
② 马克思. 资本论：第一卷 [M]. 北京：人民出版社，2004：444.
③ 马克思. 资本论：第一卷 [M]. 北京：人民出版社，2004：444.

2.2.3.1　经济发展和创新的主体

熊彼特认为，带动经济发展的主体是企业和企业家。他提出："我们把各类新组合的产生定义为'企业'，把职能是生产新组合的人们称为'企业家'。"① 为了揭示企业家的本质，他还特地区别了股东、资本家、技术发明家与企业家的不同。他提出，股东和资本家"是货币所有人，货币请求权的所有人，还是物质财富的所有人"②；而企业家是真正使用资本的人，是使生产要素、资源重新组合的人。企业家与资本家、股东的不同在于，企业家可以同时是一个资本家或是一个技术专家，如果他拥有资本并且是一个技术发明者的话；但如果资本家不把其拥有的资本和科学技术用于生产，产生生产方法的新组合，并不断创新，那就不能被称为企业家。从职能上来看，资本家的职能是"拥有"财富、借出资本来获取利息收入，发明家的职能是对一种新的科学或技术进行研究和创造，而企业家是对资本、科技等生产要素进行重新组合，而且也只有在他实现了生产要素的"新组合"之后，他才是真正意义上的企业家。一旦这种方法在某一天落于陈旧，企业经营停步不前，他也就变得与静态经济里的普通管理者毫无区别了。因此，如同企业与资本和发明有区别一样，企业家与资本家、发明家完全不同，尽管他们的角色可能重复，但产生这样的原因也只是偶然的巧合……③企业家参与经济活动源于对利润的追逐，以及"企业家精神"，他们的目标是实现生产方法"新组合"，即创新。

2.2.3.2　经济发展的机制

有了经济发展的主体——企业家以及企业家精神，那么，经济又是怎样发展的呢？或者说，经济发展的"机制"是什么呢？熊彼特认为是创新。关于"创新"的定义，熊彼特指出"创新是新建一种生产函数"，把一种增强生产效率的全新组合引入生产过程中。创新是促进经济发展最重要和核心的路径。因此，从某种意义上来说，"创新""新组合"和"经济发展"实际上都表达了同一个意思。熊彼特的创新理论主要是阐述创新与生产之间密不可分的联系，同时，他认为创新与消费的联系是基于生产之上的，这两者之间并没有很直接和明显的关联。也就是说，经济的增长和发展是通过产生新的生产方式对生产要素进行新的组合，并用新的途径生产产品的过程，而人们仅仅是被动地接受着经济发展提供的产品和服务，而不可能是主要原因。熊彼特认为，生产就是对社会经济中各类资源、要素等物质和能力进行组合的活动；生产方式就

---

① 熊彼特. 经济发展理论 [M]. 北京：商务印书馆，1990：82-83.
② 熊彼特. 经济发展理论 [M]. 北京：商务印书馆，1990：83.
③ 熊彼特. 经济发展理论 [M]. 北京：商务印书馆，1990：98-99.

是这种组合活动的规则、办法以及这个过程中各种资源、要素的比例关系。从这个角度出发，经济发展就是因为生产突然、非连续性地发生，而可以引发这种现象的就是创新。

利用生产函数的概念也可以对上述问题进行说明。熊彼特研究的创新，不仅是指要素和资源在组合中在量上的变化，也包括生产函数本身的改变。这种改变是对生产函数的更新和重新设定。在保持其他条件不变的情况下，资源和要素的边际生产力一般是呈递减趋势的。但如果在生产函数中加入创新因素，那么，原有的生产边际函数曲线就会发生变化，产生新的边际函数曲线，边际生产力就会相应提高。可以看出，创新就是把经济从原有的状况引入新的发展局面的途径。在此基础上，从创新与成本两个概念出发重新对创新进行界定，在资源价格保持不变、也不存在创新的情况下，生产的总成本会随着产量的提高而提高；而通过引入创新元素，原有的生产函数曲线作废，取而代之的是新的生产函数曲线。可以看出，并不是创新使总成本降低，而是由于新的生产函数曲线的产生会形成新的成本。创新的概念既包括生产方式的改变和科学技术层面的发展，同时也包括除了上述因素以外更广泛意义上的含义，也就是前文提出的对生产函数的一种新的构建。也就是说，熊彼特所研究的"创新"，虽然含有科技发展和革新的内涵，但它并不是一个纯经济或技术的概念，而是具有广泛的含义：它既有技术革新、生产方法的革命的内容，更具有经济制度的变革（如企业新组织形式的出现、托拉斯化等）、社会制度形态的转变（如从循环流转进入资本主义）等制度的、历史的或社会的特征。

由此可知，经济发展的动力是利润（主要是垄断利润）和企业家精神，而经济发展的机制就是创新。

2.2.4　新经济增长理论

新经济增长理论，也称为内生增长理论，产生于20世纪80年代中期。新经济增长理论虽然被看作一个理论，但它不像其他大多数理论一样，存在一个可以被大家所共同认识或熟知的基本理论模型，目前还是一些持相同或类似观点的经济学家提出的诸多增长模型组成的松散集合体，不曾形成一个较为统一的理论体系。但各类关于新经济增长理论的前提假设基本都是，经济增长不是由外生因素推动的，而是决定某些经济政策实施的经济系统的内生变量对经济增长起着主要的作用。经济是由内生因素推动的观点是新经济增长理论的核心理念。大多数学者认为，内生的技术进步是促进经济增长的决定性因素。同时，大多数学术成果中建立的模型都对技术进步得以实现的各种机制进行了考察，如从产品品种增加、边干边学、人力资本积累、质量升级、研究与开发、技术扩散、知识积累以及外部性等对新经济增长的研究是沿着不同的思路展开的。到目前为止，新经济增长理论还没有最终成熟与定型，而且存在着各学派之间的相互渗透。

20 世纪 80 年代至 20 世纪 90 年代的新经济增长理论的主流研究，主要可以分成以下几种：一是通过拉姆齐-卡斯-库普曼斯的最优经济增长模型，对比研究了在分权和集权经济下最优经济增长路径的差异，阐明了科学技术对经济增长的核心作用。二是在罗默（Romer）①、卢卡斯（Lucas）②、里贝尔③等学者的研究成果之上，阐述了由人力资本所确定的科技进步与帕累托最优间的联系，探讨了制度和政策安排对经济增长和科技进步的影响。三是通过对科学进步进行表述，采用格罗斯曼和赫尔普曼（Grossman and Helpman）④ 的两类不同的产品模型，对科技进步与经济增长之间的关系进行研究。四是运用巴罗和贝克（Barro and Becker）⑤、贝克等⑥所建立的模型，来研究新增长人口和经济增长的内在联系。五是在卢卡斯（Lucas）侧重于教育作用的人力资本投入模型之上，探讨两个部门经济增长均衡、路径以及其动态变化特点。六是在巴罗等⑦、曼丘等⑧研究成果的基础上，探讨各国的经济增长问题，并对趋同假说进行解释和验证。七是在博尔德林和伍德福德（Boldrin and Woodford）⑨、西

① ROMER C. Spurious volatility in historical unemployment data [J]. Journal of political economy, 1986, 94 (1): 1-37.

② LUCAS R E. On the mechanics of economic development [J]. Journal of monetary economics, 1988, 22 (1): 3-42.

③ REBELO S. Long-run policy analysis and long-run growth [J]. Journal of political economy, 1991, 99 (3): 500-521.

④ GROSSMAN G M, HELPMAN E. Quality ladders and product cycles [J]. Quarterly journal of economics, 1991, 106 (2): 557-586.

⑤ BARRO R J, BECKER G S. Fertility choice in a model of economic growth [J]. Econometrica, 1989, 57 (2): 481-501.

⑥ BECKER G S, MURPHY K M, TAMURA R. Human capital, fertility, and economic growth [M] //GARY S B. Human capital: a theoretical and empirical analysis with special reference to education. Chicago: The University of Chicago Press, 1994: 323-350.

⑦ BARRO R J, BLANCHARD O J, HALL R E. Convergence across states and regions [J]. Brookings papers on economic activity, 1991 (1): 107-182.

⑧ MANKIW N G, ROMER D, WEIL D N. A contribution to the empirics of economic growth [J]. Quarterly journal of economics, 1992, 107 (2): 407-437.

⑨ BOLDRIN M, WOODFORD M. Equilibrium models displaying endogenous fluctuations and chaos: a survey [J]. Journal of monetary economics, 1990, 25 (2): 189-222.

村和矢野（Nishimura and Yano）① 等研究成果之上，研究经济增长和混沌现象的内在相关性。八是探讨环境、制度安排和不完全竞争等因素与长期经济增长路径的相关性。

2.2.5 诺斯制度变迁与经济增长理论

2.2.5.1 早期的产权理论

科斯等人创立的产权理论有助于人们正确认识交易费用和经济组织的不断优化，而诺斯也认为，产权的交易费用对经济绩效有至关重要的影响，改善经济绩效意味着降低生产和交易成本。因此，科斯把产权理论引入制度变迁的框架中综合考察，他认为在充满竞争、要素稀缺的市场中，同时在现有技术条件和未来充满不确定因素的限制下，成本最小又可以有效解决问题的办法就是明晰产权。

他认为交易费用主要源于以下四个方面：第一，产品和服务内部存在多种满足消费者需求的属性，如果能够对各种属性进行计量，就可以更加明晰地界定产权，从而提高个体效用，降低交易总成本；第二，有效的保障制度和组织在一定程度上会导致交易成本的上升；第三，当合同的执行需要相应的监督和评估工作时，对相应违约的经济主体进行约束与惩罚也会增加交易成本；第四，专业化分工越发达的国家，知识的整合就需要越多的资源。市场竞争的结果将淘汰低效的经济组织形式，从而留下高效的经济组织形式。在这样的情况下，虽然制定和实施完善的产权制度在一定程度上会导致交易费用上升，但产权制度的完善所带来的明晰产权、提高个体效用所减少的交易成本，大大超过前者上升的幅度。因此，人们始终致力于不断完善产权制度以降低交易成本，而完善的产权制度使人们在享有产品时应具有竞争性或排他性。那么，我们必须对产权有一个清晰的界定，这可以有效降低机会主义和减少未来的不确定性。实现这一目标的主要途径是制度创新和变革。这需要建立一个统一的制度体系，包括有效的立法体系和执法体系，对知识进行整合、对合约进行监督以及裁定纠纷等。

2.2.5.2 制度变迁中的国家理论

国家理论是诺斯制度变迁理论中的第二大理论支柱。国家的客观存在是经济发展的基础，但也是经济社会衰退的根本原因。如果一个国家能够制定一个完整的产权体系，那么这个国家就一定能促进国家整体福利的提升，促进经济发展；但如果国家制定的这一套产权体系能使相关利益集团的获利最大化而不

---

① NISHIMURA K，YANO M. Non-linear dynamics and chaos in optimal growth：an example ［J］. Econometrica，1995，63（4）：981-1001.

顾经济的发展，就将造成经济衰退。

诺斯（出版者注：该学者的国内译名有"诺斯""诺思"两种，本书正文中统一译为"诺斯"）构建的国家理论模型，包含三个非常重要的特征：一是国家将为公民提供"保护"或"公正"的服务作为换取国家收入的代价；二是国家为每个拥有不同类型选民的集团设计产权体系，以实现国家收入的最大化；三是国家不仅面临来自其他国家的竞争，同时也面临国家内部的竞争。

诺斯认为，国家为公民提供基本服务的过程满足博弈理论的内部机理。同时，国家的目标也可以从两方面进行说明：一方面是不断降低产权交易费用从而使社会整体产出和福利最大化，相应地，国家税收也最大化；另一方面是制定产权交易费用的基本法规和制度，使统治国家的租金最大化。诺斯指出，在国家经济的各个发展阶段中，在当局者对租金最大化的执着追求驱使下形成的产权结构，与内含于促进经济高效增长中降低交易费用的客观要求所形成的产权结构之间存在着很大程度的冲突，两者之间的矛盾是经济不能实现高效、健康和长久增长的根源①。两个目标的不断对抗，对国家的经济发展和兴衰成败产生直接的影响。

2.2.5.3 制度变迁的"路径依赖"问题

诺斯指出，经济在发生变革的阶段，人们和各类组织在进行制度选择时存在"路径依赖"现象。诺斯认为"路径依赖"可以解释为"过去对现在和未来的强大影响"，他认为历史确实对现在是有影响的，人们今天的决定和选择都是在历史影响下做出的。诺斯解释"路径依赖"的作用类似于物理学中惯性的作用，是指事物长时间处于某种路径的运动状态中，很长时间内都会受到这种路径的影响。产生这一现象的原因在于，制度的变革和科学技术的发展类似，是报酬递增和自我强化的，"路径依赖"使制度的变革会在一定程度上延续以往的发展。因此，可以说，人们过去的决定和选择直接对他们现在的行为产生影响。制度对原有的路径存在依赖：一方面，制度的变革或许会进入一个良性的循环过程，不断的自我升级和优化；另一方面，也可能存在走向颓败的可能性，甚至被无效的状态封锁，而进入一个死循环，从而难以脱身。诺斯指出，"路径依赖"的背后，隐含的是人们对利益的权衡。对各类组织而言，当一个制度体系定型后，一定会形成一个相对应的利益集团。它会努力巩固现有的制度安

---

① 诺思. 经济史中的结构与变迁 [M]. 陈郁，罗华平，等译. 上海：上海三联书店，1994：72.

排，即便新制度更加有效，它也会努力阻碍新制度的制定和实施①。这正像孔子说的"少成若天性，习惯如自然"。只有人们发现自己选择的道路没有价值，同时没有更多利益的输送时，才会做出新的选择。

2.2.6 福利经济学和凯恩斯主义关于政府干预的思想

古典经济学和新古典经济学认为，在充分竞争状态下的市场中，生产者可以通过改变生产成本来追求最大化的利润，消费者可以依据自身的效用函数对商品的边际效用进行判断，资源和要素供应商也可以通过市场价格的变动信号来做出相应的供应决策。社会生产中的供产销三方都可以根据相应的市场信号来做出相应的判断，从而使市场达到均衡，实现资源效用最大化。虽然古典经济学与新古典经济学都认为在市场调节作用下，经济活动的效率可以是最高的，可以不需要政府的干预；在市场机制的作用下，各类经济活动可以在无外界因素影响的情况下自行实现资源的帕累托最优，但是它也并非绝对排斥政府对经济的干预。斯密认为，在某一些情况下，由于市场机制的属性，政府对市场机制的干预是合理的，甚至是必需的。

福利经济学强调了市场失灵中的外部性、公共物品以及社会与个人成本间的差异是促使政府对经济活动干预的原因。该理论第一次将市场失灵与政府干预结合起来进行研究。庇古认为，单纯依靠市场机制自身的调节作用，很难使得边际私人净产品与边际社会净产品相等，也就是说很难直接达到实现帕累托最优的条件。萨缪尔森认为，无法按照最优化原则来提供公共物品，这是市场最重要的缺陷，只有通过政府财政预算才能较好地解决公共物品的供给问题。同时，他提出了公共物品的判断标准：一方面是物品的非排他性，另一方面是物品消费的非竞争性。除此之外，庇古、萨缪尔森和凯恩斯等学者还提出了市场失灵理论。市场失灵理论一方面为政府干预经济活动提供了理论基础，另一方面也为正确行使政府权力、定位政府的角色提供了思路。这些学者们从各种角度否定了古典经济学家和新古典经济学家关于经济自由政策的观点，着力论证了市场失灵的可能性和原因，他们认为政府直接参与经济活动对于社会财富的增加是有积极作用的。综上所述，根据福利经济学和凯恩斯主义经济学的分析，仅依靠市场机制自身的调节，由于公共产品供给短缺、产品外部性等市场失灵现象的存在，即使存在完全竞争的市场，也不能实现最佳的经济效益。这

---

① 诺思. 经济史中的结构与变迁 [M]. 陈郁，罗华平，等译. 上海：上海三联书店，1994：125.

时，只能依靠政府这只"有形的手"对市场予以帮助。

斯蒂格利茨认为推算出福利经济学基本定理的许多假设都是错误的，即使该理论论证得出市场机制会导致帕累托最优这一结果，但是其本身假设基础的不正确性，使得该理论从一开始就是错误的。该理论所设定的完备市场、完全信息和完全竞争的假定，在现实生活中是不可能实现的。随后，斯蒂格利茨与格林沃德提出了格林沃德-斯蒂格利茨定理，该定理通过复杂的数学模型，论证了在不完全竞争、信息不完全和市场不完备的情况下，市场机制不会自发地形成帕累托最优的状态，即此定理深刻揭示了市场失灵不局限于外部性、公共产品等范围，市场失灵是普遍存在的。因此，该理论更具有现实意义。

2.2.7 国家创新系统理论

国家创新系统理论，是建立在继承先前技术创新理论的核心思想之上，并吸收了新经济增长理论和人力资本理论等相关理论核心思想的研究成果。国家创新系统理论的主要思想是，创新网络系统中各要素之间的关联和相互的作用很大程度上决定了一个国家的创新效果。

2.2.7.1 国家创新系统的概念①

许多学者都对创新系统进行了定义。弗里曼认为，国家创新系统是各类公共和私营组织形成的创新网络，它们之间的互动关系和相互作用促进了新的科学技术的不断发展②。伦德瓦尔认为在一个国家内部，由于各类有用的知识生产、传播和使用，带动系统内组成要素相互联系，从而形成了国家创新系统。纳尔逊认为国家创新系统是由一系列组织和机构组成的，它们的相互联系、影响和作用决定着一国范围内创新型企业的创新绩效和表现。经合组织对国家创新网络系统的定义基本延续了弗里曼的定义，提出国家创新系统可以被定义为由各类公共和私营组织组成的网络系统，这些组织之间的关联和作用决定了一个国家产生和流动科学技术的能力，并影响国家的创新绩效③。

---

① 本书也使用了创新系统的概念，但本书所定义的创新系统与一般意义上的国家创新系统稍有区别，一般意义上的国家创新系统是从微观层面进行定义的，而本书所说的创新系统是由科技创新和制度创新形成的复杂系统，而支撑这个创新系统的核心元素，就是国家创新系统中的各组成部分，及其它们之间的相互关系，还包括它们各类作用下形成的科技产业。

② 弗里曼. 日本：一个新国家创新系统？[M] //多西，弗里曼，纳尔逊，等. 技术进步与经济理论. 钟学义，等译. 北京：经济科学出版社，1992：402-424.

③ OECD. National innovation systems [R]. Paris：Organisation for Economic Co-operation and development，1997：10.

2.2.7.2　国家创新系统的内在结构

当前，学者们普遍认为，国家创新系统包括以下五个主要组成部分：一是各类科技创新企业，它们是创新的核心主体；二是各类研究机构（包括高校和科研单位等），主要从事科学技术知识的研究和生产，是企业进行科技产品生产的一个非常重要的知识获取渠道；三是教育培训机构，主要职能是对人才进行培养；四是政府部门，主要职责是制定相关制度和政策，为促进创新活动的发生和开展营造良好的环境，促进科技知识的生产、扩散和应用，提高创新效率；五是金融组织部门，为各类高风险、高投入的创新活动提供必要的资金支持。除此之外，国家创新系统还包括一些辅助性组织，例如各类中介机构、信息服务平台等。

2.2.7.3　国家创新系统的特征

国家创新系统最主要的特征就是网络化。这是由于创新是一个由各类组织和机构相互学习和互动的过程，创新的实现不仅来源于微观创新主体自身的科技发展、能力和技能的提升；同时，也是它们与合作伙伴、竞争对手，包括其他各类与科技知识生产、扩散相关的组织机构之间互动的结果。微观创新主体的创新成效也会受到与这些科技知识生产、扩散和产业化相关的组织机构交流、合作和互动的影响，而这些组织机构及微观创新主体自身，又是存在于一个特定的国家或地区之内的。因此，它们必然会受到国家或地区内制度、文化、环境以及社会价值的影响。也正是创新活动的发生、开展都与各种因素相关，才使人们在对其进行研究时重点关注各个要件间的联系和作用。

2.2.7.4　国家创新系统的研究方法

国家创新系统的研究方法来源于对整个创新过程进行的系统分析和研究，而不同于以往分析时采用的"线性分析"。在"线性分析"中，科学技术知识的流动和扩散很纯粹和简单，创新的源头和原因是科学技术的基础性研究，科技研发的投入会对创新产品的生产产生直接的影响。很长时间里，对创新的研究和分析都受到"线性分析"模式的影响。西方发达国家与东亚国家的经验都表明，那种认为某个国家由公开发表论文的数量所体现出来的科研潜力与其创新能力并没有直接关联的观点开始被人们接受。日本和新兴工业化国家成功实现现代化和工业化与它们国内新创造的知识（在基础研究中的"创新"）并无直接关联，至少对战后大部分时期的日本是这样的。成功的创新主要取决于新兴工业化国家从不同的外部渠道获取知识，将它们吸收并合理应用于本国工业，与此同时还要着眼于国际市场不断变化的需求。

在实践中，创新是来自各个方面的，系统方法可以揭示其中的复杂性：总体创新能力不仅取决于单个组织和机构的绩效，同时更取决于它们作为一个创新网络中组成要素的相互作用，以及它们与创新环境、各类具体制度和政策安排下的互动。因此，创新不是以完美的线性顺序发生的，而是通过系统中各组成要素间的反馈发生的。

2.3 基本理路和分析框架

2.3.1 基本理路

要赋予经济旺盛的生命力和良性的发展，并促使经济发展质量提高，就必须使原有的、旧的、低效的组织结构得到新的知识和动力而不断被替换，不断推动经济系统进行更新和改革。那么，只有通过引入新的科学的方式、方法和技术，打破原有制度的束缚，形成经济系统新的平衡状态，才能促进经济系统高效、稳定和可持续运行，并不断地提高其增长质量。这就要求经济增长方式由要素推动转向创新推动，要求我们深刻认识创新系统和经济高质量发展的内在逻辑关联，以及创新系统的运行规律和构成，通过创新系统的实现来进一步提高经济增长的质量。

因此，本书首先对创新系统的内在结构进行解析，从创新主体、创新方式和创新能力三个方面对创新系统进行研究，揭示创新系统的内在运行机理；其次，对经济高质量发展与创新系统的契合度进行研究，对经济高质量发展与创新系统间的相容度，经济高质量发展的要求和需求，以及创新系统的供给与能力进行分析；再次，结合中国经济高质量发展与创新系统的历史形成与发展演变过程，就创新系统对经济高质量增长的影响进行绩效研究，分析我国创新系统对经济高质量发展的影响的整体效果，基于实证结论，发现和提出经济发展过程中可能存在的问题；最后，通过对国外创新系统促进经济发展质量提升的实践与启示，结合实证分析结果，提出中国经济高质量发展与创新系统进一步优化的政策建议。本书研究的基本理路见图2-1。

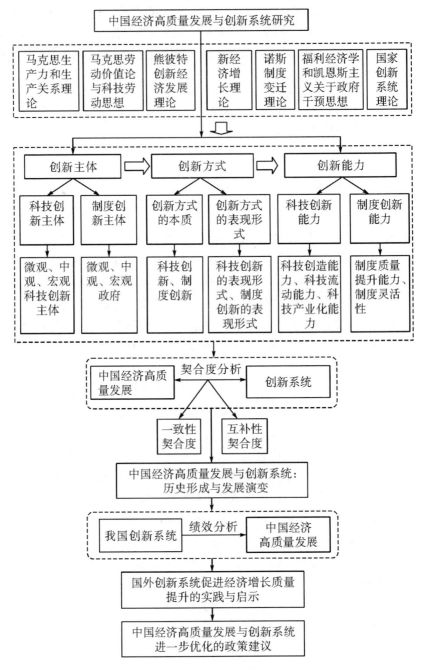

图 2-1　本书研究的基本理路

2.3.2　分析框架

2.3.2.1　创新系统的三要素分析：创新主体、创新方式与创新能力

本书先尝试解构创新系统，以深入研究和揭示经济高质量发展下的创新系统的运行机制及其规律。

（1）对创新主体的分类。

由于创新主体的行为直接影响整体创新系统的发展和走向，因此，对创新系统的分析应立足于创新主体，对创新主体进行分类和阐述是研究创新系统的第一步。由于创新系统可以分为科技创新子系统和制度创新子系统，在不同的创新子系统内存在不同的创新主体。

在科技创新子系统方面，为了更好地解构科技创新子系统，了解不同层面科技创新的重点内容和方向，本书试图从不同层面界定不同的科技创新主体，分别是微观科技创新主体、中观科技创新主体和宏观科技创新主体。首先，按照微观科技创新主体的属性，可以划分为直接参与科技创新的主体（例如企业、高校和科研机构），以及间接参与科技创新的主体（例如科技中介服务机构）。这两大类主体共同促进了对科学技术知识的研发和应用，在国家创新系统中起着最为基础和核心的功效。其次，中观科技创新主体是区域，这是由于区域范围内有着由一系列微观创新主体形成的创新网络系统以及科技产业集聚区，区域是整个国家科技创新系统的重要组成部分。区域作为中观层面的科技创新主体，更加注重创新主体与创新环境相互作用、动态演化和相互依存所形成的具有生态系统特征的网络创新系统，也就是强调创新过程的交互性。最后，本书定义宏观科技创新主体为国家，这主要是由于在国际竞争中是以国家为基本单位的，而创新系统直接关系着一个国家的科技进步水平，关系着一个国家的根本利益，关系着一个国家经济的可持续发展和国防的安全乃至公民的健康和生活水平。

在制度创新子系统方面，本书把制度创新主体分为政府和科技行业协会两个部分。由于政府是行政权力的实际掌控者，是经济制度的设计者和执行者，政府可以通过各类制度和政策的制定，直接影响科技创新活动的开展，因此中央政府和地方政府就是主要的制度创新主体。除此之外，科技行业协会也是制度创新主体之一，这主要是因为，科技行业协会可以通过制定行业规范和科技评价标准，为政府提供合理建议等来促进制度创新。

（2）对创新方式的界定。

创新主体在创新系统中扮演着不同的角色，在根据自身实际情况进行创新

时也会采用不同的方式。本书在对创新主体进行分类和阐述后，对不同的创新方式进行了界定。

在马克思价值理论中，价值是由价值的本质和形式组成的。价值的本质内容是凝结的一般的无差别的人类劳动，而货币的出现是商品作为价值存在而得到社会公认的独立表现形式。本书类比马克思价值理论的研究方法，首先，运用马克思的生产力和生产关系理论，对创新方式的本质内容进行理论分析，创新方式的本质可以分为科技创新与制度创新。这是因为科技创新是生产力变革，而制度创新是调整或变革生产关系与上层建筑不适应生产力发展之处；正如生产力与生产关系和上层建筑之间存在辩证关系一样，科技创新和制度创新之间同样也存在着相互依存的辩证关系，一方面，科技创新可以促进制度创新，另一方面，制度创新也可以为科技创新提供必要约束和激励，二者共同推动人类社会的发展和进步。其次，本书对两类创新方式的表现形式进行界定。在处于经济不同发展阶段的创新也具有不同的形式，科技创新的表现形式可以分为四种类型，分别是移植性科技创新、自主性科技创新、破坏式科技创新以及差异化科技创新；而制度创新的表现形式也可以分为四种类型，分别是移植性制度创新、自主性制度创新、破坏式制度创新以及差异化制度创新。

（3）对创新能力的分析。

由于创新主体实现创新方式需要依托一定的创新能力，也就是说，无论是科技创新方式还是制度创新方式，要呈现其表现形式——移植性创新、自主性创新、破坏式创新和差异化创新，都要依靠一些具体的结构组织和运行规则才能实现，而这样的结构组织和运行规则就是实现科技创新或制度创新的能力。从创新能力的类型来看，和创新方式分为两类一样，创新能力也可以分为科技创新能力和制度创新能力。

科技创新能力强调的是各类创新主体之间相互联系建立起错综复杂的创新网络，并实现科技成果产业化的过程，从而从根本上形成促进经济高质量发展的驱动力量，本书定义它由科技的创造能力、科技的流动能力和科技的产业化能力组成。首先，科技的创造能力主要由各类创新主体和相关部门、机构来衡量，由于各类创新主体具备创造性、活跃性和能动性等特点，同时不同创新主体和相关机构具备的优势不同，掌握的资源、社会定位都不同，从而在科技创新中承担着不同的职责，但它们都为社会的科技创造起到了非常关键的作用。本书定义科技创造者主要由企业、高校和科研机构、科技服务中介机构、金融机构和教育环境构成。其次，科技的流动能力主要集中体现在企业间合作，科研机构、大学和企业间合作，科学技术扩散，以及其他一些科技创新的国内和国际联系上。也就是说，各创新主体可以在科技创造的基础上，通过一些途径，以资本、技术、人才、信息、平台等为纽带相互联系和合作，促进科技的流动和转移，从而带动科技不断发展和进步。最后，科技创新作为经济内生增长的驱动力，最终是通过实现关键产业或产业的若干环节向价值链高端延伸，从而推动科技成果的集成、应用，促进产业集聚和结构优化，进而增强产业的整体竞争优势，推动经济高质量发展的。因此，创新能力的重要构成之一便是科技的产业化，它主要是由科技的集成能力、科技的应用能力、科技产业的聚集能力以及产业结构的调整和升级能力构成的。

对于与科技创新能力相关的制度创新能力，本书从静态能力和动态能力两个方面进行解释。静态制度创新能力主要是指制度质量提升的能力，而动态制度创新能力主要是指制度的灵活性。一个强调的是"能不能"的问题，另一个强调的是"快不快"的问题。在分析制度质量提升能力时，本书从微观、中观和宏观三个层面的科技创新主体出发，分析了在市场机制作用下政府提升制度质量能力的出发点。在微观层面，科技创新的外部性特征决定了需要政府介入，科技创新的公共物品属性决定了需要政府介入，科技创新的不确定性和高风险决定了需要政府介入，科技创新的信息不完全性决定了需要政府介入；在中观层面，政府需要对创新资源进行有效整合，需要对各类微观主体进行利益协调；在宏观层面，科技创新的战略资源属性是国家扶持的重要出发点，区域间科技创新和产业协调发展需要依靠政府的宏观调控。在分析制度灵活性时，本书首先对制度的灵活性进行定义，它指的是在不改变基本经济制度的前提下，在基本经济制度内部不断更新具体经济制度，以取代那些僵化的、过时的制度，以便使制度保持充分的活力，也就是发展新的具体经济制度以应对不断变化的经济和科技发展的倾向。在此基础上，本书对制度的灵活性、重要性进行了分析，也对制度灵活性的决定因素进行了分析，提出了增强制度灵活性的作用点，即正确规范和激励政府组织的行为。

2.3.2.2 中国经济高质量发展与创新系统的契合度分析

在解构创新系统之后，本书要通过对中国经济高质量发展与创新系统间的内在关联进行研究，揭示创新系统的重要性和必要性。本书基于这个出发点，对创新系统与中国经济高质量发展的契合度进行了分析。通过契合度分析，我们可以对研究对象间的内在联系和相容性进行分析，具体说来，契合度反映了研究对象间的一致性特征和互补性特征。一致性特征强调的是研究对象间在达到某种目的时，双方都具备的相同的特征与内涵。互补性特征更多强调研究对象间相互补充、相互完善的状态，由于一个对象拥有另一个对象所不具备的内涵和特征，在结合过程中，双方都可以得到自身需要的满足，由此产生出一种相互补充的契合状态。

因此，本书在考察中国经济高质量发展与创新系统间的契合度时分为两个方面，一方面是经济高质量发展与创新系统的一致性契合度，另一方面是经济高质量发展与创新系统的互补性契合度。对一致性契合度的研究分别从主观和客观层面进行，主观角度的一致性契合度研究，主要是指对人们在面对经济高质量发展时，其对自身发展所产生的愿景与创新系统作用于社会经济增长的发展方向和愿景是否相一致的考量和评价。客观角度的一致性契合度研究，主要是衡量研究对象间事实上存在的匹配程度，它们可能不会被任何一个对象所感受到，却是现实存在的且不以人们的意志为转移。对互补性契合度的分析，主要从供给—需求契合度、能力—要求契合度两个方面进行。供给—需求契合度主要是指创新系统"供给"（数量、类型）与经济高质量发展"需求"（数量、类型）之间的契合问题，它主要是衡量创新系统所创造和提供的各类发展机会和机遇，形成的各类基础和环境，是否满足经济高质量发展的需求。能力—要求契合度主要是指创新系统所具备的"能力"与经济高质量发展对创新系统的"要求"之间的契合度。

在此基础上，本书还对创新系统对经济高质量发展的作用机理进行了阐述和分析，分别是经济的高效率运行与创新系统、绿色生态经济的发展与创新系统、收入分配效率的提升与创新系统、城乡协调发展与创新系统、国家开放体系的构建与创新系统。

2.3.2.3 我国创新系统对经济高质量增长影响的绩效研究

前文就创新主体和创新方式进行了解读，也对创新主体实现创新方式的依托载体——创新能力进行了分析。后文试图就我国创新系统对经济高质量发展的影响进行实证研究，分析我国创新系统对经济高质量发展的作用效力，以及根据实证结论分析当前创新系统运行中可能存在的问题。由于数据的获取存在一定的限制，本书结合已有研究，试图整合创新系统作用的基本元素，从最基础、反映功能较好、影响作用较为明显的、可量化的基础指标出发，构建综合指标；同时，由于选取的各类指标间存在内生性关系，因此，本书试图运用VAR模型就我国创新系统对经济高质量发展的影响的整体效果进行验证。

通过研究可以发现：第一，通过VAR模型参数结果可以看出，不论是滞后1期的经过一阶差分的科技创新指数还是制度创新指数，都会对一阶差分的经济高质量发展指数产生正面影响。这表明，上一期的科技创新和制度创新对经济质量增长的带动十分明显。但可以看出，当一阶差分的科技创新指数和制度创新指数时期定位为滞后 2 期时，对一阶差分的经济高质量发展的影响为负，说明过分陈旧的基础建设、投入和产品，以及灵活性较低、落后的制度不适应当前的经济高质量发展。第二，从脉冲响应函数可以看出，给一阶差分的制度创新指数一个正的冲击后，在第一期就会对一阶差分的经济高质量发展指数产生正向影响，随后影响慢慢变弱，会出现略低于 0 值的水平。这说明，由于科技发展而带动的制度变革会对经济质量的增长产生正面影响，原有落后的生产关系，在新的制度到来之际，得到了革新，对各类经济主体产生了激励，带动经济向上发展。但在经济运行过程中，由于新制度的产生，也会产生各类新的问题，在经济上涨到顶峰时所有问题都会显现，带动经济下行。伴随着时间的推移，由于制度的灵活性会使制度在小范围内自行调整，从而减轻和减缓各类问题的出现，最后消除对经济影响的负面效应。给一阶差分的科技创新指数一个正的冲击后，对一阶差分的经济高质量发展指数的影响在第二期后会达到最大，后随着 0 值波动并逐步减弱。这可以说明，科技创新水平的提高会给经济发展带来明显的推动作用。不过，由我国现阶段的情况预测出的结果可以看出，科技创新虽然会在一开始促进经济质量明显的提升，但由于科技发展程度的限制，或者相关制度安排不尽完善，随着时间的推移，科技创新在某些时候也会对经济发展质量产生一些负面影响，例如在环境保护方面或是促进城乡发展协调方面等。第三，通过方差分解可以看出，一阶差分的经济高质量发展指数受制度创新和科技创新影响较为明显，并逐步增大；一阶差分的科技创新指数受一阶差分的制度创新指数的影响也较为明显，到第三期达到顶峰，又逐步降低，这说明科技创新受制度创新影响较大，这种影响在短期内会达到一个最大值，完善且灵活的制度安排会为科技创新的提升营造好的发展环境，反之亦然。

从综合实证结果可以看出，我国当前科技创新和制度创新形成的创新系统总体说来对经济高质量发展的促进作用较为明显，但在具体影响路径和过程中，可以通过不断提升制度灵活性，通过提升制度创新质量——科技体制创新和发展，继续对经济高质量发展的影响路径和作用机理进行优化。

3 创新系统三要素分析：创新主体、创新方式与创新能力

本书尝试解构创新系统，以深入研究和揭示创新系统的运行机制及其规律。由于研究问题的视角不同，一个研究对象可以被分成不同的方面或类别，并从不同方面或类别的系统出发来解决研究的问题。因此，在研究创新系统时，本书运用系统分析法，对创新系统内部要素的构成逻辑进行研究和梳理，揭示系统内在运行机制，分析各环节、各要素组成部分的内涵。因为本书定义的创新系统是按照"创新主体利用不同创新方式实现创新能力"这一客观秩序和基本逻辑形成的，是由创新主体、创新方式和创新能力相互联系组合而成的整体，所以本章的分析主要针对三个方面，分别是创新主体、创新方式和创新能力。

3.1 创新主体的分类

由于创新主体的行为直接影响创新系统的发展和走向，因此，对创新系统的分析应立足于创新主体，对创新主体进行界定和阐述是研究创新系统的第一步。创新系统可以分为科技创新子系统和制度创新子系统，在不同的创新子系统内存在不同的创新主体。

3.1.1 科技创新主体

为了更好地解构科技创新子系统，了解不同层面科技创新重点内容和方向，本书试图从三个层面界定不同的科技创新主体，分别是微观科技创新主体、中观科技创新主体和宏观科技创新主体。

3.1.1.1 微观科技创新主体

按照属性分类，微观科技创新主体可以划分为直接参与科技创新的主体

（例如企业、高校和科研院所），以及间接参与科技创新的主体（例如各类科技中介服务机构）。这两大类主体共同促进了对科学技术知识的研发和应用，在国家创新系统中扮演着最为基础和核心的角色。因此，本书以科技创新参与者的属性为线索，梳理微观科技创新主体的特征和作用。

（1）直接参与科技创新的主体。

企业是创新系统中一个非常重要的微观主体。从熊彼特的创新经济发展理论，到新经济增长理论，都把企业的创新活动视作推动经济长效增长的动力源泉，特别是在国家创新系统理论中，更把企业的创新作用放在最为核心和关键的位置上。企业本身所具备的特质，决定了他们是以赢利为导向的，根据市场需求，不断进行科学技术的研发和新产品的推广，从而获取源源不断的利润。当然，并不是所有类型的企业都会全心全意地开展科技创新活动，不同类型的企业，在对待科技创新活动的方式上也是不同的。以推出高科技服务和产品为主要营业范围的企业，是创新系统中的中坚力量，它们承担着社会上绝大部分的创新工作，促进了科技产业的产生和集聚；而那些不直接从事科技创新的企业，通常会吸收更为先进的科学技术和理念，对原有陈旧、过时的技术和思想进行更替，推动原有产业换代升级，提高其竞争能力和效率。

相对于企业的科技创新功能，高校和科研院所在科技创新中更侧重原始性的科学技术研究，例如科学技术知识的基础性和理论性研究。现阶段，我国的高校、科研院所创新工作也逐步由政府安排和计划科技创新内容的行政推动模式，转向基础研究和应用研究相结合，开发设计和生产销售相结合的市场化推动模式。一方面，高校作为微观科技创新主体，作用主要体现在以下几个方面：第一，高校是智慧的宝库，是发现科学技术的源泉，在众多智慧的大脑不断研究的过程中形成科学技术的基础和应用知识，提了了科技创新知识的存量，并进行广泛传播。第二，高校的基本职能是培育学生，形成高素质人力资本。由于科技创新活动大部分是脑力劳动，高素质人力资本对科技创新的发展和聚集有着至关重要的作用。第三，高校可以利用自身在专业上的优势，为政府和企业提供科技咨询，提高科技创新活动的效率，帮助它们解决实际遇到的问题。另一方面，科研院所作为科技创造的重要主体，是科技知识的重要供给者，与高校一样，也同样是高质量科技人力资本的生产源泉，可以进行科技研发、参与科技成果转化、营造良好科技文化环境等。相对于其他科研主体，科研院所进行科技研发和参与科研成果转化具有较强的优势。首先，科研院所凭借比一般单位更为优渥的科研资源，例如相关专业的研究人员和实验器材，可对科学技术进行更深入的钻研。其次，多数科研院所也是政府背后的智囊团，可以为政府和企业提供国家和市场需要的科学技术研究。

（2）间接参与科技创新的主体。

各类科技中介服务机构虽然没有直接进行科技创新，但就其功能而言，它也参与了科技创新的过程，间接促进了其他微观科技创新主体科技创造能力的提高。因此，服务于科技创新各个流程的科技中介服务机构也属于微观科技创新主体中的一员。科技中介服务机构按照市场经济规律，通过资源整合，面向社会，特别是面向科技创新企业，为企业提供资金，开展科技扩散、科技成果转化、科技创新决策咨询等服务活动。它具有要素聚集、创新服务等功能，是在社会不同利益主体之间发挥桥梁和纽带作用的服务机构群体。下文会对其展开分析。

3.1.1.2 中观科技创新主体

本书定义的中观科技创新主体是区域，这是由于区域范围内有着由一系列微观创新主体形成的创新网络系统以及科技产业集聚区，区域是整个国家科技创新系统的重要组成部分。把区域作为科技创新主体，主要是考察区域内各类微观创新主体与创新环境、创新主体之间实现相互作用、相互依存的整体。

由于对微观创新主体的研究只限于其本身，而科技创新不仅是一个研究过程，还是从实验室的新发现到新产品，从新的工艺流程到商业模式，从销售方式到售后服务的一个相互响应的闭环的循环模式。在这个循环模式中，科技创新体现的是一个交互性过程，是创新主体之间动态演化，以及创新物质、信息等之间的流动，最终实现创新网络化的特点。这说明，虽然在一个微观经济主体内部可以实现，但要使它具有源源不断的发展动力，依靠单个微观主体是远远不够的，这就需要依靠各微观创新主体、创新要素之间的动态关联，一方面，科技创新对创新知识具有极强的依赖性，另一方面，它也对各个环节的合作和配合有极高的要求。因此，把区域作为科技创新主体的目的在于，可以更好地考察科技创新的系统性，为促进和推动各类微观创新主体和要素的交汇、集聚，为科技产业的聚集、产业结构的升级和调整提供必要条件。

3.1.1.3 宏观科技创新主体

国家之所以成为宏观层面的科技创新主体，主要是由于在国际竞争中是以国家为基本单位的，而创新系统直接关系着一个国家的科技进步水平，关系着一个国家的根本利益，关系着一个国家经济的可持续发展和国防的安全乃至公民的健康和生活水平。加强和推进科技创新活动，是一个国家提升科技创新能力、增强综合国力和国际竞争力、积累智力资本的重要途径，也是一个国家跻身世界经济强国和科技强国的必要条件。同时，在宏观层面，各类创新主体和创新资源因为全球化而在很多方面都跨越了国家的疆界，其中很多环节必须在国家层面来完成，因此，从宏观层面来看，国家也是一个非常重要的科技创新主体。从国家这个创新主体的视角出发，对创新系统进行考察，是有很大意义的。

3.1.2　制度创新主体

3.1.2.1　政府

由于政府是行政权力的实际掌控者，是经济制度的设计者和执行者，政府可以通过制定各类制度和政策，对科技创新活动的开展产生直接影响，因此，政府是制度创新主体。政府可以分为中央政府和地方政府，中央政府通常负责全国事务，如起草国家宪法和适用全国的法律、制定国家范围内的制度等；地方政府是相对于中央人民政府而言的地方各级人民政府，其主要的作用是制定地方各类政策，例如税收、劳动政策等。

中央政府和地方政府营造的制度环境对科技创新的影响主要体现在以下几个方面：第一，由于经济体制是规范一国公民进行经济活动的经济制度，因此，科技创新面临的最基本和最重要的环境因素就是经济体制。科技创新作为一种由科技创新主体开展的社会经济活动，一直都是在既定的经济体制之下进行的。第二，除了经济体制对科技创新的影响，制度环境对科技创新的影响还表现在科技体制上。科技体制是影响一国科学技术创新发展的基本制度框架。科技体制是否适应当前科技发展，直接决定科学技术发展水平的高低。由于各国所面临的实际情况不同，科技体制也存在巨大的差异。同时，在各类制度的要求下，相应的政策也得以制定，对科技创新影响较为明显的政策主要有宏观经济政策、科技政策、教育政策等，其中，地方政府在具体促进科技创新活动的开展事项方面具有重要的作用，例如规范科技交易市场，建立和健全各类公共设施建设，制定当地人才、税收等政策。第三，一个国家是否制定相对完备的法律制度体系来保障市场的顺利运行，保障创新资源和要素的顺利流动，保障科技创新主体的创新成果不受侵犯，对科技创新活动能否正常开展具有至关重要的影响。因此，法律制度是科技创新运行的有力保障。国家出台的专利法、商标法、著作权法、科技进步法、农业技术推广法、科技成果转让法、反不正当竞争法等法律，都对科技创新活动具有至关重要的影响。此外，为了实现经济发展方式的转变，法律制度还可以对创新主体的行为进行约束，促进经济往高效和绿色方向发展。

3.1.2.2　科技行业协会

除了政府机构，科技行业协会也是制度创新主体之一。这主要是因为，科技行业协会通过制定行业规范和科技评价标准，以及为政府提供合理建议等方式促进制度创新。

一方面，科技行业协会可以参与行业规范和科技评价标准的制定，这是行业协会直接推动制度创新的主要手段。随着政府管理意识和能力的不断优化，现阶段部分社会认可程度高的科技行业协会已积极投身于各类政策、法规的制定和修订过程中，对推动科技的发展和经济发展方式的转变起到了非常重要的作用。除此之外，科技行业协会还可以利用自身专业优势，通过形成书面报告和汇报等方式间接推动政府的制度变革。另一方面，科技行业协会由于具有智力密集性和学术权威性，还可以通过制定和实施科技评价和奖励体系，对科技创新行为进行激励。科技评价体系有助于保障产业内部的有序和合法竞争，通过客观公正的评价，对促进科技产业的规范、良性发展起到重要的作用。当前，我国的科技行业协会在多个方面都做出了重要的贡献，例如科技人才评价、科技成果评价、科研项目评估等，因而，科研行业协会也是科研奖励体系建设的重要参与主体。建立科技奖励体系的目的在于对科技重大发展中起推动作用的个人和组织进行奖励，形成示范效应，促进科研质量的不断提升、科技成果的不断增多，是推动科技创新的重要手段。由于科技行业协会是非营利性组织，在评价方面，它们会更加客观公正。

由于政府是当前主要的制度创新主体，因此，本书着重分析政府作为制度创新主体的作用。

3.2 创新方式的界定

创新主体在创新系统中扮演着不同的角色，在根据自身实际情况进行创新时也会采用不同的方式。本书在对创新主体进行分类和阐述后，对不同的创新方式进行界定。

在马克思价值理论中，价值是由价值的本质和形式组成的。马克思认为在商品经济中，尽管商品作为使用价值可以是各种各样的，但是商品在其生产者的眼中只是一种单纯的物，是用来和他人交换的手段。可见生产者生产商品不是为了使用，而是为了获得其可以用于交换的作用。商品作为生产者手中的交换手段，可以交换生产者所需要的其他产品。这样看来，这个商品就取得了另外一种社会属性——其他一切商品的一般代表，即价值，这就是价值范畴出现和存在的意义。正是因为商品是劳动生产出来的，当商品作为交换手段被生产出来，进而作为代表其他一切商品的客观实体时，它也只是作为生产者生产商品所耗费劳动的化身而存在的。与此同时，商品作为价值存在时，人们已经不再考虑它本身使用价值的差别，也就把它们的使用价值，以及形成使用价值的具体劳动形式的差别抽去了。因而，商品只是作为一般劳动的化身而存在，说明了价值的本质内容是凝结的一般的无差别的人类劳动。另外，商品作为价值存在的属性，要求社会上存在有一种可以充当价值的一般代表的客观事物，即货币。"只有社会的行动才能使一个特定的商品成为一般等价物。"① 在商品经济运动的实践中，最适合执行一般等价物的金银被推举到货币的位置，货币的出现是商品作为价值存在而被社会公认的独立表现形式。可以看出，马克思的价值理论认为价值的本质内容是凝结在商品中无差别的人类劳动，而表现形式是货币。因此，本章类比马克思价值理论的研究方法，运用马克思的生产力和生产关系理论来分析创新方式的本质内容和表现形式。

3.2.1　创新方式的本质内容

科技创新和制度创新是经济高质量发展完整链条中的两个紧密联系的方面和环节，两者之间存在着互动机制。这可以在马克思主义关于科技创新和制度创新的思想中得到体现，且比较突出地体现在马克思生产力与生产关系和上层建筑之间的辩证思想上：科技创新是生产力变革，制度创新是调整或变革生产关系与上层建筑不适应生产力发展之处；正如生产力与生产关系和上层建筑之间存在辩证关系一样，科技创新与制度创新之间也存在相互作用的辩证关系。科技创新促进制度创新，而制度创新反过来又对科技创新产生影响，二者共同推动人类社会经济的发展和进步。马克思认为，在社会生产中，生产力和生产关系是密不可分的两个方面②。人类历史的发展归根到底决定于生产力的发展，这是马克思全部学说的重要基石。原始社会生产力水平低下，个体力量薄弱，才导致生产资料公有制这种制度的出现；而在原始社会末期，生产力的进一步发展，又促进了私有制的出现，"社会的物质生产力发展到一定阶段，便同它们一直在其中活动的现存生产关系或财产关系（这只是生产关系的法律用语）发生矛盾。于是这些关系便由生产力的发展形式变成了生产力的桎梏。那时社会革命的时代就到来了。随着经济基础的变革，全部庞大的上层建筑也

---

① 马克思. 资本论：第一卷 [M]. 北京：人民出版社，2004：105.

② 马克思认为：社会关系和生产力密切相连。随着新生产力的获得，人们改变自己的生产方式，随着生产方式即保证自己生活的方式的改变，人们也就会改变自己的一切社会关系。马克思，恩格斯. 马克思恩格斯选集：第一卷 [M]. 北京：人民出版社，1972：108.

或慢或快地发生变革……"① 可见，当旧的生产关系对生产力的发展有所束缚时，就需要抛弃旧制度，建立起适应生产力发展的新制度。当生产关系不适应生产力发展时，社会中各类矛盾就会增多，经济发展就会停滞甚至倒退。这就要求生产关系一定要符合生产力发展的性质，这是社会经济发展的客观规律。但我们也要清晰地认识到，生产关系并非被动地适应生产力的发展，而是具有能动作用。

马克思的生产力范畴中，生产力的主要内容包括劳动者、生产工具和生产对象。影响生产力的因素有许多，但三个基本要素和科学技术结合得最为密切。马克思指出，"生产力中也包括科学"，并且一般社会知识在很大程度上能直接转换为生产力②。在马克思的生产力范畴中，生产力的各个基本要素都是与科技密切相结合的。无论是劳动者素质的提高，还是劳动对象的发掘和利用以及工具的生产和改良，都必须依靠科技的创新和发展。科技的发展不仅限于知识研究层面，还包括知识用于科技产品的生产、渗透在生产力的各个方面，从而变为实际的生产能力。科技的发展和创新，会引起劳动工具、劳动对象和劳动者素质的巨大进步。正如恩格斯所指出的，马克思"把科学首先看成是历史的有力的杠杆，看成是最高意义上的革命力量"，"没有一个人能像马克思那样，对任何领域的每个科学成就，不管它是否已实际应用，都感到真正的喜悦"③。

同时，科技的产生和发展，与生产关系和其他条件、环境，有着非常紧密的联系。马克思主义认为，在社会主义制度下，科学技术不是使一小撮人发财致富的工具，而是提高社会劳动生产力、实现共产主义事业的重要手段，它的出现是为人们的自身利益服务的。所以，生产资料公有制的建立，为科学技术的发展开辟了无比广阔的前景。但是，资本主义生产"第一次把物质生产过程变成科学在生产中的应用——变成运用于实践的科学"④，同时"这只是通过使工人从属于资本，只是通过压制工人本身的智力和专业的发展来实现的"⑤。在资本主义社会中，科技进步的同时也代表着资本家加强了对劳动人民剩余价值的榨取，加深了对劳动人民的剥削，也激化了经济社会发展过程中

---

① 马克思，恩格斯. 马克思恩格斯选集：第二卷 [M]. 北京：人民出版社，1972：82-83.

② 马克思，恩格斯. 马克思恩格斯选集：第二卷 [M]. 北京：人民出版社，1972：86.

③ 马克思，恩格斯. 马克思恩格斯选集：第十九卷 [M]. 北京：人民出版社，1972：372-373.

④ 马克思，恩格斯. 马克思恩格斯选集：第二卷 [M]. 北京：人民出版社，1972：82-83.

⑤ 马克思，恩格斯. 马克思恩格斯选集：第二卷 [M]. 北京：人民出版社，1972：82-83.

的矛盾。也就是说，资本主义制度本身就是科技进步的巨大障碍。因此，要想促进科技的进步，就要求生产关系必须适应生产力的发展，也就要求制度不断进行创新并适应科技创新的发展。另外，关系到生产力发展的其他直接和间接因素，例如直接影响劳动者工作积极性的收入安排，以及城乡发展不平衡等间接因素，也需要发挥制度的约束和激励作用来给生产力的发展营造良好的环境。

总结而言，马克思有关制度与科技的思想主要体现了两层含义：一是当前制度安排和环境条件，直接影响着科技的发展；二是科技创新和制度创新是相互关联、相互促进的，对社会和经济发展起着重要作用。因此，创新方式的本质内容可以分为科技创新和制度创新。其中，科技创新是推动经济高质量发展的关键动力，而制度创新在科技创新的影响下形成，通过产生促进或阻碍作用而反作用于科技创新和经济的发展。正是由于创新系统中两种创新方式相互矛盾、相互协调的运动，才组成了创新系统的不断更新和发展，也带动了科技创新和制度创新水平的不断提升，这两种创新方式一起组成了创新系统。处于社会经济不同的发展阶段，科技和经济发展也具备不同特征，这也直接决定了科技和制度之间的相对运动和作用。因此，面对当前社会和经济的发展状况，需要以制度创新为突破口，加快与科技创新相容的相关制度的更新，才能走出一条促进我国经济社会实现创新驱动的高质量发展路径。

3.2.2　创新方式的表现形式

在处于经济不同发展阶段或根据经济和科技的不同客观发展现实，创新也具有不同的表现形式，例如移植性创新，自主性创新（原始创新、延续性创新、集成式创新），破坏式创新，差异化创新。

3.2.2.1　科技创新的表现形式

（1）移植性科技创新。

移植性科技创新是指科技创新主体通过模仿或跟随率先进行科技创新的主体的创新思路、方法和行为，获得原有创新主体的经验教训，通过购买或其他途径得到原有创新主体的关键科学技术，并在此基础上根据自身产品做出改良和完善，生产出在价格、性能和质量等方面具有竞争优势的产品的创新行为。显然，移植性科技创新并不是原样仿造，而是在原有基础上有所发展和改善。一般来讲，移植性科技创新属于改进性创新，这种创新具有跟随性，也具有一定的被动性。但移植性创新对率先创新成功的主体采取跟随战略，极大降低了创新风险。在选择跟随中，移植性创新主体借鉴率先成功的经验与吸取失败的教训，提高模仿创新的 R&D 活动的针对性。同时，率先创新主体资源投入大，分配均匀，而移植性创新主体能在借鉴率先创新主体的基础上减小创新早期投入和降低风险投入，加大创新薄弱环节投入，因而具有资源分配阶段聚积性特点，能有效提高资源使用效率。

（2）自主性科技创新。

自主性科技创新是指科技创新主体充分发挥自主学习能力、研究能力、创造能力，研究和探索攻克科技难关的方法，独立完成科技创新的各个环节，最终实现科技成果的转化，形成科技产品，获取商业利润的科技创新行为。自主性科技创新中科学知识、技术等方面的关键性突破是依靠自身力量实现的，这是自主性科技创新的本质特点。自主性科技创新在发现科技知识、生产科技产品和占领科技市场等方面具有率先性。它的率先性，不但为进行自主科技创新的主体获得市场竞争力和巨额利润提供了可能，还可能会引起其他创新主体进行模仿或跟随，从而形成与之相关联的创新集群。自主性科技创新是最考验创新主体创新能力、体现其创新能动性的形式。这种能动性是以本身所具备的科技知识和能力作为约束的，也需要创新主体独立承担科技创新所带来的各类风险。可以看出，自主性科技创新也是最具难度的。自主性科技创新是科技创新的最高级阶段，是科技创新主体成为科技市场先行者和领先者的重要标志。考察国际上著名大型企业的发展过往以及发达国家或新兴工业化国家的发展历史，可以发现它们大致相同的发展规律：在经历了移植性科技创新等模仿和复制的阶段，不断促进其自身科技创新知识和能力的积累，强化研发投入和人才的培养，最终实现自主性科技创新。

《国家中长期科学和技术发展规划纲要（2006—2020 年）》明确把自主性科技创新分为原始科技创新、集成式科技创新以及引进消化吸收再创新。原始科技创新是指从一种研发活动开始，通过这种实验活动不断地失败和再尝试，形成科学发明最初的雏形，然后再通过对其不断地优化和完善，最终成为一种可供生产的科技产品[1]。集成式科技创新是指把现有的、已经研发产生的科学技术组装起来，形成一种新的科学技术。引进消化吸收再创新是指在对已有科技进行理解和消化的基础上，对其科学技术进行进一步研究，并对它进行一些必要的扩展或改动，从而形成某些新的科技产品，它也可以称为延续性科技创新。

---

① 成思危. 提高自主创新能力，建设创新型国家[EB/OL].（2008-01-14）[2020-10-09].http://news.xinhuanet.com/politics/2008-01/14/content_7420218.htm.

（3）破坏式科技创新。

最早提出"破坏性创新"概念的是著名的经济学大师熊彼特，他于1912年提出这项概念。他认为创新本身就具备破坏性特征，创新可以不断破坏旧的不合理的经济结构，从而带动适应社会经济发展的新结构产生。同时，从微观层面来看，创新就是在高额利润的驱使下，企业家通过"建立一种新的生产函数"实现对生产资源的新组合，提高生产资源的利用效率。近百年后，美国哈佛大学商学院创新理论大师克里斯坦森在其名著《创新者的窘境》中对熊彼特的破坏性创新理论进行补充和改进，又提出了他对破坏性创新的理解。他认为，破坏性创新中"破坏"不是突破的含义，由于突破的含义是在原有的基础上进行变化的，突破性的科技创新往往是维持型的科技；而"破坏"的含义可以解释为去找寻一种新路径，同时找寻这种路径的过程并不是轻松和简单的。

学者们对破坏式创新的定义，逐步由以前偏重于对"创新"的理解转变为偏重于对"破坏式"的理解，也就是凸显其与一般创新不同的"破坏式特征"。因此，破坏式科技创新也属于破坏性创新，它主要指的是创新主体进行的创新活动与现阶段已有的科技创新活动背道而驰，对原有科技产生巨大的冲击，并颠覆了原有科技创新路径的一种创新行为。这种创新的破坏性和威力都极强，同时也存在极高的风险，只有少数科技创新主体才能承受这类创新带来的负面结果。

（4）差异化科技创新。

差异化科技创新是指科技创新主体试图在研究科技创新知识、生产科技创新产品时与其他科技创新主体有所不同，例如在科学技术的使用、产品的设计、生产和营销等方面，力求令自身在本产业中独树一帜。

由于差异化科技创新可以为市场提供各类具有独特需求的科技产品，所以它给科技创新主体带来了众多好处：一是可以有效地回避与其他科技创新主体的正面碰撞和竞争；二是由于差异化创新策略下生产的科技产品也具有非普遍性的特点，这就削弱了消费者手上的权力，加大了创新者在定价和获利方面的主动权；三是由于在差异化科技创新策略的影响下，科技创新主体对该项科技和产品拥有绝对的话语权，也会使大部分消费者产生依赖性，这便阻碍了后来的竞争者。但同时，实施差异化科技创新也存在相应的风险。在生产具有普遍性和标准化特征的商品时，会在成本、规模和可操作性方面具有较大的优势，但假如差异化创新策略下生产的科技产品不能充分吸引消费者的眼光，他们就会因为产品价格以及获取产品的难易程度等放弃选择该产品。另外，当差异化产品推入市场，会引致各类其他创新主体的模仿，特别是对于简单的、低层次的科学技术，原有科技创新主体也面临被替代的风险。

3.2.2.2 制度创新的表现形式

制度随着人类经济社会的发展而逐步产生变化和革新，它反映的是生产关系不断适应生产力发展的过程，它是人们在物质生产过程中形成的。由于人们会受各种社会关系和环境条件的影响，也会通过不同路径进行制度创新，因此制度创新的表现形式多种多样。有些是借鉴外国经验而形成的，有些是根据我国实际情况而形成的，还有的是在类比国外经验基础上进行符合我国实际情况的修改和完善而形成的。

（1）移植性制度创新。

移植性制度创新是指以率先进行制度创新的主体的思路和行为为依据，以其良好的制度安排和高效的运行结果为示范进行的有关制度的模仿与创新。移植性制度创新主要发生于制度创新缓慢、发展相对落后的国家、地区、组织，并能为其发展带去重大影响。人们在进行制度创新时，由于受自身能力和眼界的限制、无法充分把握制度安排带来的结果等多种限制，通常不能确定哪一类制度安排是正确的和有效的。移植性制度创新是建立在已经知晓这类制度的运行机制和作用效果的基础上的，在具体实施安排过程中也有较为详细的制度细则，由此可以减小因制度制定本身存在的缺陷带来的负面影响，以及降低制度实施带来的不确定性。移植性制度创新能否成功的关键在于，制度移植是否能本土化、内生化，能否构建起促进移植性创新主体发展的原动力。此外，要使移植性制度创新充分发挥作用，就要避免孤立地进行制度移植，必须遵循制度内在要素之间、正式与非正式制度之间的相互作用关系，最终实现制度移植到制度创新的发展过程。

（2）自主性制度创新。

依照自主性科技创新的分类标准，自主性制度创新也包括原始制度创新、集成式制度创新、延续性制度创新。原始制度创新是指前所未有的重大制度更新和安排。原始制度创新是最根本的制度创新，是一个民族对社会发展做出贡献的重要体现，例如中国特色社会主义市场经济体制，就是基于我国实际情况进行的原始制度创新，它从中国经济和社会发展的实际情况出发，对中国经济发展的基本性质和方向做出判断，同时决定了我国经济发展所必须采用的基本经济制度和体制、发展方式等一系列重大问题。集成式制度创新就是指把现有的各种类型的制度安排进行整合，创造一种可以适应国家发展的新制度。延续性制度创新是指在充分吸取已经成功完成制度创新的国家的经验后，对已形成的制度安排进行部分再创新，制定契合自身发展特点及要求的制度方式。

（3）破坏式制度创新。

破坏式制度创新是指完全突破现有制度安排，与现有制度安排背道而驰的制度创新活动。例如我国一开始实行的是计划经济体制，这种经济体制存在以下几方面的弊端：一是计划经济体制无法应对大量新技术的涌现。新技术的特性之一就是不能准确预知，在其产生乃至成熟之前，很难将其纳入经济计划，需要等到下一轮计划制订时才能考虑其应用，故而随着大量新技术的涌现，计划需要时刻进行调整，而时刻调整的计划在该经济体制下是无法执行的。二是计划经济不能满足社会成员的多样性需求。它对于整体划一的需求容易满足，可是却无法满足变化的需求，但是社会成员的需求却是个性化的、多样化的。三是计划经济消除了竞争和大多数人的工作动力。中共十四大正式提出要建立社会主义市场经济体制，标志着我国由计划经济体制向市场经济体制转变。这种体制转变就是一种突破性的制度创新。在市场经济体制下，价格机制、竞争机制、供求机制、利益机制驱动着各类生产要素的流动、各类微观经济主体的行为，也决定着市场参与者的利益分配，而不是像计划经济一般由政府和国家进行安排和规划。

（4）差异化制度创新。

差异化制度创新主要指的是依据制度制定对象情况的不同，而采取不同的制度安排和制度创新。例如我国地域广阔，地区经济发展程度差异较大。面对区域经济巨大差异的现实，差异化制度创新可以根据各地区经济发展状况，有针对性地促进地区经济质量增长，这是一种高效的制度创新方式，也是供给侧结构性改革的一个重要组成部分。

从区域经济的差异来看，我国大致上可以分成四类地区，相应的也存在四类差异化的制度安排。第一类是消费型经济地区，包括北上广深等一线地区和城市。这些地区现有的经济制度较为注重城市的管理和服务，以及经济增长质量的提高。第二类地区是经济发达地区，以东南沿海的江浙地区为代表。这类地区的工业化和城市化已达到较高的水平，区域经济有较雄厚的实力。这类地区在制度层面较为重视能促进产业发展的科技创新，重视由科技创新不断带动产业发展和结构升级。第三类是欠发达地区，这里主要是指大部分中西部地区。在这类地区，城市化和工业化都在中期阶段，城市开发尚未全部完成，产业发展还在进行阶段，兼有"补课"和提升的双重目标，也是国内实体经济发展的重点。在制度安排上，由于欠发达地区有城市开发扩张的空间，制度安排重点在于产业集聚，加强区域交通、城市设施等基础建设，改善整体经济发展的基础能力。第四类是工业转型地区，如东北地区、山西地区等。这类地区产业急需转型，转型资金压力大，现阶段的制度安排主要是培育市场经济体系和活跃产业体系。

由此，可以看出创新方式具有其本质内容和表现形式。我们要在深刻理解创新方式的内在构成的基础上，通过引入新的科学方法和技术，制定新的制度，使经济增长系统原有的不协调和矛盾重重的状态被打破，才能推动经济增长系统向高效、稳定和可持续的方向前进，不断地提高经济发展质量。

3.3　创新能力的分析

创新方式的实现需要一定的创新能力作为载体，也就是说创新能力是创新主体实现创新方式的基石。参照创新方式的分类，创新能力也由两种能力组成，一种是科技创新能力，另一种是制度创新能力。科技创新能力是指科技创新主体例如企业、高校和科研院所等进行发明创造、合作交流并最终实现科技产业化的能力，可以归纳为科技的创造能力、流动能力以及产业化的能力。制度创新能力是制度因素在进行更新和创新时所具备的基本素质，可以从动态和静态两个方面进行考察，从静态角度考察制度创新能力就是考察制度质量的提升能力，而从动态角度考察制度创新的能力就是考察制度的灵活性。科技创新能力直接受到制度创新能力的影响，在制度不断创新和发展的过程中也会产生相应的变化。好的制度创新会使科技创新能力逐步提升，而不好的制度创新会对科技创新能力产生负面影响，本书分析了在不同创新主体层面上判断制度质量的标准和出发点。

3.3.1　科技创新能力分析

3.3.1.1　科技的创造能力

（1）企业的科技创造能力。

企业的科技创造能力就是企业在多大程度上能够系统地完成与科技创新有关的各项活动的能力。企业是科技创新的重要载体，是决定创新、投入研发、成果转化与推广的重要主体。同时，企业作为经济活动的基本单元，是经济活动的重要参与主体，企业行为将直接影响经济运行。因此，提高对企业科技创新能力的培养，是从根本上提升一个国家的科技创新能力的必然选择。企业作为市场经济参与主体，其创新能力主要受到两个方面的影响：

一是获取创新型人才的能力。世界经济的竞争是科技的竞争、知识产权的竞争，其核心就是人才的竞争。人力资本，是现代企业生存发展的关键因素。人才数量的多少和质量的高低，是衡量企业科技创新能力高低的重要标志之一。建立在科技知识共享和创新上的企业，其中最重要的要素就是高质量的科技创新人力资本。科技创新需要充分利用人才的智慧和知识来提高生产效率，以使企业生产效率大为提高。在管理层面，适宜生产的管理人才能够有效地节约交易成本，使各类生产交换活动井然有序，这可视为一种节流的功能。这两种作用力使经济发展质量提高。同时，由于企业的科技创新是一个集管理、科研、开发、生产和销售于一体的过程，科技创新不仅是科技研发部门的工作，也是需要生产、市场、销售和财务部门整体协调才能顺利进行的一项系统性工程。在这样的情况下，企业需要具有科技创新意识、风险意识以及拥有整体协调把控能力的企业家。没有企业家的正确判断和周密的协调组织，科技创新活动是无法正常开展的。同时，企业家在市场机制的作用下，为企业追逐高收益回报的行为和勇于创新的精神是非常重要的内部因素。

二是企业科技创新能力培育过程中需要巨大投入，没有投入就不可能有产出。现阶段，在激烈的市场竞争下，企业研发支出金额不断提高，在企业支出总额中比重不断增大，科技创新成为企业培育自身竞争力和实现企业不断升级的核心力量。由此可以看出，无论是企业自身对科技创新的投入，还是通过外部的银行或投资公司等金融机构对科技创新活动进行融资，都是形成良好科技创新能力的先决条件，资金投入的多少也可以间接反映企业科技创新能力的强弱。一般来说，科技发展越向高级阶段迈进，其对研究开发投入的依赖性也就越强，需要的研发资金也越多。

（2）高校和科研院所的科技创造能力。

相对于企业的科技创新，高校和科研院所在科技创新中更侧重原始性科学技术研究，例如科学技术知识的基础性和理论性研究。现阶段，高校和科研院所的科研也逐步由改革前政府安排和计划制定科技创新内容的行政推动模式，转向基础研究和应用研究相结合、开发设计和生产销售相结合的市场化推动模式。

第一，高校的科技创造能力。

高校在科学技术知识的创造中，处于非常重要和关键的位置：第一，高校是智慧的宝库，是发现科学技术的源泉，在众多智慧的大脑不断研究的过程中形成科学技术的基础和应用知识，提高了科技创新知识的存量，它为科技创新活动的开展营造了良好的环境氛围，也为企业科技创新成果的转化提供了条件。第二，高校的基本职能是培育学生，形成高素质人力资本。由于科技创新成果大部分是由脑力劳动形成的，高素质人力资本对科技创新的发展和聚集有着至关重要的作用。不光在人才培养上高校起着重要的作用，在优化劳动力市场结构层面，高校也扮演着重要的角色。这是因为，一方面高校通过对学生的培养输出高素质人力资本，另一方面高素质人才会因为高校发展而聚集，通过人才的流动也可以带动科技知识的增长和发展。第三，高校可以利用自身在专业上的优势，为政府和企业提供科技咨询，提高科技创新活动的效率，帮助它们解决实际问题。

可以看出，在科技创造能力的组成部分中，高校是科学技术知识的重要来源，高校的发展直接关系到科技知识的产生和传播。创新环境较好、设施设备齐全、研究内容处于前沿的高校通常是各类创新知识和创新人才聚集的地方，从而它也能够促进科技进步，并通过输送人才和输送前沿的科技知识促进科技型企业的产生。从美国硅谷的成功经验来看，在斯坦福大学的影响下，硅谷中源源不断地产生着新的科技型企业和企业家，在硅谷的崛起中起着决定性作用。因此，高校的科技研究对经济发展具有明显的"溢出效应"。

第二，科研院所的科技创造能力。

科研院所作为科技创造能力的重要主体，是科技知识的重要供给者，直接参与科技知识的研发、应用与传播，营造了良好的科技环境。科研院所与高校一样，是高质量科技人力资本的生产源泉。并且，科研院所开展的科技创新活动可以提升学术氛围，也可以创造积极向上的科研环境以及先进的科学理念①。由于科研院所是负责科学研究、人才培养以及专业建设的单位，也是政府背后的智囊团，可以为政府和企业提供国家和市场需要的科学技术研究；因此，科研院所承担着与国家安全和国家利益休戚相关的重大战略性科研任务，也承担着风险高、投资大的基础性科研任务，以及帮助政府履行相关职能，例如进行科技监督和环境保护等方面的科研活动。同时，科研院所较高的创造能力还源于科研院所可以通过与企业的联系与合作，了解到科技市场需求，并进行相对应的研究发明，促进产品更新换代，从而带动经济发展。

（3）各类科技中介的辅助作用。

科技中介服务机构是在科技创新中起间接作用的微观主体，因此，也具有一定的科技创新能力。科技中介服务属于知识密集型服务业。创新中介服务体系依据国家和区域的创新目标，以专业知识、专门技能为基础为创新主体服

---

① 谭清美. 区域创新系统的结构与功能研究 [J]. 科技进步与对策，2001 (8)：52-54.

务，因此，科技中介的服务水平会直接影响到科技创新直接主体的能力。科技中介的辅助作用，不局限于服务科技发展本身，还可提供有关法律咨询、企业管理等。同时，科技创新是一项系统工程，要推动科技创新，也离不开各类科技中介机构之间的相互协调和配合，或者以组合、合作的方式进行服务。因此，可以看出，科技中介在创新主体创造科技知识的过程中，发挥着"润滑剂"的作用，降低了企业的创新成本、减少企业创新风险、推动技术成果转化，进而使整体科技创新能力得到提升。

（4）金融机构的支持作用。

金融机构从严格意义上讲，也是科技中介机构的重要组成部分。但由于资金的投入是科技创新主体开展创新活动中最核心的要素之一，当前金融机构在支持科技创新活动的管理和运行方面相较其他中介更加系统化，因此本书单独分析金融机构对科技创新的支持作用。金融机构可以为科技创新主体和活动，以及产业结构的调整和升级提供丰富的资金来源，可以一定程度降低科技创新风险，优化科技创新要素配置，从而从根本上推动科技创新型经济的发展。由于科技创新活动一般具有投资风险收益双高、发展潜力大、成长迅速等特点，对资金的需求大。同时，科技创新活动在企业和产业不同发展阶段对资金的需求程度和方式也有所不同，因此，需要充分发挥金融机构的职能，推动科技创新活动的开展。

金融机构的职责构成了科技创新活动中重要的一个环节，这主要体现在：一是金融机构可以为科技创新主体的发展和开展活动筹集所需要的资金。科技创新前期投资大、见效慢、风险高，需要大量的资金作为支撑，由此，金融机构可以充分发挥资金筹集能力，为科技创新活动以及科技创新产业发展提供各类金融融资产品，以便于它们获得充足的金融支持。二是金融机构可以对科技创新主体产生信用约束。为了对科技创新主体进行有效的监督和管理，确保资金用于科技创新活动，在科技创新主体接受投入资金的同时，相关金融机构会对其进行约束和监督。三是金融机构可以促进科技创新主体的聚集发展。金融机构对有价值的科技创新活动进行投资，可以有效增强科技创新活动的活力，产生正面的外溢效应，促进众多创新主体的产生和发展。正是随着新的创新主体的不断诞生和发展，创新网络逐渐铺开，最终创新主体不断聚集并增加其科技知识存量，形成科创集群。

（5）教育环境的基础性作用。

科技创新中最重要的要素之一就是人力资本，教育是人力资本培育的主要路径。一个国家教育水平的高低，不仅决定了人力资本质量的高低，更重要的是通过人力资本质量的高低来决定科技创新能力的高低。由于教育对人力资本质量的影响是长期性的，同时也具有滞后性，那么，教育先行就当之无愧地成为科技知识创造创新能力提高的先决条件。在这样的情况下，能否培育出高质量的人力资本，能否培养出拥有科创思想、科创知识与创造能力的人才，就是判断教育是否成功的标准之一。教育除了在运行模式、培育目标、所传授的知识结构等方面都对科技创新能力的培养具有重要影响以外，还在其他方面对科技创新产生影响：

第一，教育推动人力资本的形成。1979年，舒尔茨首次提出了人力资本理论，他认为在经济发展过程中，对人力资本投资的效用大于对物力资本投资的效用，人力资本的累积速度也快于物力资本。同时，舒尔茨也提出，教育是形成人力资本的主要途径。第二，教育可以促进科技创新主体间的交流联系，形成优势互补。教育可以为受教育者搭建一个平台，促进他们之间的交流，这有利于科技创新知识扩散和科技创新主体间建立非正式联系，从而形成科技创新主体相互作用的网络、相互交流的平台。第三，教育科研产生科技知识的外溢。教育作为知识基础设施的核心内容，对整个经济社会的发展具有"溢出效应"。当前的科技发展模式已逐步向依托教育和高校发展转变，新兴的企业聚集在教育科研类大学附近，逐渐形成新的产业业态，即教育科研的知识外溢，推动新兴产业发展。例如"硅谷"中大多数科技企业的发展都依托于附近高校的知识输送。第四，教育可以加快科技知识传播与转移。教育是科技知识传播的主要途径，对科技知识的扩散有着非常重要的作用①。无论是显性科技知识还是隐性科技知识，都可以通过教育实现扩散与传播。不同的是，前者主要通过教育体系进行转移和传播，后者主要通过请教与交流进行转移与传播。

3.3.1.2 科技的流动能力

科技的流动能力是国家、区域、单位、个人所独占的科学技术，以有偿或无偿、公开或秘密的方式，流动到别的国家、单位、个人的一种能力。科技的流动能力不仅是相关科技创新主体之间密切联系的体现，更是有关科技创新要素相互流动、相互作用的重要反映。这在区域创新层面表现得尤为明显，一旦科技流动在区域层面得到良好的实现，国家层面整体的科技流动和扩散便可以更加顺利和高效。科技的流动可以带动科技知识大范围的扩散和传播，更好地

---

① 权晓虹，沈体雁. 区域创新的教育因素分析与政策含义 [J]. 中国软科学，1999（11）：7-10.

实现创新要素的新组合，促进科技创新运行效率的提升和结构的优化，推动创新成果产业化，从而带动社会整体科技创新能力提升，创造创新型经济发展模式。

（1）企业间的科技联系。

在科技创新主体中，企业是科技创新最重要的主体。企业科技创新活动的开展及其效率直接决定着国家科技创新的水平。企业间的正式与非正式合作关系直接影响着科技流动能力。

首先，企业间的正式合作如科技合作是科技流动能力的最为核心的组成部分，属于企业间的正式合作关系。企业间的交流合作既可以使创新资源在共享中产生协同效应，也可以使企业从人力资源和科技财富的互补中获取最大的效益，从而实现规模经济。在国内和国际市场激烈的竞争中，企业要想立足和发展，不光本身要进行大量投入和研发，还需要借助外界的帮助，也就是依靠外界的科技来源提升自身的科技创新实力。企业间的合作有利于提高企业科技创新能力和本身的竞争力，提升企业的创新绩效，达到1加1大于2的效果。例如科技联盟就是企业间科技合作的一种表现形式。不同企业通过形成科技联盟，通过相互间的学习交流和互补发展，使科技知识扩散和溢出，形成规模经济，在攻克核心科学技术方面也较以前更有优势。可以看出，企业间的科技合作与单个企业内部研究开发相比，分工协作和优势互补提高了科技创新的效率，同时分散了创新企业的投入和风险。

其次，企业间的非正式联系，主要包括以下三个方面：一是企业衍生形成的非正式联系。它是指由于母企业发展或改制建立了新的子单位企业，它们之间拥有比一般企业间更密切的交往关系和业务联系，这可以称为企业衍生形成的非正式联系。二是人才流动产生的非正式联系。它是指员工会根据自己的需求和企业开具的有利条件进行工作岗位的变动，这也会带来相关科技知识的流动，从而产生人才流动导致的非正式联系。三是长期合作产生的建立在信任基础上的非正式联系。它是指由于某些企业间有着良好和长久的合作，在此基础上，企业间互相信任的程度较高，从而形成了建立在合作、信任基础上的非正式联系。这些非正式联系都是科技知识流动和扩散的重要渠道，能推动社会科技创新能力的提高。

（2）企业与高校、企业与科研院所之间的科技联系。

高校和科研院所是科技创新的重要参与者，是推动科技创新的主要力量。通过良好的合作机制，它们可以为企业的科技产品创新提供良好的思路和研发途径，这种联系路径是科技流动能力的一个重要组成部分。这种合作与联系产生的主要原因是，各科技创新主体的优势不同，它们进行合作可以弥补各自在功能定位层面上的不足，提高这一过程的成功率。

科研院所和高校一般是研发活动的主要执行者，还拥有掌握某些关键科技知识的人才专家，是大型的科技知识宝库。它们不仅能给企业的发展和运作提出科学的建议，还可以为企业提供科技知识基础理论、新仪器和各类复杂的高新技术。企业可以利用对市场敏锐的嗅觉展开调查与研究，发现新的科技需求，代表科技的需求方与作为科技供给方的高校与科研院所展开合作，包括共建科技园、共建研发机构、建立教学—科研—生产联合体及一些非正式联系，这些举措能极大地推动产学研体系的建立。科技创新是一个结合各类理论和需求、发现各类新想法和新设计从而使科技成果进行商业转化的过程，通过合作机制的建立，大量的理论与实践产生激烈碰撞，这会大大提高科技创新的成功率，提高产品的转化率，促进科技流动。同时，科技创新能实现各类创新主体的动态联系和学习，只有在科技创新主体的相互协作和合作中，各类科技创新资源相互影响和调整并得到有效配置，才能更好地发现和解决各类经济和科技问题，推动科技创新的成功实现。

（3）其他一些科技流动途径。

科技流动是一个缓慢的过程，往往需要数年才能完成，同时各产业部门的科学技术采用率存在极大差异，扩散的速度也有所不同。科技的流动不仅可以来源于上文提到的企业间合作或是企业、科研院所、高校的合作，同时，国内的科技扩散还包括科技贸易、科技转让、科技交流、科技传播以及科技人力资本流动等，可能来源于客户、供应商、竞争对手等方面。其中，科技贸易和科技转让是一种市场性行为，伴随着创新主体的合作与竞争而产生。科技交流产生在各类正式或非正式联系的过程中，它存在于微观创新主体间的关联中，各区域、行业的关联中，各个国家之间的关联中。科技传播更多体现了政府的意志。科技传播指的是国家、政府所具有的整合各类传播资源，向各类科技需求者分享相关科技信息，使科技创新资源得到高效配置的一种现象。一个国家如果不能有效推动科技扩散，也就无法高效利用现代科技知识成果促进经济高质量发展及社会健康发展。社会整体的科学传播能力强，可以保证科技知识及信息，不仅能从知识创新组织及时有效地转移、扩散到知识应用组织，而且能从高效运行的科技创新集群传播辐射周边和相关区域，促进科技知识进行有效的交流与互动。另外，除了科技知识本身的流动，在市场机制的作用下，人才的流动也带动着科技知识的流动和扩散。由于科技知识以人类大脑为载体，科技知识的流动不限于科技专业知识，同时还包括处理问题的一般方法和解决问题的能力。

各类科技流动形式都会对生产率的提高产生积极影响，特别是对于那些基本不涉及科技创新的服务业和传统制造业尤为重要。可以说，科技流动与将资金投入科技创新活动同样重要。这是因为，科技知识的流动能够让更多企业获利。缺乏知识创新能力的企业在科技知识流动过程中获得科技知识，通过科技知识的运用，缩短工作时间，提高资源利用率，降低成本。因此在这个过程中，科技知识的流动能够提高科技知识利用率，促进科技知识的再生产。最关键的是，科技知识能够突破传统物质与人力资源的稀缺性的束缚，逐渐取代传统资源成为起决定性作用的资源要素，投资越多，边际收益越多，传播越广，产生的社会效益就会越好。

特别是从国家层面出发，国际化的科技流动对一个国家的科技发展有着非常重要的影响。这是因为随着经济全球化的推进，各个经济体之间的紧密性加强，国际化的科技合作已经成为科技发展的重要推力，单个主体已很难取得重大的创新成绩。科学技术研究和成果转化也可能在不同的国家和地区进行，原本局限于一国之内或一个区域内的科技产业链被分配到不同的国家和地区，世界范围内的科技产业链因此形成。由此，为了实现资源互补共享，提高创新效率，降低创新风险，提升国家创新能力，需要促进科技的国际流动。实际上，科技的国际流动主要体现在国际的联系能力上，从事实上看，国际创新交流活跃的地方，往往也是创新成果显著的高地。可见，加强国际联系是创新得以突破的重要环节，良好的国际联系能力可以使本国科技创新与国际创新资源和要素有效结合，这是向世界高端科技产业链迈进的重要途径。

科技创新的国际联系能力，也就是以国家为创新主体，获取世界范围内先进科技成果，汲取他国科技创新资源的能力。这样的能力，不仅在于政策环境、硬件的投入，更在于自身科研环境和科研实力。一个拥有较高的科技创新国际联系能力的国家，可以突破国内封闭性的创新体系，通过融入全球科技创新进程，吸纳创新资源，内外联动，实现创新资源的快速流动，不断推动科技创新。具体实现方式主要有四种：一是通过购买，如通过购买资本品和中间产品获得有关技术、直接购买专利与许可证；二是通过合作，如国家间企业的合作、国家间论文合著；三是通过投资，如对他国进行科技创新投资；四是通过咨询，如进行技术服务咨询。通过促进国际联系能力的提升，实现科技创新与全球创新趋势接轨，才能不断提升整个国家的创新意识，促进创新能力快速发展。

3.3.1.3 科技的产业化能力

由于科技创新的目的是使创新技术成果化和产业化，从而使各类创新在国内和国际竞争中处于优势地位，从而带动区域和国家经济增长和发展。因此，通过科技创新，利用各类创新资源促进科技创新的要素在产业价值链上整合，在各区域内充分整合科技创新要素，形成企业、科研院所、高校、金融机构以及相关中介服务机构对科技知识的引进、创造、流动和转移并最终成果化和产业化的能力，是至关重要的。

（1）科技创新集成能力。

科技创新集成能力是科技成果产业化的基础。它是指各类创新主体按照科技创新资源与科技创新活动的特点，根据学科和行业进行的优化和整合，聚集起来合作进行科技研究、科技成果转化等各类科技创新集成活动的能力。它突出了科技创新的系统性和协作性，提高了科技创新的效率，实现了科技创新专业化分工。各科技创新主体以共享成果和利益为出发点，最大限度地实现创新资源的有效配置，实现科技创新的辐射带动效应。同时，要想拥有科技创新的集成能力，微观创新主体集群还应当具有网络化特征，在各主体获取、识别、应用科技资源时，依赖于微观创新主体之间的合作网络，各微观创新主体可以根据自身科技研究中所遇到的问题或障碍，随时通过合作网络与其他科技创新取得联系，得到相关信息资源和解决问题的思路。

（2）科技的应用能力。

人类的科技活动可以总结为，探索和研究大自然的运行规律，尝试掌握控制和管理大自然规律的办法，以及开展有利于社会发展的各类科技活动，最终的目的是通过科学研究实现科技的应用，从而满足人们的需求。从微观层面来说，科技创新的应用能力就是科技成果的转化能力。随着世界范围内科技的飞速发展，人类社会对科技的要求也逐步提高，从单领域单学科创新发展为跨学科和领域的整合利用，同时还在不断更新科技基础知识、设备等科技资源，进行高科技产品研发、调整产品工艺和升级科技装备等。因此，可以说科技创新的成败直接由其科技知识应用能力的高低所决定，科技应用能力高则可以促进经济和社会发展。

科技创新的应用能力，主要体现为科技创新主体依据市场需求主动寻找途径对各类科技资源进行整合形成创新成果的意识，而不仅是为已形成的科学技术找寻可以呈现的应用载体。因此，科技创新应用能力涵盖了对各类科技知识的掌握和运用能力，对人们潜在的科技需求进行挖掘和描述的能力，对创新资源进行整合、实现科技创新成果转化的能力，以及对全新高新技术产品的设计及后续销售和打开市场的能力等，它是科技创新转化为经济发展的桥梁。科技创新的应用能力面向现实需要，服务于具体的应用目标，解决实际应用问题，其成果更多地体现了科技的经济、政治和社会属性。通过科技创新应用能力的培育，可以提高国家在世界上的整体竞争力，带动科技实现跨越式发展。

（3）科技产业集聚能力。

由于专业化分工程度不断加深，单个企业仅靠自身的力量难以使所在国家在国际竞争中处于领先地位。为了增强科技创新的边际递增效应，如前文所述，许多企业正加强与其他创新主体的联系，实现优势互补。科技创新也不再是单个企业的活动，将企业、科研院所和高校联系到一起的网络正成为各产业和行业快速发展的重要源泉，这为产业集群的出现奠定了坚实的基础。波特最早把科技创新、产业集群发展和国家竞争力联系起来，他认为科技创新带动产业集群的产生，可以推动国家经济高效发展。科技产业的集聚能力是指由一系列科技创新主体形成的创新网络，促进产业在一定地域范围内形成集群的能力。这种集聚不是由于节约成本而出现的空间聚集，而是以推动高效率科技创新而形成的以复杂创新网络为核心的新型空间安排。产业集聚克服了以前在政府干预下形成的产业规划和安排所导致的弊端——产业内部是一种空洞无联系的假性集聚。反之，它凭借发展迅猛的通信和计算机科技，从科技市场需求出发，从科技创新主体自身出发，自下而上地自发形成由一定的企业群、研究机构、高校以及相关支持机构组成的产业集群。

产业集聚使聚集的区域更具有竞争能力和竞争优势。具体体现在：首先，产业集聚有助于科技创新主体间的重复性交易，也有利于彼此间更好的合作与相互信任。其次，由于产业集群中存在与核心产业相关联的其他企业和产业，为各类微观主体获得相关资源和服务提供了便捷和高效的途径，节省了产品研发的时间。再次，在良好的产业集聚下，科技促进企业更多地产生研究开发、人力资源、信息等方面的外溢效应，之所以如此，是因为产业集群在很大程度上满足了知识传导、转化和创新的要求。在产业集群中，各个组织拥有的知识、能力可以通过非正式的渠道进行充分的发酵，知识能够进行有效的吸收、传递、转化和创新，形成共享效应，这必然能够有效促进科技创新能力的提升。最后，产业聚集区内的企业还可共享信息和资源而降低交易成本和组织成本，网络化组织也能够使企业花费较少的资源在送货或服务等方面降低生产成本；同时，在产业集群中，通过合作，企业可以获取自己尚未拥有的具有高度互补性的资源，从而创造更大的价值，增强产业竞争力。因此，产业集聚能力对促进科技创新，进而对促进经济高质量发展具有十分重要的意义。

（4）产业结构调整和升级能力。

产业结构调整能力是指使产业结构从不适应社会和经济发展，转向能适应市场需求变化并带来最佳效益的能力。产业结构升级能力是指使产业结构从较为低级的形态逐步转向为较高级形态的能力。除了高新产业的聚集能力，科技创新的提高也必须以调整和优化产业结构为依归。因此，如果科技创新不能带来更合理和高效的产业结构，不能带领落后产业进行革新，从这个层面来说，科技创新也就无法实现对经济高质量发展的持续推动作用。可以说产业结构的调整和升级能力对科技创新的发展也有至关重要的影响，我们在推动科技创新产业建设的同时，还需要推动原有的产业结构调整与优化。产业结构的调整和升级可以带动原有落后产业进行优化创新，保留原有产业链中最关键和具有竞争力、影响力的部分，重新提升该产业的产品附加值，进一步增强科技创新的竞争优势。

3.3.2 制度创新能力分析

诺斯不遗余力地提醒人们注意制度结构的静态和动态方面的区别："给定一组制度，研究的是静态的效率问题，而保持良好经济绩效的关键在于灵活的制度安排，它将在不断变化的科学技术的背景下进行调整。"那么，要分析制度创新能力，需要从动态和静态的能力两方面进行衡量。静态制度创新能力主要是指制度质量提升的能力，而动态制度创新能力主要是指制度的灵活性。一个强调的是"能不能"的问题，另一个强调的是"快不快"的问题。

3.3.2.1 静态制度创新能力：制度质量提升的能力

为了更好地促进国家发展，就必须推动科学技术的提升。陈旧、落后的制度安排增加了科技进步和经济增长的成本，削弱了科技进步和经济发展的动力，因此，制度质量能否提升就显得尤为重要。一个国家的科技体制是否符合其实际发展的需要，是否能促进科学技术创新，是决定这个国家科学技术发展速度快慢与发展质量高低的重要因素，也是衡量制度质量是否提升的重要标准。判断与科技相关的制度质量是否提升的标准，主要表现在以下几个方面：

（1）微观层面。

在微观层面，受市场机制的影响，微观创新主体会自发开展科技创新，促进科技创新能力的提升，而对于市场失灵的部分，政府的制度安排可以对市场难以涉及的领域进行补充。另外，在微观层面，市场和政府制度的作用主要体现在科技创新的创造能力层面，衡量制度创新能力中制度质量的高低，是以是否可以促进微观科技创新主体高效地进行科技创新活动为标准的。

①市场机制在微观层面对科技创新的作用原理。

市场的最大功能在于促进微观科技创新主体自发地进行科技创新活动，也就是说可以通过市场机制发挥作用来实现科技创新能力的提升。

第一，市场价格机制对微观层面科技创新的作用原理。

市场的价格机制是科技创新的内在动力。价格机制是一种灵活而且高度敏感的市场调节手段，是市场机制的核心。价格提高会抑制需求，但同时会促进供给的增加，反之亦然，它有着调节生产、调节消费、提供信息和配置资源等作用。

在完善的市场经济条件下，价格是最重要的市场信号变送器，价格反映了产品的市场供求状况，也反映了创新资源的稀缺性，是引导科技创新要素和资源使用以及科技创新主体进行"成本—收益"分析的最基础的经济指标。也正是科技创新主体对成本和收益的分析，改变它们对产品生产和选择的决策。具体说来，由于创新要素和资源可以取代和改造传统要素，因此对其进行优化组合是开展科技创新活动的基础。传统生产要素和创新要素价格的相对变化，以及微观创新主体预测的所生产的科技产品的市场需求及相应的价格，使各类微观科技创新主体权衡生产成本与收益，这样一来，科技创新不仅可以在降低生产成本上取得较大的优势，而且会在占领市场和获取收益方面为科技创新主体带来更大的好处。因此，在获取超额利润的动机驱使下，企业将大力开展科技创新活动，同时加大对资源要素的流动和重组力度，使创新要素在生产发展中占据主导地位，从而实现对经济的创新驱动。

同时，由于企业、科研院所和高校是我国科技创新的主要微观供给主体，在价格机制影响下，价格变化直接反映了人们对科技产品的偏好和消费的改变。科技创新主体只有通过价格机制提供的信息，才能获得推动科技研发和促进经济发展的准确方向，确保科技创新所获得的科技是符合市场需求的，可以成功转化为科学技术生产力并使其商品化和产业化，广泛作用于经济和社会发展领域，从而推动科技产业建立和产业结构优化升级，对经济社会发展起到支撑作用。

第二，市场利益机制对微观层面科技创新的作用原理。

在市场利益机制的作用下，对利益的追求是推动创新活动的另一个主导力量。如果说，开展科技创新活动不能带来任何收益，则不论是微观创新主体还是国家，都不可能将资源用来进行科技创新活动。尤其是对于科研人员而言，创新所带来的收益是其参与科技创新的动力。科研人员是科技创新的知识载体，是科技创新的人力资本，他们的工作积极性直接影响着科技创新的结果和质量。虽然对于科研人员的精神鼓励会对他们的创新行为产生重要的影响，但不可否认，科研人员也面临着生存的压力，获取正当的利益也是促使他们全心全意投入科技创新活动的一个重要动力。由此，良好的市场利益机制对科研人员尤为重要。在市场机制的影响下，科技创新的成果成功转化并实现了其经济效益，物质奖励和精神奖励都可以把创新成果与科研人员的切身利益联系起来，这必然可以促使科研人员为了实现自身价值而全心工作，从而推动科技创新事业快速发展。

对于微观科技创新主体来说，特别是在企业中，利益的实现需要靠企业家来完成①。一个缺乏具有科技创新精神的企业家的企业，如果面对需要增加企业效益和收益的情况时没有足够的能力进行管理和开展科技创新活动，那么最终将会使企业陷入发展停滞状态并有可能被市场淘汰。

第三，市场竞争机制对微观层面科技创新的作用原理。

由于在竞争面前，市场和机会都是有限的，面对相同的价值衡量标准，在市场的考验和选择下优胜劣汰，谁都会想尽一切办法在竞争中获得成功。因此，市场的存在必然会产生激烈的竞争。在市场竞争机制下，科技创新是一种短暂的市场行为。因为科技创新带来的收益，会使得竞争者快速涌入，收益逐渐降低，甚至消失。因此，市场竞争机制，一方面带来了资源的自由流动，促进了社会科技创新资源和要素向效益高的领域和部门流动，推动了整个市场科技创新活动的开展；另一方面，对于单个企业而言，竞争优势反而在市场机制下被平均化，要想实现更大的利益，只有不断进行创新活动。可见，市场竞争机制从这两个方面共同推动了科技创新。

在市场经济和知识经济持续发展的大环境下，科技创新就是财富，科技创新成果就是其产品。微观主体间的竞争不取决于其规模的大小，而取决于其是否可以通过科技创新带动自身发展。竞争机制将处于劣势的微观经济主体淘汰出局，不断对市场环境进行净化和清理，使经济得以更高效地运行。各类微观科技创新主体在竞争机制的作用下，不断追求新的科技创新，科技研发成果也不断转化为科技产品，使得新的市场需求在被满足的同时也在持续更新；同时，市场竞争机制也把科技创新推到更高的层次和水平上。由此可以看出，竞争机制是激发微观经济主体不断进行科技创新的助推力。

---

① 熊彼特提出，企业家"并未积累任何种类的商品，他们并未首创任何独特的生产手段，而只是与众不同地、更适当地、更有利地运用了现存的生产手段。他们'实现了新的组合'。他们就是企业家，他们的利润，即我们所谈到的剩余，对此没有相应承担什么义务，就是一种企业家利润"。参见：熊彼特. 经济发展理论：对于利润、资本、信贷、利息和经济周期的考察 [M]. 何畏，易家详，等译. 北京：商务印书馆，1997：147.

第四，市场供求机制对微观层面科技创新的作用原理。

在以市场制度为主导的经济发展模式下，科技创新的主要动力来自市场上人们对科技产品的需求。随着生产力的发展、物质的丰富，人们提高了对生活品质的期望，也对生活中所需的产品和服务的类型、质量和数量都产生了更高的要求，也乐意支付更高的报酬来获取。这就源源不断地产生了新的科技市场需求，也产生了由这种需求所导致的研究与开发活动，以及随之而来的满足市场需求的新产品。在微观科技创新主体层面，市场需求可以为创新主体提供各种创新思路和想法，促使企业为科技创新的发展制定长远战略规划。各类微观创新主体，特别是企业通过开展科技创新活动，生产符合市场需求的科技产品，满足人们的需要，同时获得销售利润。可以说，市场的供求机制直接影响着企业科技创新能力的培育。因此，在市场供求机制的影响下，创新不再是一种单纯的科学研究活动，而具备了市场导向性。旺盛、挑剔的市场需求以及日益增长的国家科技需要将刺激创新主体大量投资，帮助企业及时对各类需求做出快速反应，提高产品质量和档次。

②微观层面政府提升制度质量的出发点。

由上文可知，科技创新是一项与市场密切相关的活动。市场的激励将推动企业的创新活动，而当市场失灵时，就需要政府予以援手，介入市场机制不起作用的领域①。微观层面政府进行制度创新的出发点，也就是衡量微观层面制度质量的标准线。政府可以为微观科技创新主体创造良好的制度环境，源于以下几个方面：

第一，科技创新的外部性决定了政府需要介入。

经济外部性是指一些经济活动，在个人成本与社会成本、个人效用与社会效用方面存在不同，这样的差异不能在一个经济主体内呈现出来。在市场机制的作用下，经济主体可以对内部的经济性进行评价和判断，但从自身的能力和利益出发，却没有对外部经济与外部不经济进行评价和处理的动力，这就需要政府对引起外部经济与不经济的行为进行管理和规范。即使存在的一些外部不经济行为，可以通过设立一些制度法规来使其内部化，但这些措施手段究其来源还是由政府和相关管理部门进行规划和制定的②。在市场机制的作用下，科技创新活动也具有正外部性和负外部性两个特点。

一方面，科技创新的正外部性决定了政府需要介入。科技创新的正外部性

---

① 冯之浚. 完善和发展中国国家创新系统 [J]. 中国软科学, 1999 (1): 55-58.

② 刘满强. 技术进步系统论 [M]. 北京: 社会科学文献出版社, 1994: 200.

是指，创新主体自身的科技创新活动对其他经济主体产生了正面和积极的影响，即对其他创新主体产生了正面和积极的"溢出效应"。纵观社会发展，任何一个科技创新主体的发展都不是孤立的，它们的创新不但推动着自身的进步和发展，也同时带动着其他创新主体和相关领域的进步，特别是重大的科技创新。可以看出科技创新是一项正外部性很高的活动。无论是1929—1933年欧洲资本主义周期性世界经济危机后，带动经济复苏的第三次科技革命，还是1973—1975年石油危机后，带动经济复苏的信息技术和高新产业，都是从一个个微观创新主体出发，最终带动产业和国家经济发展。可以看出，创新者不能独享创新的收益，任何创新所带来的社会福利都大于创新主体的收益。从而，政府应创造激励体制推动科技创新活动。从微观科技创新主体的角度来看，科技的产生与获取途径一般有两种：其一是通过科技创新主体本身的科研管理活动来生产一种新的科学技术；其二就是通过各种渠道从其他科技创新主体那儿获取新的科学技术，不光可以通过科技交易和科技交流等方式获取，同时也可以因为该项科技的"溢出效应"，而使未进行该项科技生产的科技创新主体获得这项科学技术。也就是说，当某个科技创新主体在完成了一项全新的科技研究任务并实现其成果转化后，一旦把产品推向市场，其他各类竞争性科技创新主体源于对超额利润的追逐，就会尽一切努力通过尽量低的成本和代价去得到该项产品的技术，从而使它们可以轻易地在与原研发主体的竞争中获胜，给原有研发主体带来重大的损失。例如，造成科技溢出效应的一个重要因素就是人才的流动，尤其是那些拥有关键创新科技的科研人员或者参与核心创新活动的管理人员，他们可能会为了高额的收益或追逐高薪职位等原因，将他们在原有工作岗位中所掌握的核心科学技术知识带到其他地方。上述现象是造成科技溢出的重要原因，即非创新者从其他科技创新主体中获得收益而不需要支付相应的报酬。这种情况就需要政府在微观层面制定相关法律法规保障微观创新主体的权益。在此基础上，企业、科研院所和高校等机构之间存在相互关联和作用，共同影响着一定范围内科技创新的效率。科技创新的正外部性作用，可以带动它们整体创新能力的提升，从而带动经济高质量发展。但在正外部性的作用下，各个创新主体的科技创新活动都会受到一定制约，在缺乏适当激励和相应补偿的情况下科技创新者的积极性会被削弱，甚至会放弃从事这类活动。此时，社会整体的效用和个人效用间是存在冲突的，这也需要政府建立起一定的补偿和利益协调机制来平衡各个创新主体的利益，特别是在科技合作、科技扩散、科技交易和科技转移过程中对个别创新主体的行为进行协调，帮助消除一些创新主体间的矛盾。

另一方面，科技创新的负外部性决定了政府需要介入。由于科技创新是在市场机制的作用下，各类科技创新主体的一种自发性的竞争行为，它们只有不断地进行科技创新，才能在市场竞争中取得不败的地位，实现长远的发展。不过在现实中，创新主体的经营生产通常也伴随着严重的环境污染，这在后发优势国家中体现得尤为突出。开展生产和经营活动而致使环境污染负外部性产生，使科技创新主体依照利润最大化确定的生产量与依照社会福利最大化所确立的生产量存在严重的不一致。微观科技创新主体更多会考虑自己产品的销售情况和自身的盈利情况，而不会考虑对社会福利的影响，从而使污染物过度排放、有污染的产品过度生产。当存在环境污染的负外部性时，企业科技创新的利润最大化原则并不能导致环境资源配置的帕累托最佳状态。经济高质量发展的关键是要通过科学技术使经济高效增长，同时将尚未纳入利用范围的、相对丰富的资源替代已纳入利用范围的、相对稀缺的资源，减轻经济增长给人们生活环境带来的污染和伤害，促进经济绿色增长。如果科技创新反而在一定程度上加重了环境污染，就偏离了经济高质量发展的理念，这种发展也是不可持续的。为了应对科技创新可能存在的负外部性，也需要政府这只"看不见的手"的介入。这主要体现为政府在微观层面的法律制度安排，对创新主体的行为有所约束，使其在研发和生产过程中考虑到社会成本。

第二，科技创新的公共物品属性决定了政府需要介入。

科技创新活动，特别是 R&D 活动的产品主要是知识形态的产品，如某项发现、发明、设计、配方、款式、著作、论文、试产品、概念模型等，即科学技术知识，这类知识形态的产品在使用上具有非竞争性的特征。这是因为科学知识具有可重复使用性及非排他性，某个科技创新主体对它的使用并不会阻碍另外的科技创新主体对它的使用，同时还会使这类知识产品在不断使用过程中得到发展。基础科学研究成果一方面为全人类共同享有，体现了其共同消费性的特征，而且成果一旦公开，则不能低成本地将受益范围予以限定，即无法实现排他。可以看出，科技创新中的许多研究成果都具有明显的公共产品属性，尤其是没有明朗商业前景的基础科学研究，更是一种典型的公共产品。虽然对于应用型和实验型研究成果，可以以专利申请的形式获得私有产权，但这样的垄断终究也是有限的，其他竞争者通过研究已形成的产品或使用其他途径可以获得或生产类似先期创新的科学技术，使早期研发的科技最终具备普遍性，并具有公共产品的性质。从这个意义上来讲，科学技术天生就具有公共产品的性质①。由于科技创新成果具有不同程度的公共产品属性，可能会供给不足，从而形成科技创新中的市场失灵，这就需要政府调节，否则会影响科技创新的进程。因此，从国家和区域层面来说，政府需要加大对基础研究的支持力度，创造利于创新培育的公共服务和制度环境，这对科技创新能力的发展是至关重要的。

第三，科技创新的不确定性和高风险决定了政府需要介入。

科技创新与一般的经济活动不同，它最基本的特征就是具有不确定性②。不确定性意味着科技创新活动在将来会产生各种不同概率的结果。科技创新的不确定性的主要影响体现在微观科技创新主体上。科技产品生产的过程和普通产品不同，普通产品一般都具有投入与产出较为对等的特性，生产风险较小；而科技创新活动是对知识的未知领域进行探索、研究，是一个曲折复杂的过程，从科学构想到研究开发再到商品化、市场化，由于没有直接可供参考和借鉴的经验，实施过程中在各种信息约束和突变因素的干扰下，会经历许多不同的环节和跳跃关键点，每个环节和关键点都可能产生许多让人预料不到的情况，生产投入巨大，而获得的回报和收益却是不确定的③。这种不确定性和高风险性，主要是源于科技研发失败的可能性、生产工艺开发失败的可能性以及科技创新效果的不确定性而带来的科技创新结果的不可预知性。就科技研发本身而言，一项新科学技术往往要经历成百上千次的"试验—失败—再试验"的不懈探索，最终才可能获得成功。任何科技创新的最终成果都必须经过市场的检验，占据市场并实现市场价值，即最终要反映在经济效益和社会效益上。科技创新成果转化的产品是否能顺利生产并进入市场最终被市场接受，能否有足够的收益和利润，竞争对手会不会先于自己将新产品投向市场，或者人们的消费观念是否会发生变化，等等，对于这些问题，微观创新主体是难以掌控的。与此同时，科技创新过程也是一个多角色共同参与的过程，受不同角色价值选择和利益偏好驱动的影响，微观创新主体对科技创新的发展道路、发展方向、研发进度以及影响和结果，往往也不能准确掌控和把握。由此，科技创新的种种不确定性和高风险性增加了创新主体的困难，使得创新主体在科技创新活动之前不可能准确地知道创新最终带来的结果。

科技创新的不确定性和高风险性，也会在一定程度上抑制各类创新主体自行和合作开展科技创新活动的积极性。特别是对于那些投资规模大、研发周期

---

① 曾方. 技术创新中的政府行为：理论框架和实证分析 [D]. 上海：复旦大学，2003：46.

② 吴永忠. 论技术创新的不确定性 [J]. 自然辩证法研究，2002（6）：37-39.

③ 董为民. 科技创新需要财政支持 [N]. 光明日报，2011-08-16（16）.

长、不确定性较大的涉及国民经济可持续发展的战略性关键科学技术的创新，大部分科技创新主体更是不愿意涉足，最终导致市场对科技创新资源配置失灵。在这种情况下，创新主体需要政府在微观层面通过制定多种扶持政策来促进科技创新活动，带动资金流入科技创新活动。同时也需要政府在区域和国家层面，通过建立起长效的投入和保障机制来促进社会整体的创新行为。

第四，科技创新的信息不完全性决定了政府需要介入。

市场可以实现对要素和资源有效配置的前提，是人们可以对市场信息完全掌握。但在现实的经济社会生活中，一方面，市场交易主体对于市场信息不可能完全掌握，即市场信息是不充分的，因而其选择不一定是最优的；另一方面，市场交易主体掌握的信息不仅是不充分的，而且也是不对称的，即各个主体之间所掌握的信息存在较大的差异。在市场信息不充分或不对称的条件下，市场的调节也是不充分的，社会资源无法实现最优配置。市场信息不充分或不对称，主要是源于社会分工的深入发展、知识技术成果专业性的提高以及交易成本的存在等原因。

在科技创新活动中，市场信息的不充分或不对称现象更为普遍。一方面，科技创新主体不可能收集到所有有关于科技创新活动的有用信息，这不可避免地会在进行创新决策、计算创新成本和收益时产生偏差，影响创新活动的成功率；另一方面，科技创新的相关主体间及科技创新的研发阶段、孵化阶段、发展成长阶段以及产品销售阶段，都普遍存在着信息不对称的现象。这种信息不对称可能会导致两个最典型的问题，即市场交易前后出现"逆向选择问题"和"道德风险问题"，进而导致科技创新成功率降低和技术交易成本提高。政府的制度安排对这两个问题的抑制主要体现在对微观创新主体的约束作用上，政府可以通过政策安排，加大对违规主体的惩罚力度或是提升其机会成本来最大限度地减少"逆向选择问题"和"道德风险问题"的出现。

（2）中观层面。

在区域层面，主要是依靠市场机制和政府的作用促进区域科技产业的发展、传统产业的调整和升级。首先，市场机制作为一项有效的资源配置方式，对区域创新活动起着基础性作用，促进科学技术交易的发生，带动科技的流动和扩散，同时促进区域内各微观主体在产业内的合作与竞争，带动产业的发展和升级。在此过程中，政府需要为区域科技创新运行提供良好的秩序环境，发挥职能促进创新资源整合，平衡各类微观主体的利益关系以及提供各类物质基础保障。

①市场机制在中观层面对科技创新的作用原理。

第一，市场价格机制和供求机制对区域层面科技创新的推动作用。从上文对科技流动能力的论述中可以看出，科技流动是科技知识在各种创新主体之间的流动与转移，具有动态性、交互性，通过流动与转移能够实现科技知识共享。这种科技流动，不是微观创新型主体与生俱来的，而是一种市场经济行为，是在市场价格机制和供求机制的作用下产生的，由此可称之为科学技术交易。科学技术交易具有所有权转换功能、使用权让渡功能、实物技术的移位功能、信息传输功能和服务功能①。从而，在市场机制下，科学技术交易促进了区域内各微观主体的科技流动，也促进了区域层面的有关科技要素的流动和扩散，从要素流动角度推动了科技创新。

第二，市场利益和竞争机制对区域层面科技创新的推动作用。市场机制对中观层面科技创新的作用机理体现在，区域内，各微观层面主体自身利益最大化原则不仅受制于市场利益机制，同时，由于区域内各个主体合作与竞争的普遍存在，微观主体与区域范围内其他主体具有高度关联，单个微观主体利益最大化也受制于中观层面的主体。首先，区域内微观科技创新主体会进行共同科技创新。无论是开放式创新还是合作创新，企业之间都以合作方式，通过资源共享，优势互补，进行共同研发。这些内容主要集中于前端创意获取和中段研发过程。由此极大地分担了单个企业的研发风险，降低了研发成本，在研发过程中又极大地促进了产业集群，强强联合，是区域内产业升级的重要推力。其次，产业集群内企业及相关机构之间也在展开激烈的竞争。如合作式创新后期，合作完成，企业间开启市场化竞争阶段，或是企业与企业之间进行产品质量竞争、争夺生产要素和客户资源的竞争。无论是合作还是竞争，都鞭策着企业进行科技创新，是企业创新的动力源泉。同时，在区域化产业集群中，无论是从地理位置上，还是联系程度上，区域内企业创新都具有更大影响，加剧了竞争的激烈程度，促进了科技创新的更新速度。因此，合作为创新提供有效的实现形式，提高创新的效率；竞争刺激创新的发生，为企业进步和创新提供压力和动力，它们都会促进区域内产业的发展和变革。

②中观层面政府提升制度质量的出发点。

第一，政府需要对创新资源进行有效整合。由于科技创新活动属于市场经济行为，因此在区域创新资源整合过程中，市场失灵现象也必然存在，创新要素必然存在流动障碍。区域科技创新活动的高效开展是建立在较为完备的市场

---

① 吴贵生. 技术创新管理 [M]. 北京：清华大学出版社，2000：172.

资源的基础上的，为保障创新资源整合有序进行，创新主体顺利开展创新活动，弥补市场空缺，就需要政府"有形之手"提供有利于创新资源整合的制度建设，以助于培育健全有序、规范高效、要素自由流动的市场机制。因此，区域科技活动依赖于政府相关制度对创新资源的高效整合。

第二，政府需要对各类微观主体进行利益协调。创新合作的基石在于利益，区域科技创新的各微观主体合作的基石在于利益共享。由于企业、科研院所、高校等是主要的微观创新主体，它们之间的相互关联、相互作用，共同影响整个系统的效率。在合作中，各微观创新主体都需要平等参与，通过承担风险、投入资源而分享一定比例的收益。但现实情况是，在区域合作中，存在个体利益和整体利益不一致，个体利益与个体投入不对等的情况。政府作为制度创新主体，它具有特别权力，拥有其他科技创新主体无法比拟的优势，由此，政府是区域间各微观科技创新主体利益协调的一个重要角色。政府可通过建立相关利益协调机制、补偿机制来调和平衡区域内主体的经济活动，是区域内微观创新主体的润滑剂。尤其是在私营部门和公共部门合作的时候，政府需要通过建立私营企业与公共部门的平衡机制，充分保障私营企业的利益，刺激各方主体在科技创新上的积极性。

（3）宏观层面。

在国家层面，由于国际竞争是以国家为单位的，某些科技产业的发展对一国国际地位和国际竞争力有极为关键的影响，政府在促进科技创新方面承担着不可或缺的责任。政府可以通过制定整体科技创新政策，在关键产业技术发展上体现国家意志，并在协调区域发展等方面起到重要的作用。国家层面的制度安排，对科技的创造能力、流动能力以及产业化能力都有至关重要的影响。

①市场机制在宏观层面对科技创新的作用原理。

市场制度不仅是微观和中观层面科技创新活动的基本背景，它也决定着一个国家的科技创新的发展路径。一个国家市场的供求机制、价格机制、市场竞争机制、利益机制都对这个国家的创新活动产生重要作用，影响创新活动的规模、效率、效益。

第一，市场供求机制在宏观层面对科技创新的作用原理。在现实中，科技创新常常是由人们能感受到的需求引起的，正是这样的需求，使满足市场需求的新的科技产品得以产生。也就是说，随着社会的发展和人们日益增长的物质文化需求，消费者对民用科技的需求在持续增长。人们各种各样的生活需求，加总之后就形成科技创新的强大宏观动力。发达国家每年80%以上的专利都得以转化，就是最有力的证明。另外，国家科技需求的大量增加，例如对军事科技、航空航天科技等领域的重大需求，也会形成强大的科技进步宏观动力。

第二，市场价格机制在宏观层面对科技创新的作用原理。创新资源在世界范围内也呈现出分布不均的特征。在世界范围内，作为世界科技创新发明与扩散的源头，世界科学技术中心是世界科技创新的增长极，它在资金、人力资源、技术设备等资源方面都是最高配置。但由于各国、各地区、各民族以至各研究机构和企业在不同学科、不同领域内各有所长，不同领域都聚集了不同类型的创新资源，创新资源在国家和地区间也存在广泛分布；所以，为了建设世界科学技术中心，各国在对创新资源的创造和吸引方面都尤为重视。促进科技创新资源跨国流动的关键在于价格机制的作用，市场价格是对稀缺资源需求的直接反映，可以迅速反映国家、地区和行业之间的比较利益差别与机会成本差别，是资源稀缺程度的重要标志。在宏观层面，创新资源价格机制直接影响到资源的流动和调整。因此，对于国家层面的科技创新来说，价格机制尤为重要。在国际竞争中，科技发展领先的国家和地区往往拥有更丰富的资金，它们通常会采用更高的价格和更具有诱惑的条件，促使资源进入效率更高和技术更为领先的区域。

第三，市场竞争机制在宏观层面对科技创新的作用原理。由于各国在国际上的竞争也逐步转变为科技发展的竞争，表现为在产业发展和产品生产中的高科技含量的竞争。究其原因，是市场竞争机制的存在，会对科学技术提出更为先进和高效的要求，促使科技和相关产业的发展不断推进和深入。每一次的科技革命，每一次科技的跨越式发展，把科技产业和产品推向更前沿和先进的领域。世界各国也慢慢建立起一个又一个庞大的科技产业集群，其产值在 GDP 中占有的份额以加速度的形式不断增长，从而推动经济高效和长久增长，提升国家整体的竞争力，让一国在国际竞争中处于优势地位。

第四，市场利益机制在宏观层面对科技创新的作用原理。各国的市场经济是建立在国别利益差别的基础之上的，在世界经济一体化逐步深化的情况下，加重了这种以国家利益为主的特征。国别利益的差异必然成为推动国家对科技发展的直接动因，而国际环境形势成为推动国家对科技发展的外在压力。在经济全球化的今天，国家的经济实力、军事实力在很大程度上决定了国家的地位，科学技术和经济发达的国家，在国际竞争中处于有利地位。国家的科技发展水平直接影响到经济发展模式和经济发展程度、军事发展水平。由此，国家科技水平，不仅关系国家的经济发展，更是影响到国家前途、关系国家命运和安危的重要因素。如果世界是一个市场，各个国家都是市场的独立主体，国别利益的追求也就更多表现为国防安全与综合实力的要求。因此，在这种情况下，不断驱动经济主体追逐科技创新，是市场机制的必然选择，而这样的市场选择反过来又进一步促进科技的创新与发展，推动科技快速转化为现实生产力。

②宏观层面政府进行制度创新的出发点。

中央政府是科技创新活动中制度和规则的设立者，是创新系统中不可或缺的部分。无论是发达国家还是发展中国家，各国中央政府都直接参与科技创新或间接通过发展战略规划和提供法律法规制度等手段加强社会整体的科技创新工作，弥补市场机制所存在的缺陷，采取各种方式推进科技创新活动。

第一，科技创新的战略资源属性是国家扶持的重要出发点。随着科学技术对经济、社会的作用和贡献越来越明显，各国的科学技术研究与国家目标之间的联系也越来越紧密。其原因在于科技创新的战略资源属性。由于科技创新的战略资源属性，国家创新力成为国家竞争力的关键指标。国家创新力并非将国家内单个微观创新主体或是区域创新主体的创新能力简单相加，而指的是一个国家对内部高度统筹、整体定位科技创新的能力。这个能力对于任何一个想要实现科技创新、发挥内生动力的国家，都具有极其重要的作用。无论是发达国家的科技创新计划，如美国农业研究计划、空间研究计划、曼哈顿计划，还是发展中国家的科技创新计划，如我国的航天计划、"两弹一星"计划等，都是由国家规划，通过政府统筹安排、大力支持才得以实现的。不仅如此，政府在关键产业和领域的技术突破直接关系着一个国家的科技进步水平，关系着一个国家的根本利益，关系着一个国家经济的可持续发展和国防的安全乃至公民的健康和生活水平的提升。一项重大科技创新成果，往往能够带动一批产业的发展。因此，无论是发达国家还是发展中国家，各国政府都在直接参与科技创新或间接加强科技创新工作，采取各种方式推进科技创新活动，提升国家的综合国力和国际竞争力。

第二，区域间科技创新和产业协调发展需要依靠政府的宏观调控。国家宏观指导在区域间的协调上也起着非常重要的作用。由于没有较好的政府间合作，国内不同区域之间科技创新园区遍地开花，各种设施重复建设、公共技术平台缺乏等现象普遍存在。从宏观层面制定相关政策进行统筹安排可以有效避免此类现象的发生，合作制度和政策的完善可以更好地整合区域间资源，形成大区域和小区域的互动，解决区域分割问题。

3.3.2.2 动态制度创新能力：制度的灵活性

制度的灵活性是指，在不改变基本经济制度的前提下，在基本经济制度内部不断更新具体经济制度，以取代那些僵化的、过时的制度，以便使制度保持充分的活力，也就是发展新的具体经济制度以应对不断变化的经济和科技发展的倾向①。由于制度需要不断学习和更新，任何一套既有的制度安排都不能用于支持长久的、持续的经济增长。

历史提供了许多例子说明制度灵活性的重要性。诺斯认为制度演进对现代欧洲早期的经济发展至关重要②。Milgrom 等和 Greif 等分别详细介绍了同一时期私人法官和商人协会的出现，以及利用不断增多的贸易机会成功进行制度创新的实例。在现代经济体制中，de Soto 追踪美国的产权演变，发现其也支持不断变化的经济需求，而缺乏制度灵活性可能会阻碍经济增长③。Kuran 有说服力地指出，在同一时期，伊斯兰继承合同法没有很好地得到设计来支持集体商业企业，这限制了中东规模经济的发展④。正如 Kuran 所指出的："这些制度在它们出现的时候并没有对经济发展产生制约，但在西方发展现代经济体制的漫长时期里，他们因长期存在而变成了障碍。"在发达经济体中，政治瘫痪而导致的体制僵化可能有助于解释具有先进经济体制的国家出现长期停滞的情况，例如 20 世纪 90 年代的日本⑤和 20 世纪 70 年代的英国⑥。良好的经济制度可能足以支持高水平的收入，但它们不一定产生高的经济增长率或正的经济增长率，Pistor 等的结论是"制度的创新能力比制度本身在任何时候对特定利益相关者的保护水平更重要"⑦。可以看出，制度质量的提升对于一个国家来说是短暂性的收益，而注重制度灵活性，可以使经济和科技能够快速响应不断变化的环境的要求，降低发展成本，从而在科技作用下实现持续不断的经济高质量发展。

虽然新的生产关系为制度的创新和发展提供了机会，但一个国家的制度的灵活性决定了新制度的建立和采用的速度。在经济社会发展、科技发展与现行制度质量之间存在一定差距的情况下，拥有运作良好的基本经济制度的国家会

① 李萍指出，基本经济制度是由一定社会生产关系的本质所规定的，包括生产资料所有制性质，以及由此决定的生产、流通、分配、消费及其关系等重要内容，直接反映了特定社会经济条件下经济主体间的矛盾、利益关系及其格局。

② NORTH D C. Institutions [J]. Journal of economic perspectives, 1991, 5 (1): 97-112.

③ DE SOTO H. The mystery of capital [M]. New York: Basic Books, 2000: 67-113.

④ KURAN T. Why the Middle East is economically underdeveloped: historical mechanisms of institutional stagnation [J]. Journal of economic perspectives, 2004, 18 (3): 71-90.

⑤ GIMOND J. What ails Japan [J]. The economist, 2002, 363: 3-4.

⑥ OLSON M. The rise and decline of nations [M]. New Haven: Yale Univ. Press, 1982: 77-87.

⑦ PISTOR K, KEINAN Y, KLEINHEISTERKAMP J, et al. Innovation in corporate law [J]. Journal of comparative economics, 2003, 31 (4): 676-694.

具有较好的制度灵活性。也就是说，基本经济制度的运行效率决定了制度的灵活性。针对我国实际情况，基本经济制度的运行效率很大程度上受政府工作方式的影响。这主要是因为，我国的经济体制决定了党、政府与经济增长之间有着非常密切的关系。新中国成立之初，实行党的一元化领导，政党走向前台，对政府工作包括经济工作实行全面领导。改革开放后实行党政分开，党的机构减少，党委不再设经济管理部门，经济管理工作由政府部门承担，即由政府的宏观调控部门、专业经济管理部门、资源管理部门分别承担。要想提高制度的灵活性，就需要对政府机构进行良好的激励和严格的约束，这是实现制度灵活性的前提，更是实现制度质量提升的前提。

可以看出，虽然高质量的制度是促进科技发展所必需的，但决定经济增长持久度的是制度的灵活性①。

---

① LEWIS S D. Institutional flexibility and economic growth [J]. Journal of comparative economics，2010，38（3）：306-320.

4 中国经济高质量发展与创新系统的契合度分析

由于立足于经济高质量发展和创新系统的内在关联是本书研究的出发点，为揭示经济高质量发展和创新系统间的逻辑和事实联系，本书选取契合度为切入点进行分析。契合是指投合、符合、彼此意气相投的状态，用于表达两个对象之间的相互统一、相称的关系。对这一关系的程度，我们用契合度来表示。契合度是判断两个对象之间的关系程度的一个指标，是对事物之间统一、相称关系的定量描述，契合度越高，关系越密切。一致性和互补性是契合度的两个关键特征。一致性特征强调的是研究对象间在达到某种目的时，双方都具备的相同的特征与内涵，例如当一个人的人生观、价值观与某一份工作的岗位职责相符合时，内心会有一种认同感和默契油然而生，这就是一致性契合的表现。互补性特征更多强调研究对象间相互补充、相互完善的状态。由于一个对象拥有另一个对象所不具备的内涵和特征，在结合过程中，双方都可以得到自身需要的满足，由此产生出一种相互补充的契合状态。针对中国经济高质量发展与创新系统研究这一问题，一致性考察的是创新系统的价值理念，互补性考察的是创新系统的供给质量①。

4.1 经济高质量发展与创新系统的一致性契合度

在创新系统与高质量经济增长中，对一致性契合度的研究，主要是从愿景契合度方面展开的，愿景契合度是指研究对象彼此在愿景、任务等特征方面的统一性和统一程度，尤其是在经济高质量发展的愿景和创新系统作用于社会经

---

① 陈成文，李春根. 论精准扶贫政策与农村贫困人口需求的契合度 [J]. 山东社会科学，2017 (3)：42 48.

济增长的愿景间的相容性和相容程度。一致性契合度可以从主观角度和客观角度来分别进行考察。

从主观角度来考察一致性契合度，主要是指人们在面对经济高质量发展时对自身发展所产生的方向定位和愿景，和创新系统作用于社会经济增长的发展方向和愿景是否一致的考量和评价。由于经济主体多从主观角度出发，重点关注自身的核心价值追求，实现主观角度的契合度，就要求：一是人们对经济发展效率的美好愿景要与创新系统作用于社会经济增长的发展方向和愿景相契合；二是人们对生活品质、生活环境和幸福程度的美好愿景要与创新系统作用于社会经济增长的发展方向和愿景相契合；三是人们对全面发展的美好愿景要与创新系统作用于社会经济增长的发展方向和愿景相契合。创新系统的发展直接受到科技创新系统和制度创新系统两个子系统间相互作用、相互影响和相互关联的影响，当两类创新子系统有效结合时，可以不断促进经济高效率运行、促进绿色生态经济发展、促进收入分配效率提升、促进城乡协调发展以及促进国家安全开放体系的构建，从而推动经济高质量发展，使人们更多地分享到国家和经济发展带来的益处。这两类子系统的越发紧密和高效结合，可以更好地促进我国经济的高质量增长，这也与人们自身的核心价值追求是相契合的。同时，伴随着这样的发展，这种主观角度的契合度会越来越高。

首先，从创新主体的发展来说，在各层面科技创新主体与制度创新主体形成的作用合力下，创新系统会与人们所希望的经济高质量发展之间呈现出不同程度的契合，从初期的部分契合，到较好地契合，最后趋近于完全契合。例如在 20 世纪七八十年代，人们的物质文化生活较为单一，同时由于工业较为落后，人们面对的自然环境较好，人们的整体需求相对较低，当时科技和制度的发展主要是为了保障人们的基本生活和基本物质条件，在那个阶段，我们只能说创新系统与经济高质量增长之间的关系是部分契合的；而随着社会经济的不断进步，现阶段，人们物质文化需求上涨，环境也遭到一定程度的破坏，就需要由科技和制度形成的创新系统进一步满足人们不断更新的要求。当前我国经济处于转型时期，产业和经济结构不断得到优化，科技和制度都在不断发展，各类创新主体的创新能力也得到很大程度的提高，这就使创新系统与经济高质量增长的契合程度越来越高。其次，从这个角度出发，随着社会经济的不断发展，以及纷繁复杂的各类问题与障碍越来越多，人力资本的质量越来越高，人们的素质也越来越高，这直接导致各类创新主体在针对不同环境时所选取的不同的具体创新方式，也会更加贴合经济高质量发展过程中人们的主观要求。最后，前文说到随着创新主体的发展，实质上得到提升的是不同层面的创新能力，因此，创新能力的提升也会使两者之间的契合程度不断提升。

从客观角度来考察一致性契合度，主要是衡量研究对象间实际存在的匹配程度，它们可能不会被任何一个对象所感受到，但却是现实存在，且不以人的意志为转移的。从《国家创新驱动发展战略纲要》可以看出，创新系统的核心价值导向主要集中在以下八个方面：一是强化创新源头、增强原始创新能力；二是健全产业技术创新体系、挖掘发展新优势；三是优化区域创新布局、增强区域良性互动；四是壮大创新主体、引领创新发展；五是建设高水平人才队伍、储存创新后备力量；六是深化军民融合、促进创新互动；七是实施重大科技项目和工程、实现重点跨越；八是推动创新创业、激发全社会创造活力。从我国实际发展情况来看，我国现阶段仍处于深层次矛盾凸显和"三期叠加"阶段，要实现经济高质量发展，就要深入推动供给侧结构性改革，培育经济增长新动能，促进经济转型升级、提质增效，推动新型城镇化，建设绿色和生态文明，实现人民生活水平的提高和人们对经济发展成果的共享，这就迫切需要创新提供强大支撑。创新对经济的带动和引领作用越强，对经济高质量发展的推动作用就越明显。所以，从对客观角度的考察可以看出，创新系统作用于社会经济增长的核心价值导向、总体和具体目标是与经济高质量发展的核心价值追求相契合的，契合程度也是极高的。

前文中主观一致性契合度部分，分析了其是人们对经济高质量发展对自身发展所产生的方向定位和愿景，和创新系统作用于社会经济增长的发展方向和愿景是否相一致的考量和评价。但实际上人们的这种愿景也是客观存在的，从创新主体的发展来说，微观科技创新主体带动中观科技创新主体，再带动宏观科技创新主体的发展，无不是促进了社会整体科技水平的提升。同时在不同阶段，伴随着制度创新主体的不同影响，在两种创新主体作用形成的作用合力下，创新系统会与经济高质量发展呈现出不同程度的契合。不同具体创新方式的运用，从客观角度来看，也是基于实际经济发展情况的，因此，创新程度越高的创新方式，其运用在一定程度上也是在提升整体经济发展的质量，而从创新能力角度来分析也是同样的。

4.2　经济高质量发展与创新系统的互补性契合度

在创新系统与经济高质量发展中，互补性契合度主要是强调二者间的互补性，主要从供给—需求契合度、能力—要求契合度方面展开分析。其中，供给

—需求契合度主要是指创新系统"供给"（数量、类型）与经济高质量发展"需求"（数量、类型）之间的契合度；而能力—要求契合度主要是指创新系统所具备的"能力"与经济高质量发展对创新系统的"要求"之间的契合度。

4.2.1 供给—需求契合度

供给—需求契合度主要是衡量创新系统所创造和提供的各类发展机会和机遇，已形成的各类基础和环境，是否满足经济高质量发展的需求。从经济高质量发展的"需求"来看，经济高质量发展需要实现协同发展的产业体系、竞争有序的市场体系、高效和公平的收入分配体系、协调联动的城乡区域发展体系、环境友好的绿色发展体系，以及多元平衡和安全高效的开放体系。这就要求通过科技创新子系统和制度创新子系统有效结合，提供适宜和有效的"供给"以满足经济高质量发展的各类需要。从创新系统"供给"来看，当创新系统的两个子系统——科技创新子系统和制度创新子系统有效结合时，可以为经济高质量发展提供源源不断的动力和良好的基础环境，为人们实现更有效率和公平的生活方式创造条件，为实现经济绿色发展和持续发展提供有效的路径。可以看出，从这个角度分析，创新系统的发展与经济高质量发展是存在互补性的。在创新系统发展和完善的过程中，供给—需求契合度也会越来越高。

在"创新主体利用不同创新方式实现创新能力"这一过程中，首先，在制度创新主体的作用下，微观科技创新主体的发展带动了中观科技创新主体的发展，而中观科技创新主体的发展又带动了宏观科技创新主体发展，每个层面科技创新主体的发展，最终都为社会提供了不同类型的产品和服务；其次，根据科技和经济发展状况，各类科技和制度创新主体采用不同的创新方式，这也是依据现实情况而做出的反应；最后，创新能力的提升，也正是由于各类、各层面创新主体的发展形成的最终结果，伴随着创新主体不断提供高质量的产品、服务和环境，创新方式不断得到优化，从而使创新能力得到提升。在这动态发展的过程中，当整个创新系统"供给"的内容与经济高质量发展的"需求"符合程度较高时，经济就会处于一个良性的发展过程中；而当经济在转型过程中，以往的创新系统不再适合当前经济发展，契合程度就会降低，但通过一定时间的调整，创新系统经过发展和更新，又会重新适应新的经济发展路径，推动经济向更优化的方向发展。因此，不论是从发达地区经济发展的历程来看，还是根据我国经济发展的历史和现实来看，创新系统会不断促进经济向更高效、可持续和绿色增长的路径前进，不断促进经济高质量发展。

4.2.2 能力—要求契合度

能力—要求契合度主要是指创新系统所具备的"能力"与经济高质量发展对创新系统的"要求"之间的契合度。从经济高质量发展的"要求"方面来看，同供给—需求一样，经济高质量增长体现在经济增长的各个方面，包括总量上的增长、结构的优化、福利的增进和可持续性的提升，涉及产业体系、市场体系、收入分配体系的突破与升级，也关系到绿色发展体系、高效安全的开放体系、协调联动的城乡发展体系的建立。这样的体系部署不仅是经济高质量发展的内在要求，也是衡量经济高质量发展的重要指标。可见，经济高质量发展的客观要求是多方面的，是一个相辅相成的有机整体。因此，实现经济高质量发展，对创新系统的发展也提出了更高的要求。这表明，经济高质量发展对创新系统的"要求"，实际上还是要求创新系统子系统之间的有效结合，使创新系统具备较高的"能力"，以便更好促进经济高质量发展。

正如在对供给—需求契合度进行分析时提出的那样，创新能力的提升，是由于各类、各层面创新主体的发展，采用不同创新方式而形成的最终结果。在这个过程中，所呈现的是创新主体不断提供高质量的产品、服务和环境，创新方式不断得到优化，从而使创新能力得到提升。因此，创新系统的作用效果，更多体现在创新能力方面。从创新系统本身具备的能力的角度来看，在市场机制作用下，科技创新子系统在某些领域可以自行发挥作用，在失效的部分，制度创新主体会根据科技和经济发展的实际状况，不断制定相关政策，提高制度质量来促进科技创新能力的提升，实现整个创新系统内创新能力的提升。创新系统内部这种不断优化、不断发展的过程，与经济高质量发展的"要求"是相契合的，创新系统所具备的能力越强，与经济高质量发展的契合程度也越高。

4.3　创新系统对经济高质量发展的作用机理

科技创新子系统和制度创新子系统的良好结合，会促进创新系统不断完善，从而使创新系统具备带动和优化的作用。下面试图对上文就一致性契合度与互补性契合度中提出的，关于创新系统对经济高质量发展各个方面的作用机制，进行深入阐述。

4.3.1 经济的高效率运行与创新系统

4.3.1.1 创新系统可以提升创新资源配置效率，培育创新主体和产业竞争力

创新系统的不同作用，可以优化创新资源配置，提高要素使用效率。一是创新主体内各要素间的关系不光表现为单纯的社会关系，更主要的是在科学技术作用下发生关系。科技创新实现了对各类创新要素的新组合，即使在各类资源不发生流动的情况下，也可以一定程度实现生产效率的提升和经济结构的优化。正因如此，在世界各国经济发展中我们才得以看见，既有资源要素禀赋欠佳的国家发展迅速，也有资源要素禀赋优越的国家发展缓慢。可见，资源稀缺性并不是制约国家发展的唯一因素。尤其是经济落后的国家，虽然存在资源贫瘠和缺乏等问题，但是在发展中能否提高各类资源和要素的利用效率，把资源和要素应用到更高效的领域和部门，才是有效促进经济和社会发展的关键。所以，在科技创新的同时，还需要有相关制度创新作为保障。二是制度创新通过改变原有规则、设定新规则，激励各类创新要素和资源从生产效率低的领域和部门转移到生产效率高的地方。制度创新虽然不能在短时间内改变国家内部的资源禀赋，但是在制度创新作用下，各类创新资源的高效配置可以使生产可能性曲线向外移动，使产品产量增加。这个过程可以看作一种帕累托改进。通过制度创新，创新资源配置效率得到提高，推动科技创新事业发展，为经济高质量发展提供动力源泉。同时，在此基础上，科技创新主体在良好制度的作用下，可以更高效地把科技知识和各类资源、要素转化为现实生产力，使产品所具备的科技含量和质量进一步提高，符合人们日益增长的科技需求，增强产品的使用价值和占有率，从而增强创新主体本身的竞争力以获得良好的经济效益；同时，某个创新主体成功的科技创新，经过转移和扩散，会引起其他创新主体效仿或寻求合作，使所在产业得到发展和优化，从而加快经济增长方式由粗放型向集约型转变的步伐，促进经济发展质量提高。

因此，科技创新带来经济和产业结构的优化升级，其背后良好的制度创新带来各要素的高效流动、资源的重新配置，它们所组成的创新系统可以为经济增长提供源源不断的动力，提升经济发展质量。

4.3.1.2 有效的制度创新可以降低科技创新活动中的交易成本

诺斯认为，在制度的功能中，最重要的一项就是通过一系列正式规则对微观经济主体的行为产生约束作用，规范主体的行为，解决交易主体之间可能存在的矛盾，减少不确定性，从而降低交易成本①。张五常对交易费用进行了解释和定义，认为广泛意义上的交易费用不仅包括在交易中的签约、谈判成本，也包括在交易前的度量和产权界定的成本，以其契约约束权力斗争的成本、监督绩效的成本，以及组织活动成本②。这就是说，交易费用是那些难以在物质生产中所反映的花费，它能够有效反映经济运行效率。经济体制不健全的国家，机会主义盛行，各类科技活动过程风险加大，无形中增加了在科技活动中的交易费用，使各类经济主体没有参与科技创新活动、增加有效产出的动力。因此，通过有效的制度设计，提高防范科技创新活动的风险和减小科技创新活动的不确定性的能力，有效降低交易费用，减小制度摩擦，为经济高质量发展提供制度保证，才能提高经济运行效率。

4.3.2 绿色生态经济的发展与创新系统

面临着传统发展模式的高污染、高投入、高消耗而导致的经济增长低效、不协调和不可持续的严峻局面，人们越发意识到，发展绿色生态经济是打破环境和自然资源约束、促进经济高效可持续发展以及促进经济高质量发展的必然选择。由于经济增长的成本是由经济成本、环境成本和社会成本构成的，而传统粗放型增长方式依靠的是对自然资源的大量使用和扩张，持续这样的发展方式会造成环境污染和破坏，并以自然资源的过度使用和开发为代价。因此，我们所提倡的绿色生态经济是一种将环境保护、资源节约、人的全面自由发展作为目标的新型经济发展模式。当前，影响绿色生态经济发展的最大阻碍就是竞争力缺乏、低效率和高成本的传统发展方式，这就急需通过科技创新和制度创新，实现低污染、高科技的产业发展，强化绿色生态经济发展的内生动力。我们应通过科技创新，使大量潜力资源转变为现实资源，促进产业的绿色、高效和可持续发展，使更多的人享受到较高质量的生活环境；同时，通过科技创新可以对污染物进行更好的治理和循环利用，提升环境的承载能力。

除此之外，制度创新可以对某些生产行为和科技创新活动进行规范和约束。一方面，在事前可以对某些行为进行防范和约束；另一方面，也可以在事后通过对各类违规行为进行惩罚，有效控制和减少各类创新主体在科技创新活动中可能产生的污染生态环境和浪费自然资源的行为，从而从根本上降低经济发展的代价。以制度创新来解决问题的根本，还是因为生态环境质量和自然资

---

① 诺斯. 制度、制度变迁与经济绩效 [M]. 刘守英，译. 北京：生活·读书·新知三联书店，1994：146.

② 张五常. 交易费用的范式 [J]. 社会科学战线，1991（1）：1-9.

源是衡量经济发展质量的重要标准，即便是经济系统的运行效率很高，也不能以牺牲环境和浪费自然资源为代价，环境污染和自然资源急剧消耗所带来的人民生存质量的下降会增加经济增长的成本，抵消经济高效率增长带来的好处，使经济发展质量下降。反之亦然。

4.3.3 收入分配效率的提升与创新系统

创新系统不仅可以激励各类创新资源（包括人力资本）进入效率高和收益高的领域，也会对人们的收入分配结构产生影响，使社会目标和个人目标一直处于一个动态的平衡状态。在科技创新过程中，不同的制度安排会对人力资本的流动产生不同的作用。良好的制度安排能够把社会目标和个人目标相结合，把个体的努力程度、回报与科技创新活动的效率、科技创新成果的转化率紧密联系起来，在促进经济发展的同时提升个人和整体社会的福利。

诺斯曾提出，通过建立起规范的制度体系，并对财产所有权进行有效保护，可以建立起个人的努力与社会经济发展之间的联系[①]。落后国家之所以经济发展缓慢和陷入贫困，主要是因为缺乏科技创新以及适宜和良好的制度安排对科技创新活动进行激励。首先，在科技创新活动的开展过程中，企业家和科技人才拥有更大的才华施展空间，在良好的制度安排下，越来越多的创新者可通过科技创新活动获得更多的财富。其次，科技创新活动可以源源不断地创造出新的高质量、高收入的就业岗位，从而促进劳动者收入的大幅度增长，形成经济社会良性发展的态势。最后，随着科技创新和产业结构优化升级，要素禀赋结构也慢慢从劳动密集型向资本密集型转变，在这个转变过程中，资本回报率不断下降，人力资本回报率逐步上升，收入分配状况将会得到改善。

4.3.4 城乡协调发展与创新系统

在推动经济高质量发展的过程中，促进城乡协调发展是重要任务之一。在"摊大饼"式的传统城镇化进程中，城镇化高速扩张的同时也带来了许多积重难返的问题。解决城乡发展不协调、城乡二元结构问题的根本方法应是以现代农业为基础，促进新型产业聚集，实现资源、要素在市场机制下高效聚集，进而带动新型城镇建设。由此，城乡关系协调发展在于现代农业的实现。发展经济学家以土地、劳动力、资本、科技、人力资本和生态环境为现代农业六要

[①] 诺斯，托马斯. 西方世界的兴起 [M]. 厉以平，蔡磊，译. 北京：华夏出版社，2009：47-109.

素，而科技与人力资本两大要素都可通过农业科技创新得以体现。因而，可以说现代农业发展的核心要素在于农业科技创新。也就是说，通过农业科技创新，运用先进的制度设计、经营方式和组织方式推动传统农业现代化转型，重点解决农业现代化问题，从而推动城乡协调发展。

不同于其他科技创新，农业科技创新具有其特有的基础性和半公益性的特点。一是农业科技创新具有基础性特征。农业科技创新研究是基础性研究，也是应用性研究，尤其是在传统农业生产方式过渡到现代农业生产方式的过程中，农业科技创新是关键。没有农业科技创新，就没有现代农业生产方式的升级。二是农业科技创新具有半公益性。一方面，农业作为国民经济的基础，农业科技直接决定了农业的发展前景，它是农业发展的根基。农业科技创新投资大、见效慢，只有政府作为农业科技创新的主体，提供公益性农业科技创新，才能为现代农业的实现提供坚实后盾。因此，农业科技创新具有公益性性质。另一方面，若只将农业科技创新认定为公益性，那么，农业科技创新将只能成为外部服务，农业科技发展动力不足，农业现代化进程将难以快速推进。只有当农业科技成为农村经济增长的内生动力，才能实现农村经济的创新驱动。

农业科技创新的基础性、半公益性特征，决定了其具有一定程度的市场性特征，也决定了在市场配置下需要充分发挥政府的作用才能促进其更好地发展。因为在市场规律下，人才、资金、技术等资源都会流向比投资农业回报率更高的产业，因此，在农业现代化建设过程中，创新系统在农业领域的运用程度也直接决定了城乡发展的协调程度。

4.3.5 国家开放体系的构建与创新系统

现阶段科技发展程度不断加深，要实现科技成果转化的难度不断加大。目前，大量日益复杂的科技产品都不是一个创新主体通过自身所掌握的科技知识、所拥有的科技创新能力独立完成的，通常需要大量的科技创新主体进行分工协作才能实现科技项目的突破。在科技产品的生产过程中，通常要综合各种类型的科学技术、展现各类创新主体所具备的优势，利用各类创新主体已获得的核心科技，在此基础上，才能使促进国家核心竞争力提升的关键技术形成。可以看出，专业化分工是真正实现高质量科技创新的前提条件，面对世界各类创新主体和创新资源开放的市场，可以使科技创新要素资源得到效率最大化的使用，有利于创新成果在国家发展各个领域中的应用。

但同时，又正因为本国科技产业的发展，制度安排和科技创新有机结合形成的创新系统产生作用，才会促进各类国际创新资源和要素流入国内，使社会中各创新主体，例如企业、科研院所、高校和科技中介服务机构等与国际上的各创新主体进行广泛交流合作、共享科技资源、合作开发科技成果、实现互利互赢，并在此基础上，促进国家建立起多元平衡、安全高效的全面开放体系，从而真正实现向开放的创新型驱动经济的完全转变，促进经济高质量发展。

5　中国经济高质量发展与创新系统：历史形成与发展演变

《旧唐书·魏徵传》中云，"以古为镜，可以知兴替"，对历史的回顾是为了总结经验，增强自信，以期在未来的路上更好地前进。系统地梳理中国经济高质量发展与创新系统的历史形成与发展演变历程，并提出发展过程中仍然存在的问题，对制定相关政策建议具有非常重要的意义。

5.1　创新系统的历史起点：科技和科技体制的起步阶段（1949—1977 年）

新中国成立之初，社会制度发生了根本性的变革。但在计划经济体制下，不存在市场机制与竞争，企业只是一个生产单位，生产什么、生产多少及如何销售都是由国家计划和决定的，它基本上不承担创新的职能。同时，新中国成立初期的院系调整进一步弱化了以大学为基础的研究，高等学校主要负责培育人才，而把研究集中于各类科研机构。因此，在这一时期，创新的职能依然主要由科技系统承担。与此同时，第二次世界大战之后科学事业本身也发生了重大变化，其不再是少数科学家个人的事业而成为国家经济、社会发展中的重要一环。科学研究的费用也在与日俱增，科研需要国家更多的支持。在这样国内科研工作发展缓慢而国际科研氛围浓郁的情况下，对于一个新生的共和国，一个处于帝国主义封锁之中的发展中国家而言，只有集中科技精英，倾一国之力给予支持，才有可能解决国家经济建设与国防建设面临的重大科技问题，才有可能使科学事业得到发展，在某些科学领域取得突破性成就，从而自立于世界民族之林。因此，这时进一步强化集中型的科技体制，已不只是一种社会的选择，还是一种战略的选择。

在这样的背景下，新中国成立之初，我国在初步恢复国民经济进行社会主义改造的同时，制定了在"二五"和"三五"计划内要更大规模地开展经济建设的宏伟目标。当时我国的科技水平非常低，经济基础也很薄弱，要实现经济目标必须依赖科学技术的同步发展。1954年，国家总理周恩来在《政府工作报告》中明确指出，我国要摆脱经济基础薄弱、生产力水平低下和贫穷落后的面貌，在科技上带来革命性的变化，就必须要大力发展科学技术，建立起规模宏大的和现代化的工业、农业、交通运输业体系以及高度现代化的国防系统。这对我国当时还很薄弱的科技基础提出了很高的要求。1955年，我国提出编制十二年科技规划、成立科学规划委员会等，开启了科技兴国之路。周恩来总理召集了来自各个学校的数百名科学家参加规划工作，还邀请了来自苏联的16位著名科学家到中国，帮助我国了解当前世界科学技术的发展趋势和发展内容。

1956年，我国提出《1956年至1967年全国科学技术发展远景规划》，这份远景规划从我国总体科研任务与重点，到有关科研机构设置、科研干部培训等，都做了详细规定，并从提出的57项重大科学技术任务中的616个中心问题中确定了12个重点任务，把计算机技术、半导体技术、自动化技术和无线电技术作为重点发展的高新技术，列为当年的四大紧急措施，国防工业方面也把原子弹、导弹列入了相关的发展计划。为了尽快发展我国的高新技术，保障"四大紧急措施"尽快出成果，国务院把"四大紧急措施"交由中国科学院实施，随后中国科学院做出有关详细部署，涉及高校、学科、人才培养、科技管理制度方方面面。这一计划的制定和实施，极大地促进了中国科技的发展。经过几年的积淀，中国在高科技领域取得了突破性进展：实验原子反应堆正式运行（1958年）、电子管计算机研发成功（1958年），以及半导体三极管和二极管研制成功（1959年）。随后，在充分意识到二战后新原料、新材料、新工艺、新装备的广泛应用后，1960年，国家又制定了《1963—1972年十年科学技术规划》。这个"十年规划"的核心内容在于发展工业"新技术"，着重强调通过无线电电子工业和仪器仪表工业，提高工业生产过程中的自动化水平。1964年年底，毛泽东同志在分析世界科技发展历程的基础上提出，我国要在一个不是很长的历史时期，将国家建设成社会主义现代化强国，这就决定了不能照搬照抄世界各国科学技术发展模式，要走出自己的路子。为了实现这一目标，周恩来同志在1965年提出全面实现工业现代化、农业现代化、国防现代化和科学技术现代化的"四个现代化"目标。由此，开启了我国"四个现代化"之路。

从20世纪60年代初到"文化大革命"前夕，中国在高新技术领域发展迅速，取得了一定的成就：1960年2月，中国在上海成功发射自行研制的T-7M试验液体燃料探空火箭；1960年11月，中国成功地发射了"东风"1号——中国的第一枚导弹；1964年10月，中国第一颗原子弹爆炸成功，中国成为世界上第五个拥有原子弹的国家；1964年，中国研发了第一台晶体管计算机；1965年9月，中国开创了人工合成生命体——在世界上首次用人工方法合成结晶牛胰岛素；这一年，中国还成功研制出第一块集成电路，仅比美国晚七年。

但之后的"文化大革命"极大地影响了我国科技事业的发展。其中，科研系统更是受到了极大的冲击。1967年，中国科学院新技术委员会所属的47个研究所，都实行了军事管制。同年10月，根据毛泽东同志的批示，这些所全部划归国防科工委。1968年9月20日，首都工人、解放军毛泽东思想宣传队进驻中国科学院，开始了工人和军人参与领导中国科学院的特殊时期。这以后，科学院又下放了一批研究所。到1973年，中国科学院所属科研机构从1966年的106个减至53个，其中大部分属于中国科学院与地方双重领导。科技人员多数下放到"五·七"干校。周恩来、邓小平等同志在极端困难的情况下进行了大量工作来保护我国的科技事业。周恩来同志于1970年提出要"把科学研究往高里提"，并于1972年对抓紧基础理论研究做了重要指示。其间，只有国防科研单位受到的冲击相对较弱，科研工作得以艰难地继续。继原子弹成功爆炸的两年多之后，我国第一颗氢弹爆炸成功；1970年4月，我国人造地球卫星成功发射，我国成为世界第五个成功发射卫星的国家；1971年8月，我国第一艘核动力潜艇研制成功；1975年11月，我国在返回式遥感卫星上又取得突破性进展。

随后，1975年邓小平同志主持中央工作期间，对科技战线开始进行整顿①；但直到1976年10月底粉碎"四人帮"以后，才真正开始全面的整顿与重建工作。中共中央为了发展生产力，增加农副产品和工业产品供应，先后在1976年12月和1977年4月召开了全国第二次农业学大寨会议、工业学大庆会议。尤其是邓小平同志在1977年指出，科学和教育是我国追赶世界先进水平的切入点，并且，我们需要一个强大的机构，进行统筹安排，统一规划。为了落实座谈会精神，各地方、各部门启动了规划研究编制工作。1977年12月，中央召集1 000多名专家学者召开全国科学技术规划会议。随后，邓小平同志关于"科学技术是第一生产力"的论断在1978年3月的全国科学大会上被提

① 方毅. 在全国科学大会上的报告 [J]. 中国科技政策指南, 1986 (1)：259-274.

出。由此，科技工作加强了与经济发展要求的联系。在 1978 年 10 月中央批准的《1978—1985 年全国科学技术发展规划纲要》中，明确提出我国新时期需要重点发展的领域有：电子计算机技术、材料科学技术、能源科学技术、激光科学技术、空间科学技术、高能物理和遗传工程技术。这些领域主要集中于国防及相关科技，这也是当时国际环境所决定的。

总体来看，经过"文化大革命"，中国与发达国家的差距越来越大。十年"文化大革命"给我国的经济建设和发展造成了灾难性的打击和毁灭，整个社会的生产几乎处于停滞和倒退状态。如表 6-1 所示，从 1966 年到 1976 年中国经济增长非常缓慢，有些年份甚至出现了负增长，如 1967、1968 等年份。中国人均国民收入在十年间仅增长 17.2%，年均增长仅有 1.72%。其中，农民在十年间的纯收入几乎没有增长，由于城镇人口上升过快，但与此配套的城镇住房、学校、医院等设施却没有增加，日常生活所需的副食品严重短缺，一切生活物资都要凭票供应，这对人民的生活水平产生了极大的影响。

表 6-1　1966—1976 年社会总产值、工业总产值、国民收入变化

年份	社会总产值		国民收入		人均国民收入/元
	总额/亿元	指数（上年=100）	总额/亿元	指数（上年=100）	
1966	3 062	—	2 534	—	1 586
1967	2 774	90.1	2 306	90.4	1 487
1968	2 648	95.1	2 213	95.8	1 415
1969	3 184	125.3	2 613	123.8	1 617
1970	3 800	124.1	3 138	125.7	1 926
1971	4 203	110.4	3 482	112.2	2 077
1972	4 396	104.4	3 640	104.5	2 136
1973	4 776	108.6	3 967	109.2	2 318
1974	4 859	101.9	4 007	101.4	2 348
1975	5 379	111.5	4 467	111.9	2 503
1976	5 433	101.4	4 536	104.7	2 427

中国的农业生产在 20 世纪 70 年代末期还主要依靠传统的农业生产经验和落后的生产工具。据当时调查，这一时期的工业生产状况也不容乐观。作为中国重工业基地的辽宁省，国有企业的装备在当时是全国最好的，但技术水平很

差，能达到当时世界先进生产水平的只有5%，绝大部分设备与发达国家相比，还停留在20世纪五六十年代的水平。科研方面，中国科学院作为国家最主要的科研机构，在"文化大革命"期间也遭受了极大的干扰破坏。1965年，中国科学院基本形成了学科比较齐全的自然科学综合研究中心，有106个研究所，但到了八年之后的1973年，除了43个双重领导的研究所，只剩下13个直属研究所。科研经费也大幅减少，1967年的科研经费还不到1965年的五分之一（只有16%）；1976年的科研经费与1965年相比，减少了三分之一以上。中国科学院下属的各个学部、新技术局、研究所等的各项研究工作几乎全部处于停滞状态。这些重大的打击使改革开放前我国科技界没有任何活力，并处于怀疑观望和无望的等待中。当时我国的科技水平十分落后，远远不能满足经济和工农业发展的需要。工农业的发展需要得到科学技术的支撑，科技的重要性使得国家领导人逐渐认识到，实现"四个现代化"的关键是科技创新。

5.2 创新系统的奠基阶段：科技与科技体制的恢复与重建（1978—1984年）

"文化大革命"结束后，党中央迅速把重点转向了"四个现代化"建设，我国的科技体制在短时间内得以重建和恢复。为了更好地指挥国家科技工作，国务院还成立了科学技术领导小组。1977—1978年，国家科技委员会恢复建制后，各地方科技委员会也陆续恢复。同时，中国科学院也恢复和建立了许多科研机构，加强了基础科学和新兴科学技术科研机构的建设，各高校和产业部门的科研机构也得到恢复和新建，科研人员也相继回到工作岗位。在1978年年底，我国科研院所已从1976年的64个发展到110个。

1978年3月18日全国科学大会召开，大会提出科学技术是国家综合实力的重要指标。科学技术也应用于改善人民生活，特别是物质生活。否则，"我国的国家安全就失去了可靠的保障"。同时，大会还提出了1978—1985年科技发展的"奋斗目标""重点科技攻关项目""科研团队和科研机构""具体措施"和1985年后中国科技发展的"规划实施和检查"等内容，确定了科学技术国际化水平、科研人员素质提高、科研基础设施建设等方面的具体指标。全国科学大会结束后，科技战线开始实施拨乱反正、平反冤假错案政策，逐步恢复科技管理机构，加快科技队伍建设，全面落实知识分子政策。到1982年年底，这项工作基本完成。在具体的科研工作中，各科研机构围绕《1978—1985

年全国科学技术发展规划纲要》的要求，积极开展重点研究活动，科技成果的数量也相应增加，对工农业生产和发展起到了良好的推动作用。

但是，由于当时中国政府当务之急是拨乱反正，消除十年"文化大革命"带来的影响，制定《1978—1985年全国科学技术发展规划纲要》的指导思想是通过改进规划和管理方法，恢复"文化大革命"前的科技秩序，对计划体制所存在的众多问题还没有一个清晰的认识和深入的思考。这一时期，中国科技体制仍然沿袭苏联的计划模式，在政府主导的控制和计划分配下，以科研机构为主体开展科技工作。虽然在科技攻关方向上，从国防建设到经济建设，也取得了一些科技成果和成绩，但大量的科技成果却不能在实践中推广，这成为阻碍科技发展的关键问题。与此相对应，《1978—1985年全国科学技术发展规划纲要》并没有针对我国的科学技术体制制定出相应的、具体的改革措施，而当时制定的奋斗和赶超目标也远远超出了那时候中国的经济体制潜能[1]，例如在27个领域108个项目中推动开展科学技术攻关活动，显然超过中国当时的技术基础和国家财政的承受力。

同时，改革开放后，国门打开，放眼世界，我们看到自己与发达国家巨大的技术差距。在国家的大力支持下，企业如饥似渴地大量引进先进的设备，引进先进的技术资料，并且纷纷以"资金换技术"。由于饥不择食，在引进过程中很快就暴露出了以下的问题：①外汇储备的问题。1978年我国外汇储备只有一亿六千七百万美元，到1980年，外汇储备与需求之间就出现了12.96亿美元的巨大缺口。而且对外贸易一直处于逆差状态，国内大部分财政收入要用于"文化大革命"后的恢复重建，根本没有多余的资金来满足国家大规模引进技术与设备的需求。②科技筛选和科技重复引入的问题。在当时的计划经济体制作用下，企业对于科技的引进没有发言权，由政府进行科技引入，在这样的情况下，会带来两个比较严重的问题：首先，政府官员不是专业的科技学者或企业家，不能对科技的适用性、实用性、互补性、先进性方面的专业问题做出准确的决策和判断；其次，企业的运营风险不由政府官员承担，他们不是企业真正的负责人，既不承担科技引入的风险，也不受科技引入后产生的利益的激励，因此无法对其行为进行约束，也无法对科技引入的活动进行规范。③企业自身消化和吸收的能力不够的问题。由于长期受计划经济体制的影响，中国企业在改革开放初期技术实力薄弱，与国外相比技术差距过大。许多企业没有

---

[1] 《1978—1985年全国科学技术发展规划纲要》提出"实现了这个规划，就可以使我国部分重要的科学技术领域接近或达到七十年代的世界先进水平，使差距缩小到十年左右，从而为后十五年全面赶超打下坚实的基础"。

相应的消化吸收能力。再加上外汇短缺和资金短缺，国家只能解决最迫切需要的生产技术和设备的资金问题。企业筹集资金非常困难，这往往会影响整个项目的快速实施。

国家领导人也逐步认识到"资金换技术"所存在的局限性和问题，随后"市场换技术"映入眼帘，社会各界都肯定"市场换技术"可能带来的好处。1979年，在驻外使节会议上，邓小平同志提出，合资经营这种风险共担的形式比补偿贸易好。因为合资经营不仅实现了风险共担，而且对方要进行经济核算，就能实现技术共享，虽然我国企业不能完全拥有技术产权，但是总能在一定程度上提高我国的技术水平。1984年3月22日，国家经委向国务院呈上《关于做好技贸结合和旧设备选购工作的报告》，国务院在同意批转这份报告时明确提出："用我们的一部分市场换取国外的先进技术，这是加速中国技术进步的一项重大方针。"这是首次实施"以市场换技术"的中国官方政策的标志。

在这个阶段，1978年年底召开的党的十一届三中全会提出了"坚持以经济建设为中心，把全党工作的重心转移到社会主义现代化建设上来"的战略决策，这成为新时期我国科技创新事业发展战略重心转移的客观基础。1979年4月，国家科委发明评选委员会恢复，由各专业有名望的专家组成，负责评选发明项目，评定奖励等级，报国家科委核准授奖。1979年11月，为了适应新时期科技发展的需要，国务院重新修订发布了《中华人民共和国自然科学奖励条例》。同时，国家技术改造计划、国家重点技术发展项目计划、国家重点科技攻关计划等一批重大的科技计划和产业计划也相继在各个政府部门得到实施，一定程度上恢复了我国的科学技术创新工作。1980年，党中央提出"经济建设必须依靠科学技术，科学技术工作必须面向经济建设"，由此我国科技体制进入重建的探索阶段。1980年5月，国家科委成立了负责评定奖励项目和奖励等级的自然科学奖励委员会，其评定后由国家科委核准、授奖。当年的12月又召开了中央工作会议，这次会议在中国探索转变经济增长方式方面具有重要的历史意义和里程碑式的地位。会议指出，我们应当寻找一条依靠发挥现有企业的作用，通过技术改造、降低能耗，实现高质量、高效率的路子。"这种路子，速度可能不那么合理，但经济效益会好，社会财富会增加得多，人民得到的实惠也会多。"① 这是党重视和尝试转变经济发展方式的开端。

---

① 中共中央文献研究室. 三中全会以来重要文献选编：上 [M]. 北京：人民出版社，1982：620.

1982 年年底，《关于编制十五年（1986—2000 年）科技发展规划的报告》又得到了国务院的批准，并确定国家科技长期规划的制定、重大技术政策的研究等工作由国务院科技领导小组统一领导。不久，由国家科委、经委、计委共同领导的科技长期规划办公室也正式成立。为了尽快开展规划的研究与编制工作，科技长期规划办公室立即组织两百多名领导干部和专家，成立了 19 个专业规划组集中开展工作，国家科学技术委员会、国家计划委员会和国家经济贸易委员会，根据国务院的统一战略部署，合作组织并安排了全国范围内的科技政策的论证研究。有超过 3 000 人参与了该项工作。这次国务院的整体安排，要求规划的制定必须以"经济建设为导向，经济建设也必须依靠科学技术"为基本原则，突出重点，强调实事求是，不单方面追求"赶超"，而是根据我国的实际情况制定具有中国特色的科技体系。同时，由于科技人才是国家人才资源的重要组成部分，是科技创新的关键因素。1983 年 7 月，为了加强对科技人员的管理和使用，对当时的科技人员做适当调整，国务院颁布了《关于科技人员合理流动的若干规定》。这个规定起到了有计划、有步骤地促进科技人员按照合理的方向流动的作用。这一时期，政府有关部门制定了几十项科技法规，这些法规包括科技组织、物资供应、人员管理、成果奖励等方方面面。除此之外，《中华人民共和国专利法》也于 1984 年 3 月在第六届全国人民代表大会常务委员会第四次会议上得到通过，这是新中国成立以来一部十分重要的科技单行法律。这部旨在保护发明创造专有权、促进科学技术创新的法律，从理论和实践上为实现技术成果商品化提供了必不可少的法律依据，也为我国科技体制改革找到了一个重要的突破口。《中华人民共和国科学技术进步奖励条例》也在 1984 年 9 月由国务院正式发布，并正式开启了国家科学技术进步奖的评选活动。1985 年，国务院批准成立了国家科学技术奖励工作办公室，由其专门负责全国科技奖励的评选工作。

在这样的背景下，我国高新技术及其产业在国防和民用等领域都取得了一系列的重大成果：1981 年 9 月，我国的一箭三星（用一枚火箭成功发射三颗卫星）技术第一次获得成功，这是我国航天领域取得的重大突破；1981 年，用人工方法合成酵母丙氨酸转移核糖核酸大分子技术首次在我国获得成功；1983 年，巨型计算机"银河-1 号"在我国研制成功，标志着我国跨入了巨型计算机领域世界先进行列。

不过，从总体来看，20 世纪 70 年代末到 80 年代初我国在科技体制的恢复和重建方面，仍然是以"文化大革命"前为范本，那就是集中型科技体制。科技管理机构权限高度集中、人事制度僵化、垂直行政管理体制封闭以及科研机构远离生产系统等就是其主要的、集中的表现。再加上在前期"以市场换技术"的方针政策的指引下，我国虽然迎来了技术引进及中外合资的高潮，但是"以市场换技术"的精神并未很好落实。这一时期科技界主要还是以拨乱反正、解放思想为重点，在改革方向和思路上进行酝酿与探索。虽然这一阶段的科技发展和科技改革总体上还是沿袭之前的赶超型的发展战略，但仅从战略的合理性和适时性来看，当时我国科技体制安排和形成的科技基础即"中国模式"，确实起到了应有的历史作用，为创新系统和科技发展起到了良好的奠基作用。

5.3 创新系统的草创阶段：科技体制的调整和改良阶段（1985—1994 年）

科学工作在不断深入，我国科技领域不断取得喜人成果。但是，我国科技工作也面临着重大问题，科学研究、技术创新与经济发展难以实现同步推进，不少科研成果难以应用于经济生产，而生产中所遇到的问题在科学研究中并未及时得到解决，经济与科技"两张皮"现象日益凸显。究其原因，主要有三个方面：

第一，当时的科技体制存在严重的弊端。20 世纪 50 年代初，中国的科技体制基本完全模仿苏联，该模式的主要特点是研发与生产活动完全分开，行政命令色彩强烈。科研院所及高校只负责科技研发，而企业只负责运用研发成果开展生产活动，而政府通过行政指令，对从研发到生产的过程进行全权安排和指导。在这种行政分工下，科研单位和企业之间只有政府安排下的联系，没有任何经济利益的关联，两种单位是独立的行政管理体制，企业没有就研发内容做出干涉和选择的权力，只负责生产。第二，计划经济体制缺乏激励机制，企业没有创新动力，也无创新实力。在政府全权安排下，企业只负责生产，没有研发能力，更无法进行高新科学技术研发工作，仅仅充当科研机构和政府的生产工厂。科研机构的设立和运行是镶嵌在政府控制和干预整个社会经济的基础之上的，在计划经济体制下，人才由政府统一分配，工作人员个人得到的回报与研究成果没有直接联系，科研机构不了解社会的科技需求，也不进行市场需求的科技研究。第三，路径依赖严重。新中国成立之初，面对内忧外患，军事工业成为国家重点培育对象，中央政府将大量资源、技术、人才配置到军工领域，而关系民生、社会发展的有关企业，资源严重缺乏。虽然改革开放以来，工作中心已转移到经济建设上，但是有关民生领域的科研工作与实际长期严重脱节，在已有经验上，也难以在短时间内改变经济与科研"两张皮"的现象。

面对科研经费使用效率低下和国家财政危机的影响，为了解决科技与经济"两张皮"的问题，我国在 1985 年开启了以改善拨款制度为核心的科技体制改革，发布了《中共中央关于科学技术体制改革的决定》①。该文件具有划时代意义，它为此后多年的中国科技体制改革构筑了基本的框架，推动了科技管理体制、人事制度、科技拨款制度等方面的一系列改革，涉及试行科技人员专业技术职务聘任制；试行博士后研究制度；针对不同性质的科研工作，采用不同的拨款制度；开拓技术市场，实现技术商品化；等等。这一段时期，制定的政策相对较丰富。为了更好地促使科技与经济的结合，政府也出台了多个政策②。同时，为了鼓励科研机构切实引入竞争机制，进一步建立科技与经济发展紧密结合的机制，国务院《关于深化科技体制改革若干问题的决定》也于 1988 年 5 月出台。1990 年年末，党中央在《关于制定国民经济和社会发展十年规划和"八五"计划的建议》中提出："必须坚持国民经济持续、稳定、协调发展，始终把提高经济效益作为全部经济工作的中心。"1991 年 12 月 1 日国家科技委颁布了《中华人民共和国科学技术发展十年规划和"八五"计划纲要（1991—1995—2000）》，这表明了党中央坚持"科学技术是第一生产力"的决心。

1992 年，在党的十四大提出建立社会主义市场经济体制的背景下，科技

① 该文件提出：在运行机制方面，要改革拨款制度，开拓技术市场……在对国家重点项目实行计划管理的同时，运用经济杠杆调节，使科学技术机构具有自我发展的能力和自动为经济建设服务的活力。在组织结构方面，要改变研究机构与企业相分离，研究、设计、教育、生产脱节，军民分割、部门分割、地区分割的状况；大力加强企业的技术吸收与开发能力和技术成果转化为生产能力的中间环节，促进研究机构、设计机构、高等学校、企业之间的协作和联合，并使各方面的科学技术力量形成合理的配置。在人事制度方面……扭转对科学技术人员限制过多、人才不能合理流动、智力劳动得不到应有尊重的局面，造就人才辈出、人尽其才的良好环境。

② 例如，1987 年 1 月 20 日国务院发布的《关于科技体制改革若干问题的决定》，明确了"科技与生产脱节"的两个"进一步"思想，即进一步解放科学研究活动，进一步深化科研机构管理体制改革。还有我国逐渐启动了"丰收计划"（1987）、"燎原计划"（1988）、"火炬计划"（1988）。经济指向的政策制定和科技立法工作也得到了加强，《中华人民共和国专利法》（1984）、《国务院关于进一步推进科技体制改革的若干规定》（1987）、《国务院关于推进科研设计单位进入中型工业企业的规定》（1987）、《中华人民共和国技术合同法》（1987）等也相继出台。1988 年 5 月出台的《关于深化科技体制改革若干问题的决定》，强调进一步建立科技与经济紧密结合的机制，鼓励科研机构切实引入竞争机制，积极推行各种形式的承包经营责任制，实行科研机构所有权和经营管理权分离；鼓励科研机构发展成新型的科研生产经营实体；在智力密集地区兴办高新技术产业开发区，发展高新技术产业。

体制改革作为经济体制改革的配套工程，其方向为"面向""依靠""攀高峰"；其重点在于抓住有利时机，加快人才分流，合理调整结构，进一步转变科技系统的运行机制。由此，我国提出了要密切注视当代科技、经济发展的潮流，认真研究世界各国特别是发达国家和新兴工业化国家的研究开发体系及其推进科技经济一体化的政策措施。为了建立适应市场要求的政企分开、管理科学、产权清晰、权责明确的现代企业制度，国家明确了国有企业改革的方向，在重视对企业进行技术改造的同时，以节能为主要目标的技术革新活动也在全国范围内推行。因此，在这段时间内，我国一直以"科学技术面向经济建设，经济建设依靠科学技术"为改革的指导思想，以改革研究机构的拨款制度、开拓技术市场为突破口，不断加快体制改革的步伐。1993 年 7 月我国科学技术领域的第一部具有基本法性质的法律——《中华人民共和国科学技术进步法》出台，这是确立国家发展科技进步事业的基本制度的根本大法，该法的实施进一步指导和推动了我国科技创新事业的发展。它第一次把"科学技术是第一生产力"写进了法律，起到了规定国家推动科技进步的方针、基本制度和保障措施的作用，把党和国家关于科技进步的方针政策上升到法律的高度，为我国加强科技法制建设奠定了坚实的基础。次年，国家进一步出台各种政策、指导意见，从科研机构培育人才等方面促进科技资源配置。

关于上述有关科技体制改革文件的制定与实施，国家付出了很大努力，当然也极大地促进了我国科研事业的发展。1984 年 3 月，世界上第一只试管羊由中国和日本合作培育产生，这是中国生物科技领域的一项重大成就；1984 年 4 月，我国成功地发射了自己的实验通信卫星，并于 1986 年 2 月，成功地启动了第一个实用的通信广播；1987 年，我国的"长征二号"火箭为法国公司运载测试设备，这是我国第一次尝试进入世界太空市场；1988 年，我国第一台正电子对撞机建成，并在北京成功地进行了测试；1992 年，我国成功研制出世界首套中文彩色激光照排系统，这得力于王选教授和他的研究团队，该系统问世之后，先后获得了 2001 年度国家最高科学技术奖、联合国教科文组织科学奖、日内瓦国际发明展览金牌等众多奖项；1993 年 10 月，"曙光一号"大型并行计算机在我国研制成功，该计算机是中国首次采用超大规模集成电路的通用微处理器芯片设计开发的基于标准 UNIX 操作系统的并行计算机；等等。不过，我国这一时期对于经济增长方式的探索，实际效果还不够理想，其原因是 20 世纪 90 年代中期时，我国的经济发展依然走的是高投入、高污染、低效率、低产出的粗放型路子。因此，到了 20 世纪 90 年代中后期，国家明确提出要转变经济增长方式。

在这一阶段，国家尝试着初步对创新系统进行建设，虽然取得了一定的成绩，但仍然存在许多问题：一是仍然采用原有的计划方式分配各类创新资源和要素，市场机制配置资源的基础性作用没有展现出来，这样的方式不能适应瞬息万变的国际和国内科技市场形势；二是微观科技创新主体的创新能力仍然比较薄弱，科学技术研发组织和机构较少，人才较为缺乏，科技研发支出少；三是科技与经济发展计划脱离，政府对促进科学技术创新和发展的掌控能力不够，科技创新效率不高。

5.4 创新系统的初步建立：深化科技创新体制改革阶段（1995—2005 年）

1995 年，受国际、国内日益重视环境问题的影响，再加上党中央提倡走可持续发展道路，我国经济必须从粗放型向集约型转变。在此背景下，党的十四届五中全会明确提出：转变经济增长方式，实现两个根本转变。这两个根本转变就是："一、经济体制从传统的计划经济体制向社会主义市场经济体制转变；二、经济增长方式从粗放型向集约型转变。"我国这一个阶段的科技体制改革是在经济体制发生转变的基础上进行的，相应的改革，一方面体现在"市场换技术"政策的沿用，另一方面体现在加速知识经济的培育。

1. "市场换技术"政策的沿用

随着基本经济制度的转变，在深化科技创新体制改革的阶段，我国沿用了"市场换技术"的思路，期望迅速提高中国企业的技术创新能力。1995 年，为达到扶持、壮大国内产业的目的，制止低水平重复引进，国家出台了《外商投资产业指导目录》和《指导外商投资方向暂行规定》，这些文件对外商投资的项目进行了细化，并分出鼓励、允许、限制和禁止四个大项，以提升外商投资对国内经济良好运行的作用。为了进一步指导有关工作，国家还出台了更具体的行业政策①。可见，中央"以市场换技术"的立场始终没改变。

1998 年 4 月，为了进一步扩大对外开放、提高外资利用水平，中共中央

---

① 比如针对汽车产业，相关政策明确规定了凡是中外合作合资的汽车工业生产企业，必须同时满足具有"市场换技术"特征的条例才可获得批准。具体为以下四个方面："一、企业内部建立技术研究开发机构，该机构具备换代产品的主要开发能力；二、生产具有国际 20 世纪 90 年代技术水平的产品；三、合资企业应以本企业生产的产品出口为主要途径，自行解决外汇平衡问题；四、合资企业在选用零部件时，国产零部件应同等优先。"

提出，要坚持走"市场换技术"的道路，大力引进国外先进科学技术，使国内传统产业升级、新兴产业不断发展。要通过与各类高新技术企业的合作，引进前沿的科学技术、管理办法和经验，并努力实现其国产化和再创新。2000年国家经贸委印发的《关于加速实施技术创新工程形成以企业为中心的技术创新体系的意见》指出，鼓励采用国内可以自行生产和制造的设备和配件，对确实有必要进口的设备和配件，应尽量采用技术和贸易相结合或市场换科学技术的方式，在对其引进的过程中，做好对新科学技术消化吸收、再创新的工作。我国正式加入世界贸易组织前，根据WTO（世界贸易组织）的规则，2000年10月31日和2001年3月15日，我国分别对《中华人民共和国外资企业法》和《中外合资经营企业法》及其实施办法和条例进行了修订，将以前法律条例中存在的强制性细则更改为协商条例或鼓励性意见。这样一来，我国也失去了以"以市场换技术"的谈判空间和法律支持，通过外商引进核心技术的机会也逐步减少，"以市场换技术"从国家具有全局意义的指导性政策中逐步退出。

自"市场换技术"政策推行以来，在中国的工业领域，到2004年，外资企业占40%以上的份额主要集中在通信设备等9个行业，其中占50%以上的市场份额主要集中在家具制造、电子制造、仪器仪表及文化、文教体育用品、办公制造业等行业；在通信设备、计算机及其他电子设备制造业等行业，占81.91%的市场份额，居于绝对垄断地位。同时，截止到2004年，外资在中国的控股情况也十分惊人，外资在很多行业控股权达到了80%以上，在所有行业的总体控股达76.6%，在中国的整体行业中居于绝对控股地位。2004年5月，国家工商行政管理总局公平交易局发布了一份调查报告——《在华跨国公司限制竞争行为表现及对策》，这份报告显示，跨国公司在电子和轻工业等行业中，所占据的市场份额都超过了1/3。但应该说，从我国实行"用市场换技术"政策的这20多年来看，如果单从促进企业开展科技创新活动、提升企业科技创新能力、增强我国科学技术在全世界范围内的实力等方面来衡量的话，"用市场换技术"政策的效果不太显著。尽管它曾经较好地解决了我国在改革开放初期用"资金换技术"的困境，也很好地活跃了我国的消费品市场，对中国企业的管理水平、创新意识的提升，以及培养创新人才等方面，的确发挥了积极的正面影响。

2. 加速知识经济的培育

20世纪80年代，由于信息化带来的新的科技浪潮席卷全球，信息产业高速发展，知识经济也在我国展露端倪。

1995 年，全国科技大会上提出全面实施科教兴国战略，并指出科学技术是第一生产力①。1996 年，国家成立了研究、制定国家科技政策，协调全国各部门科技工作之间的关系，讨论决定重大科技任务和项目的科技领导小组。这表明我国把科教兴国战略放到很高的位置上。1997 年"科教兴国"被确立为我国跨世纪的国家发展战略，写入党的十五大报告。自 1998 年起，我国开始对科技体制以及科技发展战略进行深化调整。为了鼓励科研机构、高等学校、企业科技人员研究开发高新技术，转化科技成果，发展高新技术产业，进一步适应市场经济需求，国家启动了将科研院所转化为科技型企业或是有关中介服务机构的工作。与此相对应，扶持民营科技企业和高新技术产业成为这一时期科技创新建设的重要着力点。国家科技部、国家经贸委于 1999 年 7 月出台了《关于促进民营科技企业发展的若干意见》，国家科技部于 1999 年 8 月颁布了《关于加速国家高新技术产业开发区发展的若干意见》。同时，为了激励科技创新，国家对科技奖励制度也进行了重大改革。新的奖励制度突出强调自主创新对国家发展的意义，可以在推动科技创新方面更好地发挥科技奖励的杠杆作用。2001 年，国家计划委员会和科技部联合提出科技发展指导方针，那就是"有所为、有所不为，总体跟进、重点突破，发展高科技、实现产业化，提高科技持续创新能力、实现技术跨越式发展（简称'创新、产业化'）"，并在两个层面进行战略部署：一是"促进产业技术升级"，二是"提高科技持续创新能力"。同时，我国调整了科技工作的思路，主要涉及：一是整体上调整了科技创新的发展指导思想，强调自主创新；二是调整了之前的科技创新管理体制和工作方针；三是强调科技创新的集成模式，促进在集成基础上的科技产业的发展；四是调整科技创新主体，从原来只注重科研机构，转向组织和带动全社会范围内的创新力量。同时，国家还提出和实施了"人才、专利、技术标准"三大战略，以便应对加入 WTO 以后的新形势。

党的十六大以来，创新型国家建设已成为科技发展的主旋律，科技创新已成为国家发展的主导引擎。国家中长期科技发展规划出台，16 个重大科技专项陆续启动，自主创新上升到前所未有的高度，并在各地得到贯彻落实。这表明国家明确了企业自主创新能力建设在国家创新体系中的核心位置，自主创新能力也是国家利益的根本体现，对于协调优化区域创新环境，推进区域创新体

① 科教兴国战略的主要内容是："全面落实科学技术是第一生产力的思想，坚持教育为本，把科技与教育摆在经济、社会发展的重要位置，增强国家的科技实力以及向现实生产力转化的能力，提高全民族的科技文化素质，把经济建设转移到依靠科技进步和提高劳动者素质的轨道上来。"

系建设具有巨大的推动作用。这也必将极大地调动企业自主创新的积极性，引导企业大幅度增加创新投入、提高创新管理水平，加快科技成果商业化和社会化的步伐。国家科技部于 2002 年 1 月发布了《关于进一步支持国家高新技术产业开发区发展的决定》。2003 年 12 月国务院令第 396 号是重新发布修订后的《国家科学技术奖励条例》。经过多年的实践和调整，中国已经初步形成了具有中国特色的科技奖励体系，它以国家奖励为主体，目的明确，多层次、多渠道、范围广泛①。2005 年 12 月 31 日，国务院下发的《国家中长期科学和技术规划发展纲要（2006—2020）》，对"发展目标和总体部署""重点领域及优先主题""重大专项""前沿技术""基础研究""科技体制改革与国家创新体制建设"等内容进行了明确规范。

在知识经济的构建方面，我国科技体制以"创新、产业化"为指导方针，以科研机构、高校科研单位的管理和运行为改革重点，加速促进科技成果产业化，一定程度上调动了科技人员的积极性，推进了科技成果转化。1999 年 9 月，"神威I"研制成功，这是我国自行研制的高性能计算机。在这之前，只有美、日两国具备独立研制高性能计算机的能力，"神威I"的问世，使我国成为世界上第三个具备独立研制高性能计算机能力的国家。2002 年，"龙芯二号"研制成功，这是我国第一款具有完全自主知识产权的计算机中央处理器芯片，它的成功问世使我国长期不能独立研发计算机中央处理器芯片的尴尬成为往事。2006 年，我国政府正式对外宣布，中国自主研发的第三代战斗机歼-10 研制成功。随后的五年（2003 年 10 月至 2008 年 9 月），捷报频传，我国又在航天领域取得了一系列重大成果："神舟五号""神舟六号""神舟七号"相继发射成功。

可以看出，在这个阶段，随着中国经济体制改革的推进和市场经济的发展，微观经济主体特别是企业在市场中越发活跃，应用科技的生产能力远远高于计划经济时期的生产能力，国内生产总值和财政收入都不断增长，一些企业已经逐渐显示出其在实现科技价值方面和在市场竞争中，比科研机构存在更多的优势。部分企业也实施参与竞争、自负盈亏的自主经营，以及建立与科研机构的合作机制，一定程度上解决了原有科研体制下"两张皮"的问题。由此，这一阶段的改革不仅解决了计划经济下政府的干预手段与科技进步、经济发展脱节的问题，国家创新系统得到初步建立，也对经济长远发展产生了持续和正面的影响，带来了良好的经济效益。

---

① 曲安京. 中国近现代科技奖励制度 [M]. 济南：山东教育出版社，2005：18.

5.5 创新系统的发展阶段：建设创新型国家阶段（2006—2012 年）

随着经济不断发展，我国在资源、环境、国家科技发展等方面出现了很多问题。在 2006 年 1 月召开的全国科学技术大会上正式提出了"以增强自主创新能力为主线，建设创新型国家为目标"的要求，并作为新时期的创新战略。这标志着中国创新政策进入了一个新的阶段。这是我国时隔 10 年以后再一次召开全国科学技术大会，并且提出了"以增强自主创新能力为主线，建设创新型国家为目标"的新时期创新战略。

从政府的角度来看：第一，虽然改革开放之后，为消除或减轻"优先发展重工业"的工业化路线①所带来的各种负面作用，我们做出了很多的努力，也进行了大量工作，但我们为了维持高增长一直是通过高投入、高消耗的方式，尤其是资源、能源、环境等承受了巨大的压力，几乎已经到了崩溃的边缘，因此始终没有摆脱掉作用于传统经济增长方式的惯性制度安排。第二，这是对"以市场换技术"的政策进行调整。"以市场换技术"的结果并没有使国内企业获得先进技术或者增强创新能力，反而使外国公司垄断了中国的许多重要市场，使国家的经济、技术安全受到严重的威胁。第三，中国在进入 21 世纪以来，从国际创新竞争浪潮和新的创新理论中得到了启发。在这次全国科学技术大会上，国家就创新体系的建设进行了深刻的探讨：一是大力支持和促进企业成为科技创新的主体；二是建立和健全现代科研院所制度，深入推进科研院所改革；三是全面推进科技管理体制改革和创新，建立有中国特色的国家创新体系。同时，这次大会对我国未来 15 年科学和技术的发展做出了全面规划和部署，这标志着我国科技体制改革正在向系统和全面改革方向发展，为实现全面创新发展奠定了重要的制度基础。紧接着，科技部会同国家发展和改革委员会研究制定的《国家"十一五"科学技术发展规划》于 2006 年 10 月正式发布。该规划在发展思路上，提出"把自主创新作为主线"，力争实现五个方面的重大突破，即突破约束经济社会发展的重大技术瓶颈，突破制约我国科技

---

① 我国第一个五年发展计划（1953—1957 年）全面接受了苏联"全面发展重工业"的工业化路线，作为经济建设的指导方针。当时人们根据斯大林 1933 年《第一个五年计划的总结》中的说法，认为建立起完整的工业化体系，使工业化总产值占工农业总产值比重达到 70% 以上，重工业占工业产值比重达到 60% 以上，就是我国工业化要实现的基本任务。

持续创新能力的薄弱环节，突破限制自主创新的体制、机制性障碍，突破阻碍自主创新的政策束缚，突破不利于自主创新的社会文化环境制约。2007年10月，党的十七大进一步提出了"加快转变经济发展方式"的要求和目标。这就要求经济增长由原来的主要依靠增加物质资源消耗的方式，转向依靠科技、管理与劳动者素质的方式。转变经济发展方式，要做好以下三方面的工作：第一，除了要把经济增长的方式由粗放型转向集约型之外，还要把单纯注重数量的扩张转向在保证数量扩张的前提下提高质量；第二，在保证提高经济效益的前提下，要更加注重经济结构的调整与优化；第三，既要重视保证经济的发展，同时要保持人与自然、社会、环境的和谐发展，走可持续发展的道路。国家发展战略的核心和提高综合国力的关键就是要提高自主创新的能力，努力把我国建设成创新型国家。科技要为经济社会的全面协调可持续发展提供更有力的支撑。

2007年12月29日，第十届全国人民代表大会常务委员会第三十一次会议审议通过了1993年制定的《中华人民共和国科学技术进步法》（以下简称《科技进步法》）的修正案，新《科技进步法》首次以人大立法的形式明确了我国建设创新型国家的战略目标及其法律措施。新《科技进步法》的指导思想主要是："国家坚持科学发展观，实施科教兴国战略，实行自主创新、重点跨越、支撑发展、引领未来的科技工作指导方针，构建国家创新体系，建设创新型国家。"这一法条使科技进步法的指导思想得到了进一步的确立，再加上在此阶段知识产权制度促进经济社会全面发展的作用得到了进一步的重视，2008年，《国家知识产权战略纲要》被国务院签发。同时，国家为了大力支持企业提高自主创新的能力，促进小规模企业技术进步和发展，增强创新主体建设，加快产学研技术创新体系建设步伐，增强产业核心竞争力，发挥其在建设创新型国家中的重要作用，在2009年发布了《关于进一步促进中小企业发展的若干意见》和《国家技术创新工程总体实施方案》，2011年发布了《关于进一步促进科技型中小企业创新发展的若干意见》。为了全面而充分地发挥科技进步和创新对于加快转变经济发展模式的重要支撑作用，按照国务院的部署，科技部会同国家发改委等有关单位，研究制定并于2011年7月提出"十二五"科技发展的总体目标①。2011年7月，科技部等部门在印发的《国家中长期科技人才发展规划（2010—2020年）》中强调：必须要大力推进科技人才队伍

---

① "十二五"科技发展的总体目标：建成功能明确、结构合理、良性互动、运行高效的国家创新体系，国家综合创新能力世界排名由目前的第21位上升至前18位，科技进步贡献率力争达到55%，创新型国家建设取得实质性进展。

的建设，尤其是要加强创新型高层次人才队伍的建设，以此来带动各类科技人才队伍的全面发展，这对于加快建设人才强国、科技进步和创新型国家等都具有重大意义。2012年党的十八大召开，党的十八大报告中强调，科技创新对一个国家非常重要，"必须摆在国家发展全局的核心位置"，具有全局"战略支撑"作用。为此，国务院在2012—2013年，先后颁布了《关于深化科技体制改革加快国家创新体系建设的意见》《关于强化企业技术创新主体地位全面提升企业创新能力的意见》，这两份文件是我国着力建设创新型国家的步伐进入了一个新的历史节点的标志。新的阶段我国科技体制改革的重点在于，以企业为主要创新主体，推动企业和其他创新主体协同创新，促进科技产业发展，加快创新成果的产业化发展，提高科技产业的核心竞争力，加强经济社会发展与创新的密切联系，加快建设有中国特色的国家创新体系等。

由此可以看出，在这个阶段"以建设创新型国家为目标"的创新战略以及"转变经济发展方式"提升着科技创新对我国经济社会发展的引领作用。在此期间，我国攻克了大量复杂的技术难题，有力支撑了三峡工程、青藏铁路等重大工程建设。我国太阳能制造能力和太阳能利用面积达到世界第一名，对于缓解我国能源紧缺问题具有不可忽视的作用。科技部在"十一五"支持设立的"水体污染控制与治理"科技重大专项，为我国水环境质量的改善提供了重要的科技支撑。农业科技创新以及粮食丰产等重大农业科技工程的实施，大大地提高了我国粮食单产水平，为保障我国的粮食安全发挥了重大作用。我国用占全球耕地面积9%的土地养活了占世界人口总数22%的人口，这是举世公认的了不起的成就。我国科学技术的创新发展，为我国高效应对SARS（非典型肺炎）、禽流感、甲型H1N1流感等突发公共卫生事件和"5·12"汶川特大地震等重大自然灾害提供了有力的科技支撑。科技为北京奥运会成功举办提供了强有力的支撑，一批新能源、节能减排以及智能交通的新技术、新设施在奥运场区、场馆投入运营，使"科技奥运"的理念充分体现出来。

中国把建设创新型国家作为新的政策目标后，科技人才的培养、科技研发的支出、发明专利的申请数量等，其数量的绝对值都有了较大幅度增长。但我们离创新型国家还有很长一段距离，尤其体现在科技人员的效率、产品研发的投入效率、高技术对外的依存度、科技论文的质量、专利的世界竞争力和有效性等方面。换句话说就是，科技投入的效率依然不够高，没有得到明显的改善，仍然存在高量低质的趋势。与此同时，没有完全理顺政府与市场和各个共同体之间的关系，政府过多干预，科技经费使用和管理行为不规范，治理体系不健全等问题依然存在，经济发展对资源和环境的依赖程度还很高。

5.6 创新系统的完善阶段：实施创新驱动发展战略阶段（2012年至今）

2012年，党的十八大确立了创新驱动发展战略，提出："深化科技体制改革，促进科技、经济的紧密结合。"习近平总书记专门主持和召开了中央财经领导集体第七次会议和中央政治局第九次会议，指出了当时和之后中国实施创新驱动发展战略的方向。随后，党中央于2013年10月对科技体制改革进行了明确部署，《中共中央关于全面深化改革若干重大问题的决定》中提出，"建立健全鼓励原始创新、集成创新、引进消化吸收再创新的体制机制，建立产学研协同创新机制，推进应用型技术研发机构市场化、企业化改革，建设国家创新体系"。2013年11月召开的中共十八届三中全会，重点阐释了深化科技体制改革的有关问题，使我国在新时期深化科技体制改革的目标得到了进一步的明确，这个目标就是"摒除深层次的体制机制障碍，提高自主创新能力，以创新驱动经济和社会发展，完善国家创新体系，建设创新型国家"。

2013年，我国在科研开发上投入的资金占国内生产总值的比重超过了2%。尤其是在超级杂交稻、超级计算机、智能机器人等一大批关键技术方面取得了重大的突破。中国的制造业规模跃居全球第一，中国成为"世界工厂"；高新技术制造业得到迅猛发展，成为国民经济中的先导性、支柱性产业；一批战略性的新兴产业发展迅速，如高端装备的制造、新一代信息技术、清洁能源的开发利用、节能环保设备、生物医药技术等。第三产业中的服务业增长迅速，其增加值在国内生产总值中的比重增加了2.7个百分点，是吸纳就业人员最多的产业。与此同时，我国在国内发明专利申请量方面飞速增长，占世界总量的近40%，达到了82.5万件，连续三年居世界第一；国内发明专利授权量跃居世界第二位（日本排第一位），达到了14.4万件。由此可见，我国在战略性新兴产业的创新能力以及科技水平等方面提升显著。我国科技水平与发达国家的差距逐渐缩小，部分领域达到世界先进水平，如新能源、信息通信技术、高铁技术、生物燃料、电动汽车、基因技术、关键材料与电子商务等产业接近或处于世界创新前沿。同时，战略性新兴产业的科学技术研发基础能力也在稳步增强①。

2015 年，无论是《关于深化体制机制改革，加快实施"创新驱动发展战略"的若干意见》，致力于营造公平竞争环境、加强对创新的金融支持、建立完善的市场机制、促进科技成果转化，还是《关于大力推进大众创业万众创新若干政策措施的意见》，通过资金链引导创新链，都推动了"大众创业、万众创新"的蓬勃发展。为了进一步深化改革，同年 10 月，党的十八届五中全会，创造性地提出了"创新、协调、绿色、开放、共享"五大发展理念，以及"必须把创新摆在国家发展全局的核心位置……让创新贯穿党和国家一切工作，让创新在全社会蔚然成风"。对于如何激发科研人员的创新创业的积极性，党中央、国务院于 2016 年 11 月又印发了《关于实行以增加知识价值为导向分配政策的若干意见》。从 2013 年党的十八届三中全会到 2016 年的《创新战略纲要》，不仅明确了科技体制改革，而且对包括推进宏观科技调控管理，创新创业人才吸引与培养，产学研合作及成果转化，科技资源配置及创新评价考核，创新活动激励及风险分散等方面在内的创新科技体制机制改革的具体方向进行了顶层设计。党的十九大之后，创新成为引领发展的第一动力，是建设现代化经济体系的重要因素。

经过多年的努力，我国科技水平已由量变进入质变阶段，总体进入"跟踪、并行、领先"兼有的新阶段，我国成为具有重要影响的科技大国。具体体现在以下五个方面：①我国全社会 R&D 支出在 2016 年占 GDP 比重为 2.08%，达到 15 500 亿元，其中企业占比 78% 以上；科技进步贡献率增长到 56.2%，全国的技术合同成交额达到了 11 407 亿元，研发人员总量居世界第一位。②一大批具有战略意义的高新技术取得了重大突破，最典型的代表就是"神舟十一号"载人飞船与"天宫二号"空间实验室的自动对接成功。另外还有，大推力的新一代运载火箭长征五号的成功研制，我国第一颗全球二氧化碳监测科学实验卫星的升空运行，第一颗量子科学实验卫星"墨子号"的发射成功，"悟空号"暗物质探测卫星的发射成功，目前世界上最大的单口径 500 米球面射电望远镜在我国贵州的建成并启用，居世界之冠的采用自主研发芯片的"神威·太湖之光"超算系统的研制成功等。③我国在基础研究前沿正在加速赶超世界，在有些领域甚至已经领先世界。近些年我国有关科学技术的相关研究文章和成果在国际上排名第二位，科技研发实力大幅提升，我国在四夸

① 如以中芯国际为龙头的一批集成电路企业的健康发展，使我国的集成电路产业增速高于全球的集成电路产业增速。此外，我国在克隆技术和品种改良等方面同样成果显著。在新能源领域，我国的生物质能发电量约占全球生物质能发电量的 4%。

克物质探测、中微子振荡、量子反常霍尔效应、量子通信方面取得了一批世界级成果。2015 年，我国科学家屠呦呦获得诺贝尔生理学或医学奖，实现了我国诺贝尔科学奖零的突破。④在 2016 年《自然》杂志公布的全球研究机构排行榜上，中国科学院排名第一；在国家和地区排名上，我国仅次于美国，排名第二。《自然》杂志的母公司自然出版集团于 2015 年发布了《转型中的中国科研》白皮书。白皮书称，与全球第二大经济体地位相称的是，中国现在的研发投入和科研产出均居于世界第二位。中国在 2016 年的研发投入达 15 500万亿元，仅次于美国。中国科学引文索引论文数量在 2014 年达到 24.5 万篇，也位居世界第二。此外，中国还是自然指数的全球第二大贡献国。⑤与科技发展同步的是高科技产业，以 2016 年为例：我国已成为全球最大的 LED（发光二极管）生产基地；我国的新能源汽车的销量也飞速增长，同比增长 60% 以上，达到了 50 万辆；2016 年超过 350 多种专用数控系统及相关设备被成功研制，22.3 万台（套）得到推广和应用；不断增强全社会的创新创业活力，我国有数量超过 4 200 家的众创空间，通过匹配科技企业孵化器、加速器形成了创业孵化产业链条，培育了近 1 000 家上市挂牌企业，超过 40 万家创业企业和团队得到了全方位的服务，为 180 万人提供了就业岗位。各级政府和科技管理组织和高新区创建的高新科技投资公司（基金）已超过 550 家，总规模达到 2 300 亿元。

几十年来，在关于科技体制改革的一系列方针政策的指引下，我国科技体制改革取得了突破性进展，市场配置科技资源的基础性作用也得到了巩固和加强，尤其在体系结构、运行机制、科技管理和创新主体的能力与活力等方面都有了明显的变化和完善。与此同时，我国科研机构改革也初见成效，科研与生产相脱节的问题得到缓解，科研机构内部平均主义和大锅饭的局面基本被打破。科技组织从过去单一的国家所属科研组织向多元的公共机构与私营机构、大学和科研机构、企业和各种专门化的科技中介服务等机构转化，多元化创新主体的格局已经初步形成。现阶段，虽然我国对社会主义市场经济体制建设和创新科技体制机制改革的具体方向进行了顶层设计，但我国在具体的科技体制制定和实施方面仍然存在很多问题。

当前我国的科技创新资源有很大部分来源于非企业组织。与此不同的是，发达资本主义国家的科研工作有百分之八十由企业来承担。所以，它们的科技创新开发等大多数都是在企业的经营活动中完成的，与市场紧密接轨。我国独立的科研机构和大学是承担科技创新任务的主力，它们也占有了国家主要的科研资源和政府资源，而这些科研机构和高校长期远离市场，造成我国企业没有真正成为活跃的市场创新主体。同时，科技创新中存在纯科研型成果比重高、商业应用型成果比重低的倾向。这主要还是由于我国科技体制仍然存在一定的缺陷。首先，我国科技体制还不完全符合市场经济的客观要求，市场机制的决定性作用还没有在科技创新主体的发展和科技资源配置过程中完全实现，部分创新主体受政府制度安排影响较为深刻，自主创新能力不强，科技成果转化程度低，不能有效对接市场需求，还无法良好地适应科技创新发展。其次，当前科技创新的政府决策和干预机制不适应发展需要。我国科技经济决策机制仍存在诸多不足，如宏观调控能力偏弱、区域间协调能力较差、科技发展过程中环境问题严重、科技体制官僚化等。

6 中国创新系统对经济高质量发展影响的绩效研究

前文就创新系统与经济高质量发展的契合度、创新系统对经济高质量发展的影响机制进行了分析，也对创新系统的三要素——创新主体、创新方式和创新能力进行了解读，同时，也以"长时段的历史观"对中国经济高质量发展与创新系统的历史与现实进行了事实描述。在前文研究的基础上，本章试图就中国创新系统对经济高质量发展的影响进行实证研究，分析中国创新系统对经济高质量发展的作用效力，以及验证和分析当前创新系统运行中可能存在的问题。由于数据的获取存在一定的限制，结合前文的研究，本章试图整合创新系统作用的基本元素，从反映功能较好、影响作用较为明显的、可量化的、最基础的指标出发，构建综合指标。同时，由于选取的各类指标间存在内生性关系，因此，本书试图运用 VAR 模型就中国创新系统对经济高质量发展的影响的整体效果进行验证。

6.1　数据来源和指标处理

6.1.1　数据选取来源

在构建衡量创新系统和经济发展质量的指标时，本书首先参考已有文献①②③④⑤并结合前文分析，同时考虑到数据的可得性和指标的反映功能，把衡量创新系统的指标分为科技创新指数和制度创新指数，如表6-1和表6-2所示；而衡量经济高质量发展的指标为经济高质量发展指数，如表6-3所示。首先，本书在构建科技创新指数时，建立了科技创新基础、科技创新投入和科技创新产出3个一级指标，其中，科技创新基础和科技创新投入都对各类主体的科技创造和科技流动有着至关重要的作用，而科技创新产出指标也对科技产业化发展有较好的衡量和描述。在3个一级指标的基础上，本书还构建了6个二级指标和18个三级指标。其次，如表6-2所示，本书从政府制度质量、政府制度灵活性和市场发育程度三个层面衡量了制度创新指数，建立了3个二级指标和7个三级指标。最后，经济高质量发展指数分别可以从经济增长的创新引领程度、高新产业发展程度、收入分配公平程度、城乡发展均衡程度、绿色发展程度以及对外开放程度6个方面来衡量，同时，在此基础上，本书还建立了6个三级指标。

本书采用的原始数据来源于《中国统计年鉴》和《中国科技统计年鉴》，对名义值也进行了实际值的转换。其中需要说明的是，制度创新指数中政策环境的数据衡量标准来源于彭纪生等的文献⑥。本书选取对制度创新影响最为重要的三个指标，参考同样的方法对1994—2016年的政策环境进行了赋值，一

①　靳思昌.河南创新驱动转型发展评价指标体系研究［J］.国际商务财会，2016（2）：89-92.
②　上海财经大学课题组.上海"创新驱动，转型发展"评价指标体系研究［J］.科学发展，2014（66）：5-16.
③　吴海建.创新驱动发展评价指标体系设计及实证研究［J］.中国统计，2015（2）：53-54.
④　吴优.创新驱动发展评价指标体系构建［J］.开放导报，2014（4）：88-92.
⑤　李燕萍，毛雁滨，史瑶.创新驱动发展评价研究：以长江经济带中游地区为例［J］.科技进步与对策，2016，33（22）：103-108.
⑥　彭纪生，孙文祥，仲为国.中国技术创新政策演变与绩效实证研究（1978—2006）［J］.科研管理，2008（4）：134-150.

方面，赋值的绝对值体现出制度创新的质量，另一方面，赋值差额的大小的绝对值体现的是制度的变迁和灵活性特征。

表 6-1 科技创新能力指标体系汇总

综合指标	方面指标	分项指标	基础指标	计量单位	指标属性
科技创新指数	科技创新基础	教育	高等教育招生数	万人	正
			普通高等学校专任教师数	万人	正
			教育经费	万元	正
			教育经费占财政支出比重	%	正
		公共设施	公共图书馆业机构数	个	正
			公路里程	万千米	正
			移动电话交换机容量	万户	正
	科技创新投入	经费	研究与试验发展经费支出占 GDP 的比重	%	正
			研究与试验发展经费支出	亿元	正
			财政科技投入	亿元	正
			科技经费支出占财政支出比重	%	正
			大中型工业企业研究与试验发展经费支出	万元	正
		人才	研究与试验发展人员全时当量	万人/年	正
	科技创新产出	知识产权	专利授权量	项	正
			发明专利授权量	项	正
			发明专利授权量占专利授权量比重	%	正
		创新产品	大中型工业企业新产品销售收入	万元	正
			大中型工业企业新产品项目数	项	正

表 6-2　制度创新能力指标体系汇总

综合指标	分项指标	基础指标	计量单位	指标属性
制度创新指数	政府制度质量	知识产权保护累计赋值		正
		对创新的支持政策		正
		对人才的支持政策		正
	政府制度灵活性	知识产权保护累计赋值差额绝对值		正
		对创新的支持政策差额绝对值		正
		对人才的支持政策差额绝对值		正
	市场发育程度	技术市场成交额	亿元	正

表 6-3　经济高质量发展衡量指标体系汇总

综合指标	分项指标	基础指标	计量单位	指标属性
经济高质量发展指数	创新引领程度	全要素生产率增长率	%	正
	高新产业发展程度	高技术产业产品销售收入	亿元	正
	收入分配公平程度	劳动者报酬占国民收入比重	%	逆
	城乡发展均衡程度	城乡居民收入差距	元	逆
	绿色发展程度	万元 GDP 能耗	吨标准煤	逆
	对外开放程度	高技术产品进出口贸易总额	亿元	正

6.1.2　数据处理方法

由于科技创新指数、制度创新指数和经济高质量发展指数都为综合指标，单一的基础指标和数据并不能全面反映所需要描述的实际情况，因此对这类指标需要进行综合评价，在这里本书运用的是由霍特林于 1993 年首次提出的主成分分析法。主成分分析法是通过投影的方式实现指标的维度下降，把多个基础数据转化为几个综合评价指标的同时不减少原有数据的信息。主成分分析的基本步骤和思路如下：

（1）假设在模型的建立中涉及 P 个基础指标，记作 $X_1, X_2, \cdots, X_p$，由这 P 个基础指标形成的向量为 $X = (X_1, X_2, \cdots, X_p)$，同时令 X 协方差矩阵为 $\sum$，均值向量为 μ。

（2）设 $Y = (Y_1, Y_2, \cdots, Y_p)$，是对 X 进行线性变换得到的合成随机向量，即

$$\begin{bmatrix} Y_1 \\ Y_2 \\ \vdots \\ Y_p \end{bmatrix} = \begin{bmatrix} \alpha_{11} & \alpha_{12} & \cdots & \alpha_{1p} \\ \alpha_{21} & \alpha_{22} & \cdots & \alpha_{2p} \\ \vdots & \vdots & \ddots & \vdots \\ \alpha_{p1} & \alpha_{p2} & \cdots & \alpha_{pp} \end{bmatrix} \begin{bmatrix} X_1 \\ X_2 \\ \vdots \\ X_p \end{bmatrix}$$

设 $\alpha_i = (\alpha_{i1}, \alpha_{i2}, \cdots, \alpha_{ip})'$，$A = (\alpha_1, \alpha_2, \cdots, \alpha_p)'$，则有 $Y = AX$，$i = (1, 2, \cdots, p)$，且 $\mathrm{var}(Y_i) = \alpha_i' \sum \alpha_i$，$\mathrm{cov}(Y_i, Y_j) = \alpha_i' \sum \alpha_i$，$i, j = 1, 2, \cdots, p$。满足如上条件的合成变量 $Y_1, Y_2, \cdots, Y_p$，就是原始数据的第一主成分、第二主成分直至第 p 主成分，同时，各主成分的方差占总方差的比例依次递减。

（3）由于 $Y_1, Y_2, \cdots, Y_p$ 为原始数据的 p 个主成分，因此，求解各主成分的问题可以转变为对 $X_1, X_2, \cdots, X_p$ 的协方差矩阵特征值与特征向量进行求解。

另外，由于选取的基础指标的属性不同，在分析之前需要进行处理。第一，对各逆指标取倒数。如果对不同属性的指标进行相加，就不能准确地反映各类指标的综合作用，因此，要对逆指标采取倒数形式使其与正指标作用力趋同化。第二，采用均值化方法对基础指标进行无量纲化处理。因为各基础数据具有不同的量级和量纲，如果直接采用原始数据而不进行处理，就会导致主成分过度依靠具有较大数量级和方差的数据，因此本书试图采用均值化的方法对原始数据进行处理。第三，依据第一主成分来计算各基础指标的权重。利用主成分分析法可以对各个指标赋予适当的权重，最终目的是集合所有指标的综合信息，其中第一主成分的综合信息能力是最强的，并可以综合大部分数据信息。又因为本书存在三级指标，为了避免进行多重主成分分析而降低计算的准确度，我们选取第一主成分来确定权重，最后将得到的第一主成分系数除以相应的特征根，开根后所得到的单位特征向量便是基础指标的权重，最终形成各指标的综合指数。

6.1.3　科技创新指数、制度创新指数与经济高质量发展指数的合成

本书采用 SPSS21.0 软件进行主成分分析。在对三组数据进行主成分分析后，KMO 和 Bartlett 检验都通过，表明三组数据都适合做因子分析。由表 6-4 可见，对科技创新指数的三个方面进行主成分分析后，第一主成分方差贡献率

为 81.122%，基本可以涵盖原数据存在的信息；对制度创新指数进行主成分分析后，也发现存在两个主成分，第一主成分方差贡献率为 76.543%，第二主成分方差贡献率仅为 2.909%；对经济高质量发展指数进行主成分分析，发现存在两个主成分，第一个主成分方差贡献率为 70.832%。可以发现，三个综合指数的第一主成分的方差贡献率均可达到 65% 以上，所以本书选取第一主成分来确定基础指标的权重是基本合理的。

表 6-4　各指标的统计信息汇总

一级指标	成分	特征根	方差贡献率	累计方差贡献率
科技创新指数	1	14.602	81.122%	81.122%
	2	2.062	11.454%	92.576%
制度创新指数	1	4.517	76.543%	76.543%
	2	1.044	2.909%	79.452%
经济高质量发展指数	1	4.250	70.832%	70.832%
	2	1.179	19.649%	90.481%

各三级基础指标的系数与权重如表 6-5 所示。从表 6-5 可知，科技创新指数的三个方面的基础指标权重较为平均，说明无论是科技创新基础、科技创新投入还是科技创新产出在科技创新中都占有较重要的位置。再从制度创新指数来说，政府制度质量和市场发育程度占制度创新指数的权重较大，而政府制度灵活性所占权重较小，这可能与选取数据时限较短有关，制度灵活性的作用还不能得到有效体现。同时，正如前文对经济高质量发展做出的定义，根据定义所选取的六个基础指标——全要素生产率增长率、高技术产业产品销售收入、劳动者报酬占国民收入比重、城乡居民收入差距、万元 GDP 能耗、高技术产品进出口贸易总额在经济高质量发展指数中都较为重要，所占权重也较为平均。其中，高技术产业产品销售收入的权重比其余几个基础指标略低，主要是因为现阶段高技术产业发展对我国经济的带动作用还不是非常显著，我国经济处于转型过程中，科技产业的引领作用还在逐步加强；此外，还可以看出，由于城乡居民收入差距是一个逆指标，其基础指标权重是 -0.46，可以看出城乡收入居民差距的减小会使经济发展质量降低，这可能是由于现阶段促进城乡平衡发展的效率还相对较低，在促进城乡平衡发展过程中会牺牲一部分经济增

长的效率，这与钞小静和任保平①的研究一致；经过正向化处理的逆向指标——万元 GDP 能耗在经济发展质量指数中的权重为负，说明我国现阶段经济高质量发展对自然环境保护的要求越来越高，说明能耗越低排放水平越低，自然环境越可以得到保护，越可以使经济高质量发展；劳动者报酬占国民收入比重在经济发展质量中的权重是-0.45，收入分配的公平程度会一定程度降低经济增长的质量，这说明现阶段经济高质量发展可能更多还是需要依靠更有效率的收入分配方式，盲目地平衡劳动者报酬并不会使经济增长的质量得到提高，而更重要的是依靠劳动者的劳动效率来进行收入分配。

表 6-5　各指标的系数与权重

综合指标	方面/分项指标	基础指标	第一主成分系数	基础指标权重
科技创新指数	科技创新基础	高等教育招生数	0.827	0.22
		普通高等学校专任教师数	0.977	0.26
		教育经费	0.986	0.26
		教育经费占财政支出比重	-0.330	-0.09
		公共图书馆业机构数	0.984	0.26
		公路里程	0.961	0.25
		移动电话交换机容量	0.992	0.26
	科技创新投入	研究与试验发展经费支出占 GDP 的比重	0.981	0.26
		研究与试验发展经费支出	0.989	0.26
		财政科技投入	0.992	0.26
		科技经费支出占财政支出比重	0.154	0.04
		大中型工业企业研究与试验发展经费支出	0.991	0.26
		研究与试验发展人员全时当量	0.987	0.26
	科技创新产出	专利授权量	0.962	0.25
		发明专利授权量	0.949	0.25
		发明专利授权量占专利授权量比重	0.615	0.16
		大中型工业企业新产品销售收入	0.995	0.26
		大中型工业企业新产品项目数	0.995	0.26

---

① 钞小静，任保平. 中国经济增长的时序变化与地区差异分析 [J]. 经济研究，2011（4）：26-40.

表6-5(续)

综合指标	方面/分项指标	基础指标	第一主成分系数	基础指标权重
制度创新指数	政府制度质量	知识产权保护累计赋值	0.881	0.92
		对创新的支持政策	0.923	0.94
		对人才的支持政策	0.979	0.98
	政府制度灵活性	知识产权保护累计赋值差额绝对值	0.504	0.09
		对创新的支持政策差额绝对值	0.499	0.19
		对人才的支持政策差额绝对值	0.935	0.17
	市场发育程度	技术市场成交额	0.841	0.51
经济高质量发展指数	创新引领程度	全要素生产率增长率	0.877	0.43
	高新产业发展程度	高技术产业产品销售收入	−0.928	0.15
	收入分配公平程度	劳动者报酬占国民收入比重	0.319	−0.45
	城乡发展均衡程度	城乡居民收入差距	0.888	−0.46
	绿色发展程度	万元GDP能耗	−0.901	0.44
	对外开放程度	高技术产品进出口贸易总额	−0.958	0.43

6.2 指标的平稳性检验

为了避免非平稳数据导致虚假回归现象的产生，在进行 VAR 模型分析之前，本书首先对前文形成的各个综合指标进行平稳性检验。单位根检验方法是最常见的平稳性检验方法，其中以 ADF 使用最为广泛。因此本书也采用 ADF 对各指标进行平稳性检验。令科技创新指数为 STIA，制度创新指数为 STIM，经济高质量发展指数为 EGQ，经检验原始指标均不平稳，经过一阶差分后，两个指标序列分别在 1% 和 5% 的显著水平下平稳，两个指标都为 $I(1)$。各方面指标的系数与权重见表 6-6。

表6-6 各方面指标的系数与权重

指标	ADF统计值	临界值(1%)	临界值(5%)	临界值(10%)	检验形式	结果
STIA	2.825 961	−3.769 597	−3.004 861	−2.642 242	(c,t,0)	非平稳
STIM	1.377 459	−3.769 597	−3.004 861	−2.642 242	(c,t,0)	非平稳

表6-6(续)

指标	ADF 统计值	临界值 (1%)	临界值 (5%)	临界值 (10%)	检验形式	结果
EGQ	−2.546 015	−3.769 597	−3.004 861	−2.642 242	(c,t,0)	非平稳
D(STIA)	−3.086 823	−3.831 511	−3.029 970	−2.655 194	(c,t,0)	平稳
D(STIM)	−5.359 755	−3.788 030	−3.012 363	−2.646 119	(c,t,0)	平稳
D(EGQ)	−4.555 683	−3.831 511	−3.029 970	−2.655 194	(c,t,0)	平稳

6.3 指标的协整检验

本章主要运用 Eviews8.0 软件对向量自回归（VAR）模型进行实证研究。根据表 6-6 可以看出，两种创新指数和经济高质量发展指数（EGQ）均为同阶单整序列。为了排除"伪回归"的影响，本章将利用 Johansen 方法对指标进行协整检验。

从表 6-7 可以发现，当零假设协整方程个数为 0 和 1 时，Trace 统计量分别为 45.936 88 和 45.936 88，均大于 5% 显著水平临界值，这表明通过了协整检验。在个数为 2 时，Trace 统计量为 1.757 285，小于 5% 显著水平临界值 3.841 466，这表明，在 5% 显著水平下，上述各指标之间存在至少 2 个长期均衡的协整关系。

表 6-7 Johansen 的协整检验结果

零假设协整 方程个数	特征值	Trace 统计量	5% 显著水平临界	P 统计量
0	0.743 583	45.936 88	29.797 07	0.000 3
1	0.571 743	45.936 88	15.494 71	0.015 8
2	0.084 115	1.757 285	3.841 466	0.185 0

6.4 VAR模型的构建

6.4.1 VAR模型的稳定性检验

VAR模型（向量自回归模型）常用于描述由各种经济变量形成的冲击对自身和其他经济变量所产生的影响。它的运用可适度避免在建模时由原有基础理论的内在机理和逻辑关系产生的问题，把所有变量指标都视作内生变量引入方程来研究各变量指标的动态关系。由此，本书选择VAR模型作为变量间关联机制分析的模型构建基础。VAR模型的一般形式为：$Y_t = \sum_{i=1}^{k} A_i Y_{t-1} + \varepsilon_t$，其中$\varepsilon_t$为$k$阶的随机扰动项。

VAR系统的稳定性是建立模型的前提条件，所以，在建立VAR模型之前需要先考察AR根图（见图6-1）。由于不同滞后阶数的选择会对VAR模型的建立产生不同的影响，因此，本书采用LR、AIC和SC信息最小原则确定最大滞后阶数为2。当滞后阶数最大值为2时，从AR根图可以看出，模型特征根多项式所有根的倒数都在圆内，这表明所建立的指标满足VAR模型所需的稳定性条件。

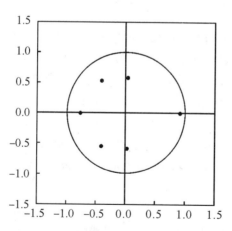

图6-1　VAR系统稳定性检验——AR根图

6.4.2 Granger（格兰杰）因果检验

在对时间序列指标的分析中，变量X_1和变量X_2间的格兰杰因果关系可以表示为：若过去的信息同时涵盖了变量 X_1 和变量 X_2，仅仅依靠单独包括变量 X_2 过去的信息对它自身的预测，不如运用包含变量 X_1 和变量 X_2 两者的过去的信息的预测效果好，也就是说如果变量 X_1 也有助于预测变量 X_2 未来的变化，那么可认为变量 X_1 是变量 X_2 的 Granger 因果原因。由上文可知，滞后阶数选为 2，因此，Granger 因果检验结果由表 6-8 所示，DSTIA 和 DEGQ 互为 Granger 因果原因，DSTIM 和 DEGQ 互为 Granger 因果原因，DSTIM 和 DEGQ 也是互为 Granger 因果原因。

表 6-8　格兰杰因果检验

原假设	观测值	F 统计量	P 统计量
DSTIA 不是 DEGQ 的格兰杰因果原因	20	8. 379 21	0. 030 8
DEGQ 不是 DSTIA 的格兰杰因果原因	20	6. 117 47	0. 009 1
DSTIM 不是 DEGQ 的格兰杰因果原因	20	12. 938 02	0. 023 2
DEGQ 不是 DSTIM 的格兰杰因果原因	20	6. 740 65	0. 043 5
DSTIM 不是 DSTIA 的格兰杰因果原因	20	7. 833 53	0. 004 7
DSTIA 不是 DSTIM 的格兰杰因果原因	20	14. 770 48	0. 020 4

6.4.3　VAR 模型参数估计及结果

鉴于研究的三个指标，科技创新指数（STIA）、制度创新指数（STIM）、经济高质量发展指数（EGQ）都是一阶单整序列，因此，我们可以对其建立 VAR 模型并进行估计。由于本章主要是考察科技创新、制度创新对经济高质量发展单方面的影响程度，因此主要结果如下：

$$DEGQ_t = -0.376\ 732\ 936\ 553 * DEGQ_{t-1} - 0.213\ 676\ 598\ 648 * DEGQ_{t-2} +$$
$$16.081\ 012\ 193\ 7 * DSTIM_{t-1} - 2.090\ 553\ 561\ 97 * DSTIM_{t-2} +$$
$$6.588\ 211\ 319\ 04 * DSTIA_{t-1} - 4.864\ 633\ 873\ 19 * DSTIA_{t-2} -$$
$$3.386\ 307\ 585\ 16$$

可以看出，滞后 1 期或是 2 期的一阶差分经济高质量发展指数都会对当期一阶差分的经济高质量发展指数产生负向影响，也可以看出，不论是滞后一期的经过一阶差分的科技创新指数还是制度创新指数，都会对一阶差分的经济高质量发展指数产生正面影响，当滞后 1 期的科技创新指数的上一期与上两期的差值每增加一单位，就会使经济高质量发展指数当期和上一期的差值增加 6.588 211 319 04 个单位；而当滞后 1 期的制度创新指数的上一期和上两期差值每增加一单位，就会使经济高质量发展指数的当期和上一期的差值增加 16.081 012 193 7 个单位。当一阶差分的科技创新和制度创新指标时期定位为滞后 2 期时，对一阶差分的经济高质量发展的影响为负。

6.4.4 脉冲响应函数的建立

任何一个 VAR 模型都可以表示成为一个无限阶的向量 $MA(\infty)$ 的过程。

$$y_{t+s} = U_{t+s} + \gamma_1 U_{t+s-1} + \gamma_2 U_{t+s-2} + \cdots$$

$$\gamma_s = \frac{\partial\, Y_{t+s}}{\partial\, U_t}$$

γ_s 中第 i 行第 j 列元素表示的是，在其他误差项任何时期都不变的条件下，当第 j 个变量 y_{jt} 对应的误差项 μ_{jt} 在 t 期受到一个单位的冲击后，对第 i 个内生变量 $y_{i,\,t+s}$ 在 $t+s$ 期造成的影响。把 γ_s 中的第 i 行第 j 列元素看作滞后 s 的函数：

$$\gamma_s = \frac{\partial\, Y_{i,\,t+s}}{\partial\, U_{jt}},\ s = 1,\ 2,\ 3,\ \cdots$$

上式称为脉冲响应函数，它描述了当 t 期以及以前各期时保持其他变量不变，$Y_{i,\,t+s}$ 在 $\mu_{j,\,t}$ 受到冲击时的响应过程。图 6-2 中，横轴代表的是时期数，而纵轴代表的是脉冲相应数值，同时，实线代表的是脉冲响应函数，虚线代表的是正负两倍的标准差偏离带（2S. E）。函数可以描述一个变量的冲击因素对另一个因素的动态影响路径。

从图 6-2 第一幅图可以看出，给一阶差分的制度创新一个正的冲击后，在第一期就会对一阶差分的经济高质量发展指数产生正向影响，随后影响慢慢变弱，会达到略低于 0 值的水平。给一阶差分的科技创新一个正的冲击后，从图 6-2 第二幅图中可以看出，对一阶差分的经济高质量发展指数的影响在第二期后会达到最大，后随着 0 值波动并逐步减弱。图 6-2 第五幅图显示，在给一阶差分的制度创新一个正的冲击后，一阶差分的制度创新对一阶差分的科技创新的影响非常明显，在第三期达到顶峰，后逐步减弱。

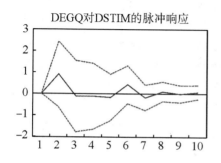
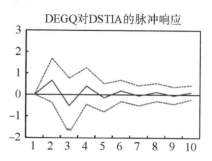

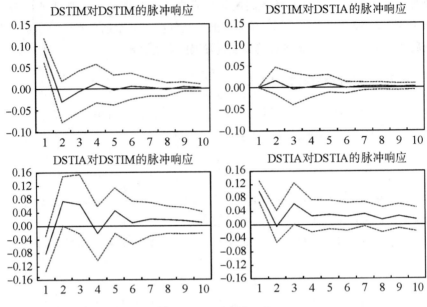

图 6-2　脉冲响应函数

6.4.5　方差分解

本书接下来通过方差分解来分析误差扰动项对各指标变动的贡献程度，各变量间的预测方差分解结果如表6-9、表6-10和表6-11所示。

表 6-9　经济高质量发展指数方差分解

DEGQ 的方差分解：

期数	S. E.	DEGQ	DSTIM	DSTIA
1	2. 906 728	100. 000 0	0. 000 000	0. 000 000
2	3. 321 231	88. 594 86	7. 433 094	3. 972 043
3	3. 404 442	86. 727 34	7. 198 864	6. 073 792
4	3. 432 653	85. 471 38	7. 206 215	7. 322 410
5	3. 440 938	85. 098 14	7. 432 986	7. 468 878
6	3. 474 434	83. 613 74	8. 786 774	7. 599 482
7	3. 479 866	83. 356 33	9. 049 760	7. 593 911
8	3. 487 171	83. 239 79	9. 087 539	7. 672 670
9	3. 487 813	83. 229 04	9. 085 952	7. 685 008
10	3. 490 446	83. 129 67	9. 109 060	7. 761 270

表 6-10　科技创新指数方差分解

DSTIA 的方差分解：

期数	S. E.	DEGQ	DSTIM	DSTIA
1	0. 137 548	10. 460 90	36. 185 04	53. 354 06
2	0. 166 249	18. 389 13	45. 002 30	36. 608 57
3	0. 189 598	14. 362 94	46. 447 96	39. 189 10
4	0. 200 764	20. 770 70	42. 605 30	36. 624 00
5	0. 214 244	23. 849 31	42. 025 91	34. 124 78
6	0. 215 946	23. 558 55	41. 568 03	34. 873 42
7	0. 222 777	25. 303 87	39. 857 44	34. 838 69
8	0. 225 546	26. 036 34	39. 518 47	34. 445 20
9	0. 228 479	26. 206 34	38. 956 67	34. 836 99
10	0. 230 307	26. 727 93	38. 514 52	34. 757 55

表 6-11　制度创新指数方差分解

DSTIM 的方差分解：

期数	S. E.	DSTIA	DSTIM	DEGQ
1	0. 091 409	41. 722 59	58. 277 41	0. 000 000
2	0. 098 066	47. 534 42	52. 465 51	0. 000 066 6
3	0. 103 891	43. 675 49	47. 000 52	9. 323 983
4	0. 105 942	43. 261 46	46. 011 36	10. 727 18
5	0. 106 364	43. 497 46	45. 725 34	10. 777 21
6	0. 107 379	42. 684 83	45. 073 95	12. 241 23
7	0. 107 452	42. 627 47	45. 136 19	12. 236 34
8	0. 107 536	42. 714 29	45. 067 20	12. 218 51
9	0. 107 701	42. 582 91	45. 086 98	12. 330 11
10	0. 107 733	42. 563 81	45. 112 43	12. 323 76

表 6-9 显示，一阶差分的经济高质量发展指数来自自身的影响最终占了 80%左右；而一阶差分的制度创新指数对一阶差分的经济高质量发展指数的贡献度达到 10%左右，而一阶差分的科技创新指数对其的贡献度从第二期逐步增

加到 8% 左右。表 6-10 显示，一阶差分的科技创新受自身的影响从初期的 53% 逐步降低至第十期的 34%，而受一阶差分的制度创新的影响也较为明显，从初期的 36% 开始上升，在第三期到达顶峰，之后又逐步降低。表 6-11 显示，一阶差分的制度创新受自身的影响从初期的 58% 逐步降低至第十期的 45%，而受一阶差分的科技创新的影响程度也较为明显，初期为 41%，在第二期到达顶峰，之后又逐步降低。

6.5 实证结论

通过实证研究，本章得出以下几个结论：

（1）通过 VAR 模型参数结果可以看出，滞后 1 期或是 2 期的一阶差分经济高质量发展指数都会对当期一阶差分的经济高质量发展指数产生负向影响，这主要是因为我国以前的经济增长大多都是高能耗、高投入和高污染的发展模式，因此对原有数据进行分析，会产生这样的结果。从中也可以看出，不论是滞后 1 期的经过一阶差分的科技创新指数还是制度创新指数，都会对一阶差分的经济高质量发展指数产生正面影响，当滞后 1 期的科技创新指数的上一期与上两期的差值每增加一单位，就会使经济高质量发展指数当期和上一期的差值增加 6.588 211 319 04 个单位；而当滞后 1 期的制度创新指数的上一期和上两期差值每增加一单位，就会使经济高质量发展指数的当期和上一期的差值增加 16.081 012 193 7 个单位。这表明，上一期的科技创新和制度创新对经济高质量发展的带动作用十分明显，其中，由于制度创新涵盖了市场机制、制度灵活性和制度质量的作用，说明在这样导向下的制度创新对经济高质量发展的作用是十分明显的。但可以看出，当一阶差分的科技创新指数和制度创新指数定位为滞后 2 期时，对一阶差分的经济高质量发展的影响为负，说明过分陈旧的基础建设、投入和产品，以及灵活性较低、落后的制度不适应当前的经济高质量发展。

（2）从脉冲响应函数可以看出，给一阶差分的制度创新指数一个正的冲击后，在第一期就会对一阶差分的经济高质量发展指数产生正向影响，随后影响慢慢变弱，会达到略低于 0 值的水平。这说明，带来社会进步的制度变革会使经济质量的增长产生正面效应，原有落后的生产关系，在新的制度到来之际得到了革新，为各类经济主体带来了激励，带动经济向上发展。但在经济运行过程中，由于新制度的产生，各类微观主体间的摩擦也会导致一些新问题的产生，在经济上涨到顶峰时所有问题都会显现，带动经济下行，而随着时间的推移，制度的灵活性会使制度在小范围内自行调整，从而减轻和减缓各类问题的出现，最后消除对经济影响的负面效应。总体上来说，我国从1994年以来，关于科技创新的制度变革总体上都是较为及时和有效的，对经济发展质量的直接影响较好。给一阶差分的科技创新指数一个正的冲击后，对一阶差分的经济高质量发展指数的影响在第二期后会达到最大，后随着0值波动并逐步变弱。这可以说明，科技创新水平的提高会给经济增长带来明显的推动作用，但由我国现阶段的情况预测出的结果，可以看出科技创新虽然会在一开始使经济质量有明显提升，但由于科技发展程度的限制，或者相关制度安排不尽完善，随着时间的更迭，科技创新在某些时候也会对经济发展质量产生一些负面影响，例如在环境保护方面或是促进城乡发展协调方面等。在给一阶差分的制度创新一个正的冲击后，一阶差分的制度创新指数对一阶差分的科技创新指数的影响非常明显，在第二期达到顶峰，后逐步变弱。这说明：促进科技创新的主要动力还是制度创新；而之后的下降主要还是由于创新经济主体在制度安排的变化下会产生一次新的磨合过程，这个过程会导致科技创新力度减弱，但在磨合之后，科技创新还是会得到持久的提升，这说明制度创新在科技创新的发展过程中起着非常重要的作用。

（3）通过方差分解可以看出，首先，一阶差分的经济高质量发展指数来自自身的影响最终占了80%左右，一阶差分的制度创新指数对一阶差分的经济高质量发展指数的贡献度达到10%左右，而一阶差分的科技创新指数对其的贡献度从第二期逐步增加到8%左右。这说明经济增长状况还是受自身的影响较大；除此之外，受制度创新和科技创新的影响也较为明显，并逐步增大。其次，一阶差分的科技创新指数受自身的影响从初期的53%逐步降低至第十期的34%，而受一阶差分的制度创新指数的影响也较为明显，从初期的36%开始上升，在第三期到达顶峰，之后又逐步降低。这说明科技创新受制度创新影响较大，这种影响在短期内会达到一个最大值，完善且灵活的制度安排会为科技创新的提升营造好的发展环境，反之亦然。最后，一阶差分的制度创新受自身的影响从初期的58%逐步降低至第十期的45%，而受一阶差分的科技创新的影响程度也较为明显，从初期的41%开始，在第二期到达顶峰，之后又逐步降低。这说明：第一，制度创新受自身影响最为明显，无论是前一期的制度质量还是制度灵活性，都会影响当期的制度质量和灵活性；第二，毋庸置疑，科技体制安排是建立在科技发展基础上的，因此，此处的制度创新受科技创新发展的影响较明显。

综合实证结果可以看出，我国当前科技创新和制度创新形成的创新系统总体说来，对经济高质量发展的促进作用相对较为明显，但在具体影响路径和过程中，可以通过继续积极培育科技创新以及不断提升制度灵活性，提升制度创新质量，对影响路径和作用机理产生优化。

7 国外创新系统促进经济发展的实践与启示

各国政府越来越重视科技创新，都在纷纷制定与实施促进科技创新发展的政策法规，部分发达国家和地区在创新驱动的道路上和创新系统的建设上成绩斐然，其创新促进经济高质量发展的作用效果较为有效和明显。虽然，各个国家所面对的经济发展现实、社会机制体制以及所具备的自然资源禀赋等方面各不相同，其创新系统的建设和促进经济高质量发展的手段包括政策实施效果都会有差异，但"他山之石，可以攻玉"，这些已经产生良好效果的制度和政策安排是需要我国思考和借鉴的。因此，本章试图对美国、日本以及韩国依靠科技创新促进经济发展质量提升的典型案例进行分析，通过分析国外的先进经验，以期对我国有所启示。

7.1 美国创新系统促进经济发展的实践

7.1.1 美国创新系统与经济发展

长期以来，美国一直是世界上最发达的市场经济国家，在国际技术经济中占有举足轻重的地位，而这与其世界头号科学技术大国的地位是相称的。

7.1.1.1 20世纪70年代末期以前：大力推进国防科技

在第二次世界大战以前，美国联邦政府虽然没有制定或者是公布明确的科技创新政策，但是，联邦政府介入科技创新活动却几乎从这个年轻共和国诞生之初就开始了。1796年，华盛顿就在其致国会的国情咨文中建议成立一个"负责收集和传播信息，并以奖金和少量金钱鼓励和帮助科学发现及改良精神"的机构。1862年5月15日，林肯总统签署法案成立美国农业部。实际上，直到1933年以前，美国农业部一直是作为信息统计和农业科学研究机构发挥作用的。除研究工作以外，美国农业部在农业推广方面也倾注了相当多的精力。1914年，美国联邦政府创办了美国农业推广服务局以保证全国各地的农民获得由这些高等教育机构所产生的突破性科技带来的好处。美国农业部的研究和推广工作给农场主带来了极大的效益。从1950年到1982年，在农作物的合作推广项目上每增加一美元的投资可获得5.9~8.62美元的价值增值；在家畜的推广项目上每增加一美元投资可获得4.60~5.80美元的价值增值。此外，除成立农业科研机构以外，美国政府在第二次世界大战前还设立了其他一些研究机构。由于在19世纪和20世纪之交时缺乏有效的技术标准成为一个全国性的问题，麦金莱总统在1901年签署法案成立国家标准研究所（National Bureau of Standards），此后，电力、航空、汽车工程以及塑料和建材等材料工业的发展，以及宇航、收音机和制冷技术方面的开拓性工作，都建立在该机构研究工作的基础之上。1915年，美国国会为了民用和军用的目标设立了航空技术全国咨询委员会（NACA）以促进这种先进科学技术的发展。该委员会建立了世界上第一个全规模的风洞并促进了"政府—产业界"的合作研究开发。据万尼瓦尔·布什估计，1900—1939年，联邦政府建立的科学机构数量超过40个。

总体上看，二战前美国政府对科技活动的支持很大程度上是零散的、不统一的。从世界范围来看，美国成为世界科学技术发展的领头羊主要是在第二次世界大战以后，而且美国联邦政府在科学技术发展上的直接作用也主要是在第二次世界大战以后开始有的，特别是从20世纪60年代初期开始。有学者认为，尽管联邦政府在第二次世界大战中就承担起了发展科学技术的重担，但直到20世纪50年代末，美国政府都没有成功制定并实施任何一项科技政策，特别是直接与工业创新有关的政策①。虽然，长期以来美国的技术政策一直为稳定性和灵活性以及计划设计与计划执行中的不确定性所困扰，但大致说来，20世纪70年代末期以前美国政府的科技创新政策的发展经历了两个时期：

第一，是从第二次世界大战到20世纪60年代初期。二战期间，为在战争中取得优势，美国政府大规模开展科学技术活动。研究开发方面的大量联邦开支促成了大规模的技术突破，从而使盟军在欧洲和太平洋战场上获得了决定性的胜利。在这一时期，美国政府实施了著名的曼哈顿计划，促进了科学与制造业的结合。战后，美国和苏联都认识到科学技术能力的优势对于扩展国家的军

① 阿特金森. 联邦系统中的创新政策制定：学习各州经验以制定联邦创新政策 [J]. 研究政策，1991，20：559-577.

事和经济实力是至关重要的，因而进行了激烈的技术竞争。有学者认为，在二战过后的 15 年里，美国联邦政府一直是国内科技研发活动的主要资助者。其用于国防和宇航方面的研发支出，占到联邦 R&D 支出总额的 86% 以上。由此可见，在这一时期，美国政府的科技政策的重点主要放在与国防有关的产业上，而在民用技术开发方面，则以市场原则为准，美国政府并没有试图施以援手。

第二，从 20 世纪 60 年代初期至 20 世纪 70 年代末。在这一时期，美国政府在继续加强国防领域的研究开发的同时，也开始对民用技术开发给予帮助。国防、空间、能源、环境、健康等成为政府资助的重点发展领域，工业部门成为国家财政支出的重中之重。与此同时，为了支持全国空间和科学倡议，国防教育法也第一次投向初中和高中，以改善数学和科学教育。从 1960 年起，由于美国联邦政府在致力于基础研究与国防研究的同时也从事了一系列面向民用领域的研究，联邦用于民用技术的开支出现了戏剧性的增长。在整个 20 世纪 60 年代，美国投入了大量的财力、人力和工业资源，以实现肯尼迪总统在 20 世纪 60 年代结束时提出将一个人送到月球上并安全返回地面的雄伟目标。医学研究方面，在 20 世纪 50 年代，抗生素和其他医学奇迹的出现，比如索尔克和沙宾疫苗，促成了联邦政府委员会（Federal Government Commitment）的成立以推进医药科学的发展。原子能委员会（Atomic Energy Commission）、能源研究开发署（the Energy Research and Development Administration）以及现在的能源部提供的联邦投资为今天使用的大多数核心医学技术提供了基础，从成像技术到使用放射性同位素，使其成为威力强大的诊疗工具。这些仪器促使一系列重要药物产生，促进了生物技术工业的诞生，奠定了美国在全球医药工业的领导地位；而且，它们还被认为是 20 世纪所提供的最重要的技术机会之一。

进入 20 世纪 70 年代以后，接连两次石油危机使美国经济受到了严重的影响，同时，工业进程带来了环境破坏。因此，联邦政府加大了对能源和环境研究的重点资助。联邦政府对环境研究的资助主要是通过能源部、环境保护署、内务部以及商务部的国立海洋与原子能署提供的。这些研究开发活动使得更有效率的汽车、保护得更好的住宅出现，以及人们的能源保存意识不断增强，促进了气候预测以及旨在防止和修复环境损害的多种技术的产生等。

应该承认，联邦政府的这些研发活动在带来巨大商业利益的同时，也引发了研发收益的外溢，许多美国企业居于世界领导地位的工业部门都是从联邦政府的技术投资中成长起来的。但是，需要说明的是，在这一时期科学技术对于美国经济增长的强有力推动作用主要是通过国防科技的溢出效应来发挥的。美国持续不断地追求建立强大的科学技术基础以支持其国防、空间探索和其他使命的努力，产生了巨大的商业利益。在这一时期，美国的研究开发支出有了戏剧性的增长，在1964年超过了所有其他发达国家全部民用、国防和工业研究开发支出。作为它们的技术成熟的结果，美国公司能够独一无二地扩大它们在工业中的全球商业支配地位，就是因为工业都是以技术为基础的，而美国却能把联邦政府资助的基础研究与使命性研究开发出来的成果利用到工业中来。只要军事系统率先应用新工业技术，而且外国竞争者不构成重大挑战，技术溢出或者说技术转移就会运转得很好。随后，允许美国通过联邦政府资助研究开发（主要是通过国防型技术开发）活动的环境已经发生了变化，这主要表现为很多美国公司在商业市场上获得的世界领先地位已经不再，日益强大的外国企业对美国公司形成了强有力的竞争——加快了科技创新的步伐并缩短了产品生命周期。因此，传统的科技转移、开发与扩散，为了联邦政府而研发的技术在私营部门找到了用武之地，而且完全满足商业市场的需要。但由于创新环境的不断变化，尽管美国仍然从其使命性研究开发中获得巨大的商业利益，但商业产品溢出从其"蜜月时期"的20世纪50年代和60年代以来已经减少了。

在这种情况下，美国联邦政府在这一时期也开始注意到民用技术的研究开发及其应用，并采取了一些可以称为科技创新政策的措施。在这方面的第一个重大努力是肯尼迪政府在1963年做出的。从肯尼迪执政开始，他便认为政府在科技创新的过程中应该起直接的、积极的作用。于是，肯尼迪政府成立了一个"民用技术小组"，这个机构隶属于总统科学顾问委员会。1962年，该小组提出了一系列创新项目，其重中之重是"民用工业技术项目"，其目的是促使企业承担研究项目，并建立"企业—大学"服务站，为大学中的工业创新机构提供资金。可是，这一项目最终却未能获得国会的通过，原因就是这个建议没有得到企业界的支持，企业界都强烈反对。尼克松政府比较关注R&D的税收优惠，并修订了反托拉斯法政策、政府对创新商品的订购办法。尼克松提倡"科学技术新合作"，要求联邦政府、州政府、大学和研究中心在研究开发上联合起来。总体来说，尼克松对于美国科技创新政策的最大贡献是：扩大了政策手段，指出了政府在创新管理上存在着不足，政府对各种政策手段的效果缺乏了解，不能正确选择激励手段[①]。虽然在对联邦资助R&D的效果进行评估的实验技术激励项目（ETIP）中，评估结论为"政府对创新资助的作用被极大地夸大了"，但是，直接资助仍是联邦政府主要的政策工具。

---

① 柳卸林. 技术创新经济学 [M]. 北京: 中国经济出版社, 1993: 209.

7.1.1.2　20世纪80年代以来：建立创新系统、追求创新效应

由于认识到了科技创新在美国经济中的重要性，1978年3月，卡特总统在国内召开了一次关于工业创新政策的评议会。会议精神是工业创新的未来速度和方向完全能够通过政府来影响，并讨论了产业结构与竞争的管制，经济与贸易政策，联邦专利与信息政策，环境、保健与安全管制，联邦公共采购政策，研究开发的联邦直接援助政策等领域的一些重大问题。卡特总统于1979年10月30日为增强美国工业中的创新与生产率向国会提交了一份咨文，提出了许多重大倡议，其中一个重大举措是将科学办公室改组为生产率、科技与创新办公室，其主要职责之一就是执行创新倡议①。另外一些提议被吸收进了1980年史蒂文森-怀德勒科技创新法中，成为合作通用技术项目（COGENT）。这些合作通用技术项目由联邦政府建立，而且在经过一段时间以后就完全由私人工业部门所资助。然而，由于里根政府1980年的零预算法，这些项目没有完全建立起来。虽然COGENT没有建立起来，但许多政策已经初具雏形。作为史蒂文森-怀德勒科技创新法的一部分，全国科学基金会为"大学—工业界"合作研究建立了许多中心。该法也资助从联邦实验室向商用领域的技术转移。此外，美国国会于1978年通过法案，降低资本收益税，此举对于大量风险资本的出现起了重大作用。1981年，里根上台以后，一直推行之前卡特政府资助科技创新的政策法规，这类科技政策的内容主要包括废除部分管制和减税等，同时政策还强调要为企业营造良好的创新环境，并协助企业和其他部门建立合作机制。那一时期，用于基础研究和与国防有关的应用研发的预算增加了。在里根执政的八年时间里，有一些相对特别的政策得以制定和实施，这些建议包括1981年起对研究开发的税收降低25%，并在1982年设立小企业创新研发基金。同时，美国国会还制定了一系列政策法规，主要针对科研机构与企业间的合作研发和技术转让。布什政府成立后，也大力鼓励企业的科技研发和转让，并通过赋予科技政策办公室更多的权力来强化政府在重大科技活动和研究安排上的主导性。1980—1988年，美国国会通过了一系列有关科技创新的重要立法，对于美国的科技创新政策做出了全面的调整。

克林顿总统执政以后，继续执行由里根开始并由布什进一步推进的美国科技创新政策，并且明确地提出了科学技术是美国未来经济发展的基础，从而使美国政府在推动科学技术成果从实验室向工业企业转化方面迈出了更大的步伐。追求创新效益成为这一时期美国朝野的共同要求。从某种意义上来说，美

---

① 贝鲁赫. 美国工业创新政策回顾［J］. 创新政策，1982（1）：271.

国历史上对科技创新活动最热心的总统就是克林顿。克林顿政府也是在人们越来越关心美国的技术和竞争力状况的背景下开始执政的。克林顿政府的科技创新政策建立的基础，包含两个基本的认识：①军用和民用这两个强大的技术基础不可能在美国长时期内同时维持。因为商业技术开发如今往往领先国防技术的研究开发，商业市场的开发往往也被运用于军用尖端科技。因此，加强商业技术开发尤其重要。在此情况之下，美国不可能维持军事和民用两个截然不同的工业基础。美国想要向美国纳税人提供更为成熟并强有力的军事国防设备，同时还要求价格更低，就必须要从富有活力的商业市场上来获取新技术。②科技在经济增长中的作用越来越显著。针对这个认识，克林顿政府确定了一项新的政策，这项政策可以使技术对经济的持续增长、改进人们的生活质量、创造工作岗位以及增强国防的贡献最大化。该政策同时承认：一方面，只有私营部门才有足够的技巧和能力来管理、开发新技术，并将新技术投入市场；另一方面，在保障私营部门的努力方面，政府发挥着至关重要的作用。在20世纪90年代，由于将新项目、新发明投入市场的成本可能比研究开发的成本高10~100倍以上，为了保证美国拥有世界水平的强大技术基础，必要条件就是美国联邦政府直接介入科技创新活动以促进科技成果的商业化。克林顿也明确阐述了美国科技创新政策的重要目的：第一，可以促进经济可持续和绿色增长，并提供给民众更多的工作岗位；第二，建立一个对公民更具有责任感的政府，并创造更多的GDP；第三，在基础科学、数学与工程学领域居于世界领导地位。在克林顿政府的第一个任期中，美国政府的科技政策适应新条件而不断变化。克林顿政府修改阻碍研发和经济增长的法律法规和保护政策，为的是寻求一种对于企业负担最小的方式来满足公共安全、消费者保护以及保健目标。1993年，克林顿政府为了降低托拉斯壁垒对生产活动的负面影响，签署了修订1984年制定的《全国合作研究法》的决议。1995年，美国国家卫研院（NIH）在其合作研发协议中去掉了"合理定价"这一细则，因为这一细则被工业界视为与NIH建立伙伴关系的一个重要障碍。1995年3月，克林顿总统与戈尔副总统发出了"重塑环节规制"的倡议，以使环境保护工作做得更好，成本更少。1993年，克林顿总统在促进技术开发与扩散方面设立了内阁一级的全国科学技术委员会（NSTC）。这个全国科学技术委员会是克林顿以总统行政命令设立的，其职能主要是有效地管理联邦政府的研究开发活动，协调联邦政府的科学技术政策，消除重复的研究开发活动和劳动①。经过联邦政府的努力，效果显著，如在技术转移方面，联邦实验室向工业部门发放的联邦专利许可数目从 1992 年到 1994 年翻了一番，向联邦政府支付的许可费增加了 77%，达到每年 2 450 万美元。更为重要的是，联邦实验室同私营部门结成伙伴关系，并向它们伸出了援助之手；同时工业部门得到许可，可以与政府形成资源互补的关系进行研发活动，促进了二者的紧密联系。在继续推行始于 1987 年的先进技术项目和制造业推广伙伴计划外，克林顿政府还推行了其他一些与企业界的合作项目或倡议。比如，由联邦政府的七个机构与美国汽车制造商和供应商合作进行研究开发活动的开发新一代汽车的伙伴计划（PNGV），其主要研究开发领域集中于先进制造方法，近期内能够改进汽车效率、安全以及排气量的技术，可以使汽车燃料效率提高三倍的汽车模型改进的研究等多个领域。小企业创新研究计划则鼓励小企业参与联邦使命性研究开发并将具有商业潜力的技术推向市场。1997 财政年度，美国国防部要求再拨款 2.5 亿美元用于开展一个新的两用技术开发项目。2000 年美国克林顿政府提出了国家纳米技术计划，该年度克林顿便把联邦政府在纳米技术上的投资翻了一番，纳米技术后来又得到了布什政府的重点关注，成为投资的重点领域。随后在美国政府的带动下，从事与纳米技术相关的研究开发活动得到了美国许多大型跨国公司、中小企业和财团的追捧，如杜邦、朗讯科技、道氏化学、摩托罗拉、柯达等都建立了长期研究实验室，成立了专门的研究团队，他们的纳米技术研究经费总额与美国政府资助额相当。当其他国家刚刚处于纳米技术的基础研究阶段时，美国在纳米技术和应用研究领域中已经具备资金和人才的巨大优势，走在了世界前列。

在为企业提供技术信息服务方面，在社会的各个领域，信息的作用都在不断增强。对于商业与工业而言，信息将生产者、供应商、服务提供商、货运商、分销商以及顾客联结成为一个非常紧密的商业活动网。信息也将研究开发、生产和销售联结到一个密切无间的创新过程中，不管这些功能是在公司之内还是之外。先进技术对于有效地管理和利用这种信息是至关重要的。因此，早在执政初期，克林顿总统与戈尔副总统就提出了国家信息基础设施计划，以

① 该委员会由总统担任主席，成员包括副总统、总统科学技术助理、内阁部长、具有重要科学技术项目的各机构的负责人等。全国科学技术委员会为联邦政府的科学技术投资确定了更为明确的目标，并保证制定和实施科学、空间与技术政策和计划以使其对于国家宏观目标的贡献最大化。其主要活动包括对于联邦政府的研究开发投资进行跨部门评审并协调研究开发预算。这一工作是由九个小组委员会来承担的，分别为民用工业技术委员会，信息与通信委员会，基础科学委员会，自然资源与环境委员会，国家安全委员会，健康、安全与食品研究委员会，国际科学、工程与技术委员会，教育与培训委员会等。

促进信息的发布与利用。1993 年，美国政府制定了它的国家信息基础设施（NII）计划，一个密切无间的通信网、计算机、数据库和消费用电子将大量的信息置于用户的手上。在这个过程中，政府仍发挥着至关重要的作用。商务部的全国技术信息局（National Technical Information Service，NTIS）开始承担一种向企业和大学的研究者发放具有商业价值的技术信息的职能。该局目前拥有 260 万份文件而且以每年 10 万份文件的速度增加。1994 年 3 月，副总统戈尔提出了美国版的 NII 的国际版——全球信息基础设施（GII），是在国际电讯联盟于布宜诺斯艾利斯召开的一次会议上提出的。像 NII 一样，GII 是针对促进竞争、创造灵活的管制政策并向所有的信息提供者和用户提供一个开放的网络而提出的。

在过去的 15 年中，为了建立美国联邦政府和州政府之间的技术合作伙伴关系，州和地方政府制定了很多计划。它们包括新的企业孵化器、种子资本金、制造业推广计划、与联邦和大学实验室的伙伴计划，以及援助企业家等。与此同时，联邦政府已经实施了旨在促进技术竞争力的项目。大体说来，这些倡议是在彼此协调不足的情况下实施的。通过将这些努力结合在一起，联邦、州和地方政府可以大大地促进美国企业的竞争力。在美国，每一级政府都有独一无二的经济和资源，可以为科技创新做出贡献。联邦政府主要专注于全国性、基础性、任务性的研究。州政府主要致力于实现与中小型企业、区域性集团之间的密切合作。而且，州政府在交通运输、环境以及私营部门和联邦政府开发的教育技术方面发挥着关键作用。这些互相补充的倡议一旦结合在一起，与它们独立行事相比，将会使所有层次的政府能够取得更大效益。进而，1997 年美国国家科学基金会提出了联邦政府应该追求的科技创新政策的五个目标：创造一个可以充分发挥私营企业和组织公平竞争的良好环境，不断完善高标准的基础设施来促进美国科技产业的发展，鼓励技术开发及其商业化，促进军民研发一体化，以及保证国内拥有一支高水平并以科学技术知识为基础的高质量劳动队伍。应该说，从长期来看，尽管美国政府可能会发生更替，但美国科技创新政策所追求的这些目标不会有大的改变。

由此可见，克林顿总统对于美国经济的最大贡献应该说是坚持并进一步加强了联邦政府对科技创新的支持力度，并且更加强调科学技术在一国政治经济发展中的重要性，将科学技术知识提高到了战略的高度上来认识。在西方诸大国的首脑中，美国克林顿总统是第一个接受经济合作与发展组织有关"以知识为基础的经济"的定义并且多次在公开讲话中予以引用的。不仅如此，克林顿总统为了促进电子商务这种 21 世纪的商业形式的发展，公开号召各国制定共同的技术政策，并在美国率先提出了构建美国发展电子商务的政策框架。从某种意义上来说，由于当前的知识经济以信息科学技术为主要技术支撑，克林顿总统执政以来所制定的各种促进信息技术发展的政策无疑是美国新经济的主要助推器。克林顿总统对于美国科技创新政策的调整直接促成了美国经济结构的巨大转变和美国新经济的出现。

7.1.2 美国创新系统的模式及特点

能有效运行且健全的国家创新系统就是美国着力建设的领先型科技创新模式，这个模式对体系中所有组成部分进行全面建设，通过立法和制定科技创新政策提供制度保障。美国将国家创新体系从功能上分为有关知识的创新体系以及有关创新产品与服务的科技创新体系两部分。这个体系在结构上主要包括四部分：一是创新基础设施，包括国家技术标准、信息网络、图书馆、数据库、大型科研设施；二是创新执行机构，包括企业、科研机构、大学、咨询与中介机构；三是创新资源，包括人才、知识、信息、专利、资金和自然资源等；四是创新环境，包括行政法规、管理体系、市场和服务等。政府在这个体系中主要起推动创新创业、组织和资助基础研究、对重大技术的研究和产业化给予大力支持等作用。美国领先型科技创新体系的特点主要体现在以下四个方面：

7.1.2.1 高度重视培养和吸引创新型人才

美国培养和汇聚了世界上最多的具有创新精神和创新能力的人才，美国能够在世界竞争中引人注目，正是靠这些人才强有力地推动美国经济社会的发展。把学历教育同继续教育结合起来，把职业教育同高水平的专业教育结合起来，这就是美国多样化的人才培养模式。美国在基础教育方面，各州都实行9年、11年、12年制的义务教育，中等教育得到了普及，美国的高等教育也是全世界最发达的。2006年度诺贝尔生理学或医学奖、物理学奖及化学奖三项大奖历史上首次全被美国科学家囊括。不仅如此，从诺贝尔奖设立至今，获奖人次居前三位的分别为美国228人次、英国75人次、德国65人次[①]。这充分反映了美国惊人的科学研究实力以及先进的高等教育制度和体系[②]。

---

① 顾光明. 美国培养科技创新人才的经验及启示 [J]. 全球科技经济瞭望, 2007 (11): 23-27.

② 2002年，根据美国教育部的统计，美国拥有两年制大学1844所、四年制大学2324所，总共4168所高校，其中能授予大专学位的机构有2581所，能授予本科学位的机构有2035所，能授予硕士研究生学位与博士研究生学位的机构分别有1514所和539所。参见：王艳. 美国的科研诚信：大学的作用 [J]. 全球科技经济瞭望, 2007 (1): 10-14.

美国作为移民国家，一向致力于网罗全球人才。美国靠技术移民优先的政策、雄厚的资金实力、顶级的科研条件、一流的高等教育条件等，吸引了世界杰出的科学人才、技术人才以及各种复合型人才。可以说，基本上每一次美国学者获得诺贝尔奖，都离不开大量科研人员的付出。第二次世界大战结束后，美国尤其注重技术移民，在1952年、1990年都对技术移民额度进行了规定。虽然在1990年美国技术移民占移民比重有所下降，但是"技术移民"优先的政策一直都在不断被强化①。可见，美国政府对移民法进行不断修正，目的是不断吸引所需要的科技人才。

7.1.2.2 高额的研发支出以及高效的产出

一个国家的科研投入能力，不仅反映了这个国家的经济实力、对科研的重视程度，也能在一定程度上反映这个国家的发展潜力。虽然美国每年在研发投入方面的经费从来没有超过GDP的3%，但由于美国GDP的巨大基数和经济的高速增长，最近几十年来美国的研发经费一直居于世界前列，并一直保持稳步增长的势头。1994—2000年，美国GDP年均增长3.8%，而研发投入的年均增长则为5.8%，几年时间研发投入增加近40.5%；1994年美国研发经费占GDP的比率为2.4%，2000年这一数字上升为2.69%。2006年，美国用于研发的支出接近所有OECD国家研发支出的一半，远远高于世界其他任何一个国家或地区②。

美国的科研产出能力与巨额的研发投入一直成正比。2001年据OECD统计，全球科研人员发表在世界上主要的科学与工程权威期刊上的论文数量，排名前五位的分别是美国、日本、英国、德国、法国。从总量上看，美国的论文数量是全世界论文产出总量的30.9%；同时，从质量上看，美国在科学与工程领域的论文的引用次数上，占全世界总引用次数的43.6%。至2011年，美国依然保持论文数量世界第一、论文国际引用次数世界第一、热点论文数量世界第一的绝对领先优势。在专利申请方面，当年共审核和通过专利166 000件，比1980年多了一倍多。当前，世界范围内的重大和重要的科技发明专利主要集中在美国、日本和欧盟等，其中美国占了总数的40%左右。

7.1.2.3 完备的促进创新的法律体系和政策环境

二战以后，美国采取了一系列的措施来保持其经济技术领先优势和促进科

---

① 沈建磊，马林英. 美国建设创新型国家的主要优势和特征 [J]. 全球科技经济瞭望，2007 (10)：4-12.

② 孙辉. 美国创新型国家的基本特征和主要优势 [J]. 全球科技经济瞭望，2006 (8)：15-24.

技创新在全球的领先，这些措施主要包括改革税法、专利法和行政管理法，以及推出新的振兴法。1954 年美国制定了企业可在年收益中扣除其当年在研发的投资以后才计征税额的法律，这意味着企业的科技研究开发投资全部都是免税的。到了 1981 年，美国的法律进一步规定：企业当年在科技研究方面投入的经费如果超过了上一年的平均值，可用超过部分的 25% 抵免税金。这一系列的法律实施以后，使得国内企业纷纷增加科技研究开发经费的支出，五年之内增长幅度超过 50%①。

除此之外，美国还通过修订和完善政策法规，使企业固定资产折旧率提高，从而更好地推动科技发展。例如为了促进中小企业的设备更新，允许中小企业采用高技术设备，第一年即可折旧 50%，新增的固定资产在第一年即可折旧 20%。此外：《大学和小企业专利程序修正案》（《拜杜法案》）于 1980 年在美国国会得到通过，由此，一场专利战略的重大革命在美国被引发；《史蒂文森-怀德勒科技创新法》也在同一年颁布，信息传播在美国也得到了极大的鼓励；《国家竞争技术转让法》保护了合作协议的发明和信息。随后，《重组DNA 分子研究准则》《国家宇航法》等高新技术法规也在美国相继出台。美国政府在这一过程中不断根据经济发展的需要进行法律法规的调整，推进相关法律法规得到完善。

7.1.2.4 政府在国家创新体系中的明确定位

第二次世界大战之后，美国政府高度重视科学技术的发展，把科学技术实力视为其保持军事和政治上的领导地位以及国际经济竞争优势的关键因素。在此过程中，美国政府始终以清晰的角色定位，指导创新体系的构建：

一是美国政府充分发挥对创新体系的组织、领导、协调功能。美国总统对全国科学技术活动具有最高决策权与领导权。1993 年，美国成立了由总统亲任主席，包括副总统、总统科技顾问和各部部长在内的国家科技委员会，负责确定国家科技发展目标和研发战略，并不断出台一系列产业政策和科技政策、投资计划，以保证目标的实现。二是美国政府重视对研究开发经费的直接支持。美国政府对研发的支持经费有明确的选择，主要包括三类：第一类是基础研究，第二次世界大战以后，美国政府把资助大学的基础研究作为自己的重要职责；第二类是与国家战略需要密切相关的研究，如美国政府始终是国家安全和公共卫生领域研发活动的主要支持者；第三类是旨在提升共性技术研究能力和特定产业领域竞争力的计划。三是美国政府重视对创新基础设施建设的投

---

① 李明德. 美国科学技术述评 [M]. 北京：社会科学文献出版社，1992：14.

入。美国政府始终重视投资建设世界水平的基础设施，既重视对国家实验室和相关研究机构建设的投资，又重视对国家基础设施后期的及时改善，从而适应新竞争环境和新技术发展的要求。四是美国政府重视创造和维护有利于创新的环境。美国政府根据经济社会条件和竞争环境的变化，制定新的有利于创新的政策，改善公共管理，简化政府工作程序，在新技术开发与商业化过程中减少那些不必要的法律、制度，扫除那些阻碍经济发展的障碍，最大限度地消除或减少企业在创新方面的不必要的负担，从而降低企业创新的成本。五是为了促进联邦研究机构、企业、大学之间的合作互动，美国政府的做法是利用国家大型科技发展计划来调控。具体做法就是不断推出由联邦研究机构、企业、大学共同参与的大型科技发展计划，以此来增强创新体系各要素间的互动，同时不断完善国家的创新体系网络。

7.2　日本创新系统促进经济发展的实践

7.2.1　日本创新系统与经济发展

日本的科技创新政策与美国有许多相似之处。日本是在独特的历史条件下开始其经济现代化进程的，因此，从明治维新时代起，它的所有科学技术活动都具有明显的商业化倾向。能够在实际生产过程中得到应用是日本科学技术研究的唯一目的。从某种意义上说，日本没有为了探索真理而从事纯科学研究特别是自然科学研究的传统。所谓的纯科学，在日本更多的是为了探索人生终极目的而从事的哲学社会科学性质的研究，带有浓厚的人生哲学色彩。这样一来，在日本，我们很难在纯科学的基础研究、应用研究和开发研究之间做出明确的区别，日本所有的科学技术研究似乎都是开发研究。因此，日本的科学政策与科技政策在很大程度上是合二为一的，所谓日本是一个只有科技政策而没有科学政策的国家，其含义也就在于此。虽然日本在第二次世界大战以前也已经实施了一些行之有效的科技创新政策，但是，由于第二次世界大战期间日本的科学技术体制全部转换为战时体制，以及战后美国彻底摧毁了日本的战时科学技术体制，并在此基础上重建其科学技术体制。因此，从严格意义上来说，在第二次世界大战以后，日本的科技政策才逐步发展起来。从其发展过程来看，战后日本的科技创新政策大体可以分为两个时期：

7.2.1.1　大力培育企业引进科学技术

迄今为止，日本科技政策长期的核心要求就是在本国全面引入先进科技并将其应用于本国的经济发展和产品生产当中，这在第二次世界大战以后的二十多年里甚至达到了登峰造极的程度。

1945—1972年，日本非常注重引进西方高科技，同时，花费大量的研发费用进行消化吸收，再创新适用性科技，对适用性科技继续投资，并利用其生产新的科技产品等。科学技术引进及其改良成为日本科学技术发展的一种主要形式。驻日盟军的自然资源局和科学技术处最初在这方面发挥了极为重要的作用。为了保护日本企业不受外国竞争的影响，日本政府非常善于利用贸易政策，并且限制外国企业在日本的投资。日本政府于1950年颁布的《外资法》（引进外资的基本法规）和《外资委员会设置法》，使日本在实施技术引进战略方针上迈出了第一步。为了帮助民间企业更具体地了解科学技术引进政策，日本政府还于1950年公布过33项鼓励引进的技术项目一览表，后来科学技术厅每年还发表一本《引进国外技术年度报告》，内容包括引进技术数量、不同技术领域的引进情况、本年度技术引进的重点及倾向、同上一年度技术引进情况的比较分析等，从而为企业引进技术提供了具体的方向。1953年5月，经团联、日经联以及关经联三个垄断资本的经济团体又发表了《关于基本经济政策的意见》，明确提出为了保证"输出第一"，应该以提高日本产品的国际竞争能力为日本科学技术政策的前提，以技术引进为中心。与此同时，日本还实行引进补助金制度，并对当时的重点产业部门给予优惠待遇，给引进国外先进技术的企业补偿引进技术费用的一半。这样，产业政策与科学技术引进政策紧密配合，促进了日本科学技术发展，推动了日本经济的迅速恢复与增长。

1950—1959年，日本总共引进外国技术1 029项，其中655项引自美国，占64.6%[①]。有学者认为，日本于19世纪50年代中后期才大力引进先进技术，但其在二战后就早早地为实施这一科学技术政策做了很多的准备和努力。20世纪60年代后，由于日本政府废除了大多数关于经济的保护政策，实现了经济的自由化，政府制定了与大型私有工业企业共同合作的制度，以便更好地促进本国关键的科技领域和国防科技领域等与国家利益休戚相关的重要领域的科技创新。在这一时期，日本政府还根据国内的经济增长和国际收支情况多次修改外资法和外汇法，对技术引进采取了自主化的方针，贸易自主化开始于1962年，资本自主化开始于1967年前后，技术自主化开始于1968年，到了1973年前后开始了全面自主化。日本在充分发挥企业的自主性和积极性方面是通过市场竞争机制来达到的。资料显示，日本引进的国外先进技术主要是工

---

① 小岛计智. 日本的技术创新与工业研究 [J]. 科学学译丛，1985 (3)：40.

业技术革新部门重化工业的技术，如在 1955 年到 1975 年的 20 年间，日本引进了国外先进技术 248 000 项，而工业技术革新部门重化工业的技术就占到 85%左右①。日本在技术引进大幅度增长的同时，自身的科学技术发展也较快，使得日本企业在技术力量方面的国际竞争力也日趋上升。日本在 20 世纪 60 年代末期和 20 世纪 70 年代初，其产业技术水平已经与欧美国家不相上下。相对而言，在日本，无论是政府还是企业，都不十分重视独创性科技的开发。即使是有些独立的研究开发活动，其主要目标也是针对工业部门的实际应用的。在日本，研究开发活动首先是针对工业创新而进行的，而且它也意味着最专业的工程师和研究人员在从事工业研究与开发工作。1945—1970 年，世界 110 项重大创新中，日本仅占 4 项，而美国则占 74 项②。与此同时，日本也开始向国外销售技术（1985 年达到近 9 亿美元），而这些技术大多数都是销往第三世界国家的。

尽管这一时期日本科学技术政策的重点是技术引进及其改良，但在制定自主的科技创新政策方面，也采取了两项重要措施：其一，加强产业界与大学的结合，并且 20 世纪 50 年代中期以后形成了一种加强科学技术教育的高潮。早在 1951 年，美国对日工业教育顾问团就提出日本的教育必须和工业建立密切的联系，应该加强产业和学术的合作，日本一些经济团体也多次提出促进产业界和学术界合作的要求。1955 年 3 月，在美国的扶助下日本成立了生产率本部，日本经济界成立这个组织是为了开展生产率提高运动。为了考察学习美国的产业科技教育活动，该组织向美国派出了"产业技术振兴视察团"；1957 年 12 月，日经联又出台了《关于振兴科学技术教育的意见》，提出了要加强产业和大学之间的合作关系，并把它作为加强科学技术教育的一个具体措施。1958 年，日本生产率本部又同文部省合作，颁布了《关于产业与学校进行大学毕业后继续教育的合作方式》。在这种情况下，日本逐渐形成了战后科学技术活动的一个主要特点，那就是逐步形成产学合作的产业技术教育体制。其二，从经济发展总体战略对日本的科技发展进行规划。1959 年 6 月，日本内阁总理大臣在科技会议上提出了"以今后 10 年为目标的综合的科学技术振兴的基本方针"。次年 10 月，科学技术会议提出了一份答询报告，针对日本未来十年的科技政策做出了全面的规划。该报告明确了日本在未来十年需要达到的科技发展目标，并提出了各类措施和细则以便顺利达到上述目标，包括培养核心科技

---

① 张利华. 日本战后科技体制与科技政策研究 [M]. 北京：中国科技出版社，1992：156.
② 柳卸林. 技术创新经济学 [M] 北京：中国经济出版社，1993：215.

人才、促进科研活动的活力以及科学技术的普及、推动有关技术向中小企业转移、吸收和创新先进的高科技、建立和健全科研管理体系、增加科研投资等方面的内容。由于第一号咨询所涵盖的时间与《国民收入倍增计划（1961—1970 年度）》的实施期间相一致，所以，日本科技政策的制定和实施始终是围绕这一计划的。可以说，20 世纪 60 年代形成的日本科技政策主要是为了提高科技发展的整体水平，大大减少和发达国家之间的差距，从而建立起必要的技术基础以促进经济长效增长。1966 年，日本科技大会提出了《关于振兴科学技术的综合性基本方针的意见》，该意见包括 102 项建立健全科研基础的议题，如重视科研环境，尊重科研人员的创新，重视综合研究活动，加强长远规划，开展民办科研活动，加大科研投入等。到了 20 世纪 70 年代，日本政府不得已对自己战后初期的科学技术政策进行了调整，针对 20 世纪 60 年代出现的环境严重恶化问题以及 20 世纪 70 年代初期的能源危机，日本政府致力于实现经济可持续发展。要做到这一点，日本就必须要革新以传统企业为主导的研发体系，制定政府规划以指导技术开发，构筑起新的研究体制。这是因为，"作为产业技术政策的方向，……若任凭市场机制左右，则无法刺激其进展，因此政府的责任与作用重大。为有助于提高国民福利，必须有一个综合而灵活的技术管理政策"①。1973 年，日本政府在这种思想的指导下，发表了《日本科学技术白皮书》。书中明确建议重建日本的研究开发体制，并且提出了日本研究开发活动的一个新领域，即从事与开发环境健康技术有关的基础研究，并且制定了一些新计划以资助创新性研究，这些计划包括：①在大学实行竞争性赠款援助研究计划；②实施以定期聘任方式来资助工业界和大学年轻科学家的新机制；③将国立实验室的研究方向重新定位于长期性基础研究等。1973 年 7 月，日本产业技术审议会提出了一个中期报告，就产业技术的理想模式、研究开发重点、研究开发方法等基本问题提出了自己的看法。根据时任通产省大臣的中曾根康弘的要求，从 1973 年 8 月起，产业技术审议会针对三个问题进行了研究：一是如何发展有益于提高人民福利的产业技术？二是如何持续促进技术研发？三是在能源不断消耗的情况下，如何发展能源科学技术？八个部会分别提交了报告。报告指出："在世界范围的科技革命停滞时期，日本逐渐缩小了同欧美的科技差距，可是也难以继续因袭以往那种依赖科技引进，靠开发二手技术来提高科技水平，从而走经济社会发展的老路。而且，今天对产业科技的需

---

① 日本通商产业政策史编纂委员会. 日本通商产业政策史［M］. 北京：中国青年出版社，1996：197.

求日益多样化、复杂化，国民对科技的意识也在提高。因而今后必须以今日的高水平科技为基础，掌握高度的科技开发能力，推进适应多种需要的科技开发。"①

与此同时，日本"贸易立国"的发展理念，抑制了创造性的科学技术的开发，而民间主导型的研发体制对独创性研究和开发研究也是极大的障碍，年轻人发挥其创造性的积极性也受到注重论资排辈的体制的影响，这极不利于培养创造性人才。日本的企业和大学以及国家研究所之间难以紧密结合，因而影响到创造性科学技术"种子"的产生。在这种情况下，日本政府也开始从总体上调整日本的科技创新方向。1977年5月，日本科学技术会议完成了对总理大臣的第六号答询报告。这篇答询报告的内容包括：指出今后科学技术的重大课题，具体内容是资源、环境、能源、粮食、安全和保护与增进国民健康等社会、经济、政治等方面的问题；指出要发展基础科学，推进带头学科，就必须要以原子能、海洋开发、宇宙开发等大型科学技术研究为中心；强调"加强研究开发中政府、学校以及民间之间的有机联系"和"加强计划和高速功能"，落实并充实研究开发的资金和人才；提出了"国民的理解""国民的赞同""推进地方的科学技术活动"等新的发展科技的理念；强调要在国际社会上积极开展科学技术活动，促进科学技术情报的顺利流通；增加对科学研究的投资，近期目标达到国民收入的2.5%，远期目标要达到并保持在3%②。

7.2.1.2 自主创新型创新系统的建立

进入20世纪80年代以后，日本政府开始调整本国的科学技术政策，并且是重大调整。但与美国不同的是，日本政府更多强调基础研究对日本未来经济发展是极端重要的，而不是科技创新的政策问题，即强调科学技术研究成果的应用。日本政府在20世纪70年代以前重视并优先发展那些能够使经济高速增长的科学技术，从而奠定了日本经济社会发展的必要的技术基础，因此其科学技术政策明显地倾向于产业，政策围绕着产业而展开。但从20世纪70年代中后期开始，新的科学技术基本政策被日本政府制定并实施，其明显地开始转向培育新的"技术种子"，倡议自主创新和技术开发。

为此，20世纪70年代的产业技术与20世纪60年代的产业技术有重大区别，它们必须在以下三方面满足日本经济发展的要求：其一，继续开展环境保

---

① 日本通商产业政策史编纂委员会. 日本通商产业政策史 [M]. 北京：中国青年出版社，1996：207.

② 日本通商产业政策史编纂委员会. 日本通商产业政策史 [M]. 北京：中国青年出版社，1996：211.

护，促进社会开发，并使符合人性的技术走向体系化；其二，必须开展技术革新，开发知识集约型产业结构的基础技术并促进产业知识密集化。必须开展能解决产业发展的瓶颈以引导经济发展的技术革新，发展新一代技术。其三，针对日本国际地位的提高从而产生的贸易摩擦等情况，要开发能为国际经济新秩序的建立与发展做出贡献的新技术。这种情况下的产业技术政策指出，日本应该集中开发：①有助于维持稳定的经济增长，进而提高潜在增长力的技术；②有助于提高国民生活质量的技术；③适应未来需求，可形成 21 世纪资产的革命性技术。由此，日本的基本政策应该有：①国家本身要率先实施风险高的、革命性的、大型的技术开发，充分发挥技术开发起到的龙头作用；②国家要使民间的技术开发更加活跃，就必须给予支援；③重要产业技术的国际合作需要国家来促进；④实现产业技术振兴，必须要系统地整顿治理基础性先导性研究，包括人才、信息等方面；⑤要使技术评价等产业技术管理尽快扎下根来。相关报告提出，今后应该重点研究开发的领域是资源能源、环境保护、社会开发、技术密集、未开发的新技术，必须尽早制定产业技术综合计划①。日本各大报纸 1980 年新年特刊的主题不约而同都是"培养尖端技术""确立自立技术""技术立国"等内容，以此来为科学技术立国的新的科技政策造势。日本于 1980 年 3 月颁布的《80 年代的通商产业政策》，明确提出了今后通商产业的基本政策，那就是要提高创造性的自主技术的开发能力。这是"技术立国"政策第一次出现在日本的官方文件上。与此同时，该文件还明确提出了"产学官合作"体制，强调学术与产业和管理机构与国家科学试验研究机构之间要在设备、设施、人才、资金的利用等方面合作，强调开展共同的科学技术研究开发活动，强调在从事振兴科学技术的特定领域中开展研发合作。在"技术立国"政策的影响下，日本科学技术会议又于 1981 年正式制定促进科学技术"种子"产生的设想，随后颁布了《创造性科学技术推进制度》，并由国家特殊法人"新技术开发事业团"负责实施。该制度的实施目的是振兴科技，强化科技的基础性研究，大力促进科技"种子"的研发活动。其中，重点安排有：一是整顿和加强研究开发体制，扩大基础性和先导性研究开发活动，加强科技基础的建设和投入，培养科技人才，并根据科学技术会议所提报告的基本精神制定中长期的基本规划。二是确定重要研发领域，包括物质和材料科学技术、软科学、信息和电子科学技术、生命科学以及有关宇宙、海

---

① 日本通商产业政策史编纂委员会. 日本通商产业政策史 [M]. 北京：中国青年出版社，1996：208.

洋、地球等科学技术在内的基础性与先导性科技，包括自然资源的开发和管理、能源的开发和利用、生产技术和流通系统的提高、资源的再生和利用等能够增强经济活力的科学技术，以及能够提高社会与生活质量的科学技术等。三是依据以人为中心、注重人才资源的高效配置等原则，确立了定期合同制、项目负责人制、弹性管理制、流动研究制等一些促进优秀人才进行科技研究的新型人才管理体制。《80年代经济社会的展望及指导方针》于1983年8月得到日本内阁的通过，这表明日本政府对科学技术给予了高度的期望，超过了以往任何时候。除此之外，日本政府还于1985年10月成立了"基础技术研究促进中心"，该中心具有特别许可法人的地位，其依据就是当年6月通过的《基础技术研究顺利进行法》。成立这个中心的目的就是帮助民间的基础技术研究活动。

进入20世纪90年代，日本制定科学技术政策的人越来越意识到一个严重的问题，那就是光靠对引进技术的改进是行不通的，它难以迅速增强日本在高新技术领域，比如生物技术、基因治疗以及计算机网络软件等方面的技术能力。面对国际竞争，日本更加深刻地意识到要拥有更为先进、更具有竞争性的工业必须以基础研究为支撑。1995年，日本《科学技术基本法》正式颁布，要求国家严格执行"以科学技术创造立国"的创新政策。该法案的颁布表明，提高科创能力已成为日本促进经济可持续发展的核心任务；同时，法案的通过为大力发展科技和增加科技投入打下了法律基础。第二年夏天，日本科学技术会议又发布了决定此后五年日本振兴科学技术方针的《1996年科学技术基本计划》[①]。1996年6月到8月提交给大藏大臣的计划还进一步讨论了技术改进和在三个主要科学部门之间消除壁垒的手段。例如，科学技术厅和通产省第一次可以直接资助大学的研究计划，在政府机构中这一级别的合作还是一种新事物。新资金被提供给科学技术机构从事新的技术研究项目，主要是指"基础战略性研究"[②]。除了这些新计划，日本政府的科学技术机构还实施了一系列给下面四个领域以优先考虑的政策：通过资助来源的增加和多样化以及提高研

---

① 日本确定的综合方针是："推进研究开发总体方向的调整，构筑新的研究开发体制，为研究开发人员创造优良的研究环境，振兴同科学技术有关的学习，增进普通民众对于科学技术的理解与支持。"具体内容包括使研究生院的人数增加到1992年的两倍左右，提供奖学金的比例扩大到1/3左右的在读硕士生和2/3左右的在读博士生，完成博士后万人资助计划。在今后10年中，以每位研究人员约有一位后援者为目标，从根本上扩充国立大学和国立试验研究机构的研究后援人数等。

② "基础研究"这个词反映了日本的观点，即它将投资技术研究作为一种总体战略。然而，基础研究并不是指以特定领域为目标的研究。

究设施和设备的水平以改进大学和国家实验室的科学研究环境，通过改进研究生院扩大奖学金并促进研究人员流动来刺激研究人员的培训，改进合作研究体系和建设优秀的开发中心，通过支持学者交流和国际研究来为国际科学研究做出贡献。此外，为了研究开发，科学技术基本计划还建议政府在1996—2000年下拨17万亿日元（按不变价格计算大致相当于740亿美元）的研究开发经费，极大提高了资助经费的比例。近年来，尽管日本经济已经陷入低谷，但是，由于日本有一种通过知识和教育来重建经济的强烈意识，科学技术会议仍然设法采用独一无二的措施来支持科学技术活动，通过多种渠道来筹集其发展尖端科学技术所需要的资金，如销售建设公债等。日本政府发展科学技术的决心，由此可见。

7.2.2 日本创新系统的模式及特点

二战结束以后，科学技术对经济发展的作用使其一直被日本政府当作法宝。可是二战后初期，在科技发展上日本与欧美还有很大的差距，为了赶上欧美，日本政府利用自己"后进国"的优势，大力推行"赶超先进国家"的国策。日本推行的"赶超型"科技创新发展模式独具特色，即积极大量引进吸收欧美国家的先进技术，并在此基础上加以改良、创新。这些措施不仅极大地推动了日本本国经济的发展，而且科技上与欧美之间的差距也大大缩小。日本赶超型的科技创新模式，既有世界各国科技创新的一般特征，也有其自身的独特之处，对后发国家推动科技发展具有重要的借鉴价值。

7.2.2.1 政府居于主导地位，发挥对科技创新的导向作用

为了实现赶超型科技创新，日本政府承担起了引导者和指挥者的作用。日本在二战后为了恢复本国经济和追赶欧美发达国家，适时而明智地选择了正确的科技创新政策导向和战略：在模仿的基础上创新，在掌握技术后追求科学，利用国家的权力来强力推动。这样一来，日本不仅对外不再受国际垄断资本的支配，而且在国内也控制住了市场的自发作用，最终使赶超目标的实现得到了有力的保证。

为了确保赶超型科技创新模式的顺利运行，日本政府出台了一系列旨在推动赶超进程的特殊政策。首先，日本政府在出台相应的科技政策时，以转变战略思想为前提。基于此，日本政府在二战后初期采用"吸收型"战略来应对科技发展，从而使自己在改变技术落后的局面时，不仅速度较快，而且付出的代价也很低，很快就赶上了西方先进水平，可以说是创造了奇迹。其次，不断完善全球技术监测系统，关注世界最新技术的发展状况，日本政府在此基础上

制定相应的科技发展计划。再次，日本政府帮扶工业企业从西方发达国家引入各类先进的科学技术，指导企业在消化吸收的基础上进行再创新。最后，日本政府投入大量的资金发展科技，保障财力、物力的全方位支持。

日本政府在推进赶超型科技创新模式的过程中，不仅制定了相关政策帮助创新主体，还根据创新主体遇到的实际问题，投入了大量的资金和人力，促进和协调各创新主体间的联系和合作，大力推进科创活动的开展。它使更多的科研经费和人力投入与经济发展和国计民生相关的技术引进和开发中，不断加大科技投入，提高整体科技水平，促进经济腾飞。日本科研经费比重逐年加大，以十年为例进行对比：1970 年的科研经费增长到了 1960 年的 6.5 倍，1980 年的科研经费更是达到了 1960 年的 25.4 倍。科研经费占 GDP 的比重也大幅增加，1960 年是 1.11%，1970 年是 1.59%，1980 年是 1.91%。科研人员的比重也在直线上升，并得到日本政府的大力支持。此外，日本政府还为科技创新提供了有力的法律保障。总之，日本政府的重要作用保证了赶超型科技创新模式的成功实施。

7.2.2.2 注重模仿创新，引进与开发相结合

日本不断吸收国外的新技术，利用国外技术充分发挥本国的优势进行模仿创新，进而推动自主创新。日本引进、消化吸收欧美发达国家的先进技术的具体方法是：首先掌握设计理论有关知识，其次解析其制造技术与生产标准，最后进行开发与改良。日本从现有的产业技术中发现新的、未开发的领域，把技术引进和创新结合起来，不断对引进技术进行补充与完善，走出了一条良性的科技创新发展道路。日本通过模仿创新，在短时间内掌握了世界先进技术，为日本的自主创新和赶超欧美发达国家打下了坚实基础。

7.2.2.3 采用"官产学研"一体化的科技创新体制

"官产学研"一体化的科技创新体制，顾名思义，即以政府、科研机构、企业三者为主体，在政府有关部门协调组织下，各取所长，资源互补，对有关需要解决的科研项目通力合作，联合攻克。在该体制中，三个主体具有不同的科技创新活动重心。科研机构主要负责对所研究的科研项目进行基础性研究，政府有关部门主要对所研究的科研项目进行应用性研究，而企业主要负责所研究项目的终端开发，试制新产品、新工艺，以及后期的市场对接。这样的关系"分中有合"，这种科研体制是一种先进的科技创新体制，既有利于调动各方面的积极性，也有利于合理使用科研经费。同时，这种体制极大地促进了资源流动，也促进了科技成果向现实生产力的转化，推动了科技创新进入新高度，受到了各方面的欢迎，成效显著。由此，1971 年，日本召开了科学技术大会，

明确提出要加强政府、企业、科研机构的合作①。此后，"官产学研"相结合的研究开发体制不断被推广。

7.3　韩国科技创新促进经济发展的实践

韩国作为一个饱受殖民统治、国土狭小、资源贫乏的追赶型国家，在过去的半个多世纪里，始终坚持追赶型科技创新模式，那就是以国家意志为前提条件，以市场需求为基本导向，以企业为科技创新主体，以产业发展和应用为最终目的。最终韩国成功地以科技创新带动了本国社会经济的迅速发展，从而使本国由一个经济落后的农业小国成功转型为创新型国家，成为亚洲经济"四小龙"之一，创造了经济发展的奇迹。可以说在科技创新和经济发展上，后进国家如何追赶先进国家，韩国为我们树立了榜样，成为可供广大发展中国家借鉴的典范。这正是韩国在制定科技规划、科技政策时，始终把"科学技术导向"作为自己的着眼点所带来的成功。

7.3.1　韩国科技创新与经济发展

1910 年至二战结束之前，日本对朝鲜半岛实行"北工业、南农业"的战略②。因此，韩国成为一个以农业为主的落后国家，一直未曾发展科技。直至 20 世纪 50 年代，韩国的工业才逐步开始发展；到 20 世纪 80 年代，韩国成为"亚洲四小龙"之一；到 20 世纪 90 年代末期，韩国的经济体制被称为"亚洲最具技术经济实力的经济体制之一"。如今，韩国已是世界经济发展的重要部分，"汉江奇迹"为世人瞩目③。韩国得以从落后农业国成为发达国家，其成功的关键就在于将培养自主创新能力作为国家的基本国策，完成对科技创新从引进、模仿到实现超越、再创造的转变。这样的转变，是在韩国科技创新的发展进程的几个阶段中不断升级而形成的：

7.3.1.1　创新系统发展的起步阶段（20 世纪 50 年代至 60 年代）

韩国于 20 世纪 50 年代开始了小规模的产品生产活动，科技水平非常低。在美国的援助下，加上韩国生产活动的需求，各种具有研究能力的机构才逐渐

①　郭焰烈. 新技术革命中的日本 [M]. 上海：上海人民出版社，1985：8.

②　范硕，李俊江. 韩国创新模式：大学、集群与创新体系 [J]. 亚太经济，2011（2）：60-64.

③　詹小洪. 重视科技让韩国成为抗击金融危机的优等生 [J]. 共产党员，2011（10）：43.

成立，科研活动才得以缓慢开展。

20 世纪 60 年代，韩国开始实施"一五"计划，提出重点发展轻工业的战略，为韩国的经济增长打下了坚实的基础。在这一阶段，以轻工业为中心是韩国经济发展的重点，也就是重点发展劳动密集型经济。韩国一边大量引进生产线，一边培养进口替代产业。这一时期，韩国也开始由以农业为主的国家向工业国转型。韩国在 1962 年颁布并实施了振兴韩国科技的五年计划。这一时期，韩国把建立健全科技发展的法律和组织架构，建立技术培训体系等作为发展科学技术政策的重点。其具体的措施有：①颁布了《技术引进促进法》（1960年）；②成立了韩国科学技术研究院（KIST，1966 年）；③成立了中央政府直接领导的科技部（MOST，1967 年）；④成立了以进行高新技术研究为主要目的的韩国科学技术研究所（1967 年）；⑤颁布了《科学技术振兴法》（1967年）；⑥设立了统一管理韩国科学技术工作的科学技术处（1967 年）。这一时期，调整工业生产的技术结构，加强科技教育和培训工作，加大引进外国先进技术的力度，是韩国的主要举措。

7.3.1.2 创新系统的形成阶段（20 世纪 70 年代）

20 世纪 70 年代，韩国经济迈入发展的快车道，产业结构也不断升级调整。在"出口导向"政策的影响下，国家经济对外依赖程度逐步提高。在这样的情况下，世界范围内的"贸易保护主义"使韩国产生了强大的危机感，认识到自主科技创新的重要性。因此，韩国工业发展重点向资本和技术密集型工业转化，大力促进和鼓励对科技的引进消化以及再创新，科技政策偏向于强化工程科学技术在工业上的运用，构建起保障科技发展的法律法规，满足科技带动工业发展的需要。

为了方便参与产业的发展和大量移植并推广科技成果，韩国在 1971 年成立了科学院。尤其是对韩国的科学技术发展起了重要作用的"科学园城"也于 1973 年建立起来。1979 年的《韩国科学技术年鉴》显示，许多研究所也在这一时期陆续建立起来。各研究所涉及资源能源开发、电子技术开发、重工业开发、通信技术开发、新能源开发等方面，对韩国科技进步以及社会经济的发展做出了突出的贡献。与此同时，韩国政府也出台了一系列的科技政策和颁布了相应的法律法规，如规定了"技术开发准备金制度"，《技术开发促进法》也于 1972 年颁布，这是韩国政府第一次把对科技活动实行减免税收的政策写进法律，极大地提高了科研主体的积极性。

7.3.1.3 创新系统的完善阶段（20 世纪 80 年代）

20 世纪 80 年代，韩国国内外经济环境严峻，国内由于过分强调重工业，经济结构失衡；国外由于知识产权保护意识的增强，高科技引进难度增加，成本增大。从而，韩国政府颁布和实施"科技立国"战略，强调知识密集型和技术密集型产业成为今后重点发展的方向。为了加强产、学、研之间的合作，韩国政府又颁布了《产业技术研究组合培养法》等法律法规。1988年韩国政府把科技处升级为科技部，进入内阁；同时成立由副总理级的官员担任委员长的"科学技术委员会"。

韩国的科技政策在这一时期的核心任务是促进国内科技研发能力提高。通过改革高校教育、制定吸引人才的政策，韩国产生了一批高质量的科研人员。为促进私营企业的科技研发，韩国开始实行财税体制改革，修订和新制定了许多科技税收政策。1981年，韩国政府颁布了《免征企业附属研究所不动产的地方税制度》。1982年起，为了促进各类研究院所科研活动的开展，韩国政府对研发所需要的用品施行免征消费税和进口税。

7.3.1.4 创新系统的迅猛发展阶段（20世纪90年代以来）

20世纪90年代，科技成为推动韩国迅速发展的主要力量，科技产品成为国家贸易的主要商品。这受益于韩国确立的"科技立国"的国家科技创新战略，以及把专利战略作为重要国策。在这一战略下，企业从原本的科技引进和消化、吸收转变为自主科技创新。另外韩国政府也特别重视科技创新的产权保护，十分重视科技能力的建设。到了20世纪90年代末期，为了把模仿性发展战略升级为创造性发展战略，韩国政府再次制定了一系列的计划和法案，如：高级先进国家（NAH）研究与开发计划（1992年）、《科技创新特别法案》、创造性研究计划（1997年）等。为了实现到21世纪初使韩国的科技水平赶上美国、英国、法国、德国、日本、意大利和加拿大七个科技先进国家的目标，把韩国的某些特定领域里的核心技术提升到世界一流水平，1993年，韩国政府制定了"技术开发战略计划（G7计划）"。为了实现这个计划，韩国政府制定了一系列的方针政策，采取了多项措施：第一，在科技方面的投入大幅度增加，1991年，韩国R&D经费占GNP不足2%，到了2005年已经提高到了5%；第二，推动尖端产业计划，掌握发展方向，如关于重点发展智能型机器人、数码广播等十大高新技术产业的"十大新一代成长动力"科技发展工程于2004年启动；第三，制定和实施长远规划，把握发展进程，如关于未来五年对国家战略科技进行攻关的信息通信、纳米技术、生物工程、航空航天等方面的计划——"科学技术基本计划"于2001年被推出。与此同时，为了使具有创新精神的科技人才得到系统的培养，使科技人才培养体制得到进一步的完善，韩国政府在人才培养方面也出台了一系列方针政策。

7.3.2 韩国创新系统的模式及特点

从韩国经济发展和科创历程可以看出，韩国的经济高速发展与其施行的赶超型科技创新模式和"科技立国"战略密不可分。20世纪80年代以前，韩国的经济和科技创新是在政府干预下发展的；此后，随着政府对经济发展直接干预作用的减弱，政府对科技创新也逐步转向引导和规范。韩国政府通过对产业转型、科技人才的培养、科技政策的完善等多方面采取有关措施，实现了经济的高速发展。韩国的科技创新主要是在政府干预下进行的，其创新系统的发展特点可以归纳为以下几个方面：

7.3.2.1 政府在科技创新中起到重要作用

韩国科技从以引进为主到实现以创新为主的发展历程中，韩国政府起到了至关重要的作用。韩国政府非常重视从宏观全局把握科技创新战略安排，无论是高科技的起步推动还是后续发展，政府都给予了大力支持与积极谋划，它在科技创新领域彰显了有效的行政推动和引导力量。

首先，韩国政府通过构建相关法律体系为有效开展科技创新活动、进行科技创新提供了制度保障，创造了适合国情的制度环境。20世纪60年代，韩国政府通过颁布《外资引进法》，规范外资引进。随着社会经济的不断发展，韩国政府又提出适当简化手续、放宽外资引进限制。但是在整个发展历程中，对外资引进的管理和调控并未松懈。如：为了保护国家利益，保证引进技术的质量，减少那些不必要的重复引进，避免影响本国同类商标权、专利权；在引进合同中不得附加不合理的条款，避免损害本国产业的发展。到了20世纪70年代，韩国为了改变以技术引进为主、自主研发匮乏的局面，颁布了《技术开发促进法》，提出政府提供资金、税收等扶持政策鼓励民营企业设立研究所，对以核心产业为重点的研发项目进行扶持。进入20世纪80年代，这些措施收到了很好的效果，民营企业增加技术开发投资和附设研发机构的步伐大大加快，逐步取代了政府成为科学技术研究发明的主要力量。随后，在20世纪90年代，韩国颁布的《科学技术振兴法》，不仅提出要专门设立科技振兴基金，而且提出重大事务由国务总理主持。同时，这部法案还对扩大对外科技交流、情报研究、培养科技人才、产学研共同研发等具体事务做出了有关规定。除此之外，韩国在推动科技创新方面类似的法律制度安排还有近90个[①]。

---

① 曹峰旗.韩国创新型国家建设中的政府作用与启示 [J].改革与战略，2008（10）：199-202.

其次，政府通过提供财税优惠政策对科技创新活动提供资金保障。韩国以高速增长的研发资金投入与多类型的税收优惠政策促进高新技术的起步和发展。1962 年，韩国的 R&D 投入只占 GDP 的 0.28%，为 21 亿韩元；1980 年上升到 0.56%，为 3.2 亿美元。到了 20 世纪 90 年代，韩国在研究开发上投入的经费迅速增长，1997 年 R&D 投入在 GDP 中的占比上升到 2.7%，此后持续增长，2004 年增加到 2.82%，2005 年是 1980 年的 114 倍，达到了 24.155 4 万亿韩元，进入世界前十，年平均增长率达到了 20.9%。在过去的 40 年间韩国的 R&D 总支出平均增长了 8.3% 左右。2005 年韩国投入的研发总额（包括政府、公共部门和民营企业）为 24.15 万亿韩元，占 GDP 的 2.99%，除略低于日本（3.13%）之外，比美国（2.68%）、德国（2.49%）、法国（2.16%）等发达资本主义国家还高。由此可见韩国对科技研发的重视程度。与此同时，韩国一直保持着较高水平的基础理论研究，对基础理论研究投入达到科研总体投入的 14.5% 左右，这也是韩国发展动力十足的原因之一。

7.3.2.2　企业是自主科技创新的主体

韩国企业既是经济活动的主体，也是科技创新的主体。科技创新是一个企业发展的动力，科技创新能力是一个企业在市场经济中实现长久发展的重要因素。由此，企业在日常工作中，通过提高自主创新能力来提高竞争力，也能从创新能力的提高中享受到实际效益。

在科技研发支出方面，韩国企业成为科学技术研究发明支出最多的微观创新主体，远远超过了政府。除了上文提及政府的作用以外，韩国浓郁的创新精神、坚韧不拔的企业家精神、富有创造力的企业文化，使大量优秀的企业家诞生，他们秉承把"问题变成机会与能力"的理念不断推动创新；同时，韩国具有较为先进的企业组织管理制度，这样的体制实现了人力资本的不断累积，为韩国企业科技创新提供了后备力量。加之，韩国市场与欧美市场的高度链接，在世界市场中竞争激烈，为实现企业利益，韩国企业的科技创新动力更为强劲。由此，韩国的企业切切实实是担任了科技创新的主力。

7.3.2.3　"官产学研"的良性互动

在韩国科技创新体系构建过程中，一个显著特点是企业、科研机构、高等院校和政府在科技创新和科技成果转化方面密切合作。政府也在其中起到了重要的作用。首先，政府在宏观层面制定了相关的政策法规，引导企业与科研机构、高等院校合作，奠定了产学合作氛围；在此基础上，韩国政府于 1973 年对《产业教育振兴法》进行修订，实现了"产学合作"制度化。随后，为了进一步促进企业与研究院之间的合作，韩国通过修订《科学技术革新特别法》，实现了产学研合作法制化。其次，韩国政府通过科学财团每年都提供巨额经费扶持产学研合作研究机构，实现"官产学研"一体化。这种合作机制不仅极大地克服了科技创新中的资源困难，而且极大地加速了知识创新和科技成果的转化，使得韩国整体创新能力和技术水平得到了极大的提高。与此同时，韩国政府为了支持大学、企业和科研机构开展科技创新活动，在营造宽松的科技创新环境方面做了多方面的努力，如政府协助推广科技研发成果，为科研机构提供科技信息和相关的研发资金等。韩国政府从 1967 年开始，还先后出台了很多项鼓励科技创新的法律法规，如《韩国科学与工程基金会法》《科学技术振兴法》等。为了提高创新主体在自主创新方面的积极性，韩国政府为研发活动提供财政补贴、低息贷款，设立"技术开发预备金"和"技术开发资金"等基金。除此之外，为了保证创新主体在技术开发等活动中有专门的资金支持，韩国政府还成立了技术银行咨询公司。

以企业生产为最终归宿是韩国"官、产、学、研体制"的一个最大的特点，也是最重要的特点，即无论是专业研究机构，还是大学、企业，除了基础研究外，都是以"解决问题"为导向，紧扣企业生产中所遇问题、市场需求进行研究，以便科研成果能迅速转化，实现推广。并且韩国政府提出，根据企业大小，独立或是联合设立 R&D 机构，这一硬性规定将所有企业都纳入创新系统中来，极大地扩展了创新型主体体量，增加了创新可能性。同时，企业与大学、科研机构等通过联合，共同进行科技创新，也得到政府的鼓励，这促进和加快了知识的迅速商业化。同时，韩国政府与企业之间在 R&D 投资的比例不断变化，企业投资所占的比例不断提高，两者比例在 1976 年是 78：22，在 1982 年是 50：50，到了 1994 年变成了 16：84。企业与科研机构之间的关系越来越紧密，使得韩国企业的研发能力和总体科技水平持续上升。

7.4 国外创新系统促进经济发展的启示

由于市场失灵，政府在科技创新中发挥着非常关键和重要的作用。例如，美国政府为了充分发挥企业作为科技创新主体的作用，不仅有制度上的保障，制定了一系列有利于科技创新的政策，还从供给、需求等方面采取措施进行必要的干预。还有日本，政府各部门将自己的职能与企业的科技创新紧密结合，制定长远的、动态的科技发展规划，形成国家科技创新体系，充分发挥政府提供公共产品的职能，其目的就是要推动产业和企业在技术上不断创新，以此来达到本国经济的追赶与跨越式发展的目标。以市场调节为基础是日本创新体系内部运行机制的特色，政府介入科技创新的程度比起美国来有过之而无不及。日本政府不仅要为科技创新提供法律和制度环境，而且要对创新体系提供战略导向，对关键产业进行重点干涉，对自主创新进行强大的资金注入。事实上，二战后日本的大部分大型科技项目都是政府的直接干预和官产学密切联合的结果，这是日本科技创新模式的特色。在日本国家创新体系中，政府重视科学技术，强调自主创新，且政府居于主导地位，对国内创新活动进行积极引导和重点扶植。韩国则从管理体制、政策法规、要素投入等方面针对性地采取有效措施不断提高其自主创新能力。通过对以上几个国家政府在科技创新中的职能的分析可以发现，在创新系统发展过程中，政府科技创新职能主要应当包括制定战略规划与政策、塑造良好的政策法律环境、加强对基础研究的财政投入、对研究开发尤其是基础性研究给予大量的财政支持、促进创新体系各主体的沟通和协调、推进市场秩序建设、保护知识产权、培训科技人才、营造良好投资环境等方面。

8 中国经济高质量发展与创新系统进一步优化的政策建议

近五年来，以习近平同志为核心的党中央针对创新驱动进行战略性、全局性、长远性的布局，使创新系统得到优化，其效用得到提升。为了更好地促进创新系统和经济高质量发展相契合，充分考虑它们的互补性契合度、一致性契合度，进一步促进创新系统优化，本章试图提出中国经济高质量发展与创新系统进一步优化的政策建议，促进中国经济增长向着高质量方向"压榨推进"。

创新系统进一步优化的政策着力点是考虑创新主体和创新方式，对创新能力进行提升。具体说来，创新系统分为科技创新子系统和制度创新子系统，科技创新子系统中科技创新能力主要包括科技的创造能力、流动能力和产业化能力，制度创新子系统中制度创新能力可以分为制度质量提升能力和制度的灵活性。创新系统能力的提升，一方面是制度质量的提升，也就是在新的制度作用下，科技创新能力得到提升；另一方面是制度灵活性的增强，即对政府机构行为进行约束和激励，使各类经济行为可以完全按照基本经济制度的要求顺利开展，实现制度的内生功能，让具体经济制度不断更迭和发展，从而适应、促进社会经济和科技的发展。

8.1 增强制度灵活性的政策建议

8.1.1 正确界定政府职责，对政府行为进行约束

要想正确界定政府职责，就要厘清政府和市场各自的边界。中国经济体制改革的根本目标是建设统一、开放、竞争且有序的社会主义市场经济体制。在社会主义市场经济体制中，政府与市场间的关系是不可分割的。市场这只"看不见的手"，可以通过价格机制、供求机制、利益机制和竞争机制发挥对

经济活动的自主调节作用。为了促进社会经济和科技的高效发展，在市场机制的作用下，政府不能对经济活动直接进行干预，但可以为市场发挥作用提供良好的环境，起到监督作用，并在"市场失灵"的领域积极发挥作用，例如在治理经济活动外部性和提供公共品等方面。政府进行干预的出发点是减小市场机制作用不到某些领域而带来的影响，目的是弥补市场机制的不足，从把握经济和社会发展整体利益的角度进行调控。除了在关键、核心或基础性的科技产业领域政府可以介入和直接干预，在其他科技产业领域还是要发挥市场的决定性作用；而当市场失灵时，则应由政府实施调控，以确保创新活动的顺利进行。

要限制和约束政府行为，除了政府对自身的约束以外，还需要外部对其的制约与监督。由于法治的规范性和权威性，并且和市场经济自由交换的内在要求高度契合，它可以有效规范和约束政府行为，可以为市场经济的发展起到规范、保障和引领、推动等作用，也可以有效防止政府逾越自身职责范围而造成的经济社会和科技发展低效、扭曲现象的产生，维护市场和社会的秩序。因此，规范政府行为主要可以从法律层面入手，制定政府工作手册，并把部分对政府行为的约束纳入法律体系。

8.1.2　优化政府绩效评估体系，对政府行为进行激励

当前，我国政府绩效评估体系过于单一，过多强调经济总量上的要求，考核指标也以数量化的经济指标为主，偏向于国内生产总值、财政收入和税收等方面。尽管当前我国经济已步入新常态，但以此为导向的现象仍然严重；同时，对政府绩效的评估，大多是上级对下级的评价，这影响着政府官员的政绩和晋升机制。在这一过程中，政府评估过程很少有公众的参与，具有封闭性和神秘性，也无法通过这样的评估机制去提高政府管理水平。

因此，为了提高制度的灵活性和制度的绩效水平，要从改变政府绩效考核办法出发，建立和健全政府绩效评估体系，才能使政府工作具有促进科技有效发展、促进经济高质量发展的正确导向。要根据经济社会和科技发展实际情况实施不同制度创新方式，良性地促进科技和社会经济发展。具体可分为以下几个方面：一是成立专门的绩效评估机构，打破原有的层级管理，制定政府绩效评估方面的法律法规，使政府绩效评估标准化和法律化；二是政府绩效需要以公众的满意度为导向，重视人民在发展中的主体地位，使政府工作更直接地服务于民，带动经济高质量发展的同时促进人的全面发展；三是制定多元化考核标准，把对经济高质量发展的各个方面纳入考评体系中，也在考核标准中凸显

对政府进行制度创新的激励，推动政府建立起不断自我反省和自我更新的机制，通过各类管理任务和活动中遇到的实际问题，从市场机制需求的角度出发，积极反馈现有制度存在的局限性。我国应在不同阶段运用不同的制度创新方式，增强制度灵活性，从而不断对社会主义市场经济体制进行完善。

8.2　提升制度质量的政策建议：促进科技创新能力的提升

8.2.1　促进科技创造能力的提升

8.2.1.1　促进微观科技创新主体改革和发展

建设一批高水平研究队伍，培育大量对市场科技需求拥有敏锐嗅觉的企业，是实现我国建设创新型经济、实现经济高质量发展的关键。

其一，加强高等院校、科研院所建设，提高高等院校、科研院所管理水平，更好地发挥其基础性研究作用。鼓励学科之间交叉研究，建设多校研究联盟；通过完善高校综合评估机制，倒逼高校机构改革；依托高校智力支撑，根据高校优势学科建立国家重点实验室，同时，也鼓励高校走出去，加强与国家实验室的合作，促进科教融合发展；大力支持高校在基础科技、前沿科技的自主性创新和突破式创新以及社会公益等领域的研发和创新；在培养计划制定和专业课程安排等方面，以国家和社会经济建设和社会发展需求为依据。

其二，深化科研院所的管理体制改革，建立和健全现代科研院所管理制度。国家应该立足于我国现代化急需的重大技术，优化科技资源的配置，集中必要的人力、物力和财力形成优势学科领域和研究基地，对事关国家和社会发展的重大科技问题进行技术攻关，推动科研院所的移植性创新和自主性创新，解决好重大的科技难题。国家应大力支持科研院所进行科技创新研究，对从事基础研究、前沿技术研究和社会公益研究的科研活动给予支持和帮助；扩大科研院所在人事、管理和经费等方面的自主权，以形成促进科研院所高效的原始科技创新的运行机制。

其三，培育科技企业的市场化导向。科技创新是以科技产品市场化的实现为标志的系统活动过程，如果没有建立起科技成果变成科技产品的转化机制，就会导致科技创新结构不合理、科技创新能力低下，对经济的高质量增长产生负面影响。因此，就要更充分地发挥市场在资源配置中的决定性作用，让千千万万的企业充分地进行试错，找到科学技术进步的路径和方向，使其根据自身发展情况灵活采用不同的创新方式，增强其把握、预测、满足、挖掘、适应、引导、培育市场需求的能力，并不断优化创新方式，研发适合市场需求的科技产品。政府的作用主要是规范微观主体的行为，矫正市场失灵，维护市场秩序，除了在重点国防科技或重大基础科技方面，政府不得对市场进行直接干预。除此之外，为保证企业的科技创新选择可以适应市场的当前和潜在需求，政府可组织相关科研单位定期举办科学技术需求分析讨论会，引导企业追踪国际先进、前沿的科学技术，增强企业科技创新的信心，帮助企业保持科技创新的动力等。

8.2.1.2 加强科技创新要素的建设

（1）建设高质量的科技创新人才队伍。

人力资本是科技创新知识的主要载体，也是科技创新活动的推动者，更是各种创新要素和资源的使用者，对于成功进行科技创新、提高创新要素和资源的使用效率具有非常重要的价值。科技创新的关键在于培养造就一大批多层次、多样化的创新人才，特别是拔尖人才和紧缺人才。

这就需要做好以下几点：第一，牢固树立人才是科技创新核心资源的基本观念，要在政府总体调控下，发挥市场机制在人力资本配置中的决定性作用，促进科技创新人才向高效率创新机构或领域流动，充分发挥人才的效用。第二，充分发挥教育在创新人才培养中的重要作用。一方面要提升高等教育办学水平，要注重创新精神和实践能力培养，以社会需求为导向，提高人才培养质量。另一方面，要加大对高等教育和各类高等职业技术教育的投入，优化办学条件，重视人才引进和教师队伍素质建设，保障其良性的发展。第三，建立市场化的人才分配和激励机制，通过建立技术入股制度、科技人员持股经营制度、技术开发奖励制度等激发科技人员的创新和创业精神，鼓励人才的合理流动，促进研发活动的增加和科技成果的转化。第四，构建有助于科技创新的文化环境。人才竞争的实质是人才环境的竞争。必须把人才环境建设作为首要任务。这就需要建立和健全科技人才工作管理体制和工作运行机制，有效解决制约人才发挥作用、制约人才工作发展的问题，营造更加科学、更有效率、更具活力的人才制度环境，充分激发各类人才尤其是高层次人才创新、创业、创优的活力和动力。

（2）建立多渠道的科技创新投入体系。

科技投入是科技活动得以开展的基本前提，也是科技创新得以实现的重要保障。1978年改革开放以来，虽然我国的科技投入随着经济的增长也在不断增加，但无论是与西方发达国家为提高科技水平所进行的科研投入相比，还是从我国自身想要在国际上取得科技发展领先地位的愿望所需要的科研投入来看，我国的科技投入都存在许多短板，如结构不合理、总量和强度不足、科技基础条件也相对较薄弱等。为促进我国科技创新，实现向科技大国、科技强国的转变，单靠企业或是政府进行投入是远远不够的，还需要建立科技投入机制，拓宽融资渠道，引进和培育风险投资，实现科技创新投入主体多元化、风险可控化、提高资本回报率，解决我国科技创新融资困难。

第一，形成稳定的财税投入机制。这就需要充分发挥政府部门在财政投入中的指引作用，通过多形式、多组合的财税政策，创新科技投入模式，增加科技创新资金的投入，带动科技资源配置效率的提高。具体来说，首先，政府应加大对基础研究和社会公益类科研机构的资金投入力度，这主要用于支持市场机制无法涉及的基础科技、突破性前沿科技、社会公益等高风险且低回报的公共科技活动，并保证财政资金的投向要逐步从有市场背景的经营性、竞争性科研领域退出，转向公共性和准公共性科研领域。其次，对于科学技术研究投入规模大的企业、高新科技自主创新企业、高新科技引进再创新企业、从事科研的非营利组织以及产学研合作项目等，政府应给予一定的政策倾斜或税收优惠，相应地减收增值税等。除此之外，政府还应建立和健全符合科技研究规律、科技研究工作特点的政府财政科技经费管理制度，提升财政资金的使用效率和规范性、安全性。

第二，建立和完善风险投资机制。风险资本是一种专门从事高风险项目投资的资本形式，可以为科技创新提供风险投资、私募基金、信贷融资、股权融资等不同的融资方式，是培育高科技企业的主要资金来源，并随着高科技产业的发展需求而不断壮大。由于科技创新具有周期长、风险高、投入高和收益高等特点，是一个"惊险跳跃"过程，因此，我国需要建立和完善创业风险投资机制，鼓励有实力的科技企业在国内外上市，也为科技企业的跨境资金运作创造更加宽松的金融、外汇政策环境；鼓励金融机构和保险公司加大产品和服务创新力度，为科技创新提供全面的资金支持和风险保障；制定相关税收政策，刺激科技产业融资租赁发展。另外，在我国目前的金融体制下，国有大中型企业进行科技开发所需资金能够较顺利地在金融资本市场中得到。但是，对于中小高新技术企业而言，却很难从金融资本市场得到资金支持。为此，政府要积极引导商业银行等金融机构对大中小企业提供多类型、差异化、针对性的信贷和融资支持；要建立起全国性的科技创业风险投资行业，为中小企业融资创造良好条件和合作平台。

8.2.1.3 建立和健全科技中介服务体系

科技中介服务是整合科技创新资源、协调科技创新组织、推动科技创新进程中不可或缺的一个环节。它既是促进科技知识产生和转化的"催化剂",也是各类创新要素聚集和流动的"胶合剂"。科技中介服务网络体系的形成有利于科技创新资源的有效配置和流动,提高科技中介服务的整体水平,也有利于促进科技创新活动的进一步发展,形成正相关效应。因此,要想建立其专业化和网络化的科技中介服务体系,不仅要在政府制度的安排下整合各类科技创新资源,还要加强各类创新主体同各类科技中介服务机构间的联系。

首先,应进一步转变政府科技管理职能,理顺管理体制,为中介机构创造更多的发展空间。地方政府应当对当地科技产业内部的各项创新需求和已存在的各类创新资源进行整合,构建覆盖科技产业和中介服务机构的信息服务平台,并积极培育和发展各种类型的科技中介服务机构。其次,地方政府应加强科技创新主体与各类科技中介机构在产业价值链上的联系,推动企业、科研院所、高校和科技中介机构之间的对接和合作,形成优势互补的合作机制;同时,还要充分发挥高校、科研院所对科技中介服务机构的引导作用,促进运行高效和功能齐全的科技创新中介服务体系的形成。最后,还要促进科技中介服务机构间,以及科技中介服务机构和其他类型的服务机构间的联系,集合各类服务机构的优势,不断提高科技服务中介的水平。

8.2.1.4 完善科技创新的法律保护机制

市场经济是建立在法律约束和信誉之上的契约经济,法律法规是国家科技创新系统运行的有力保障。若科技创新成果不能通过法律的形式予以保护,使之免受侵犯,就必然会严重挫伤创新者的积极性,使其失去创新的动力,阻碍新技术的研究与开发。一国的市场机制是否完善,在维持正常的市场秩序上政府的定位是否正确,各类创新资源和要素能否根据市场供求自由流动,科技成果能否得到合法的保护,都对创新活动的多少和水平高低具有重要影响。另外,由于科技创新活动可能会产生负外部性,带来环境的污染,如果没有有效的法律制度的规范和约束,科技创新反而会导致环境资源变得更加稀缺。可见,科技创新对经济高质量发展的效应是双重的,要遏制科技创新的负面效应,引导科技创新走经济高质量发展道路,就必须依赖于政府制定有效的法律制度。

为促进科技创新,政府需要对相关法律制度进行修订和完善,对著作权法、商标法和专利法等各类针对知识产权设立的专门法律和相关法规进行修订,对有关反不正当竞争、国防和贸易方面相关科技的知识产权的法律法规进行完善,增强法律法规的可操作性,并加强相关立法的配套衔接。同时,政府还要提高知识产权法律法规与国家有关产业、区域、贸易等方面政策的契合度，为科技产业发展、区域科技发展、科技贸易发展提供合理的法律支持，从而促进科技创新成果的合理流动和转移，提高全社会范围内的知识产权意识，形成诚信守法、崇尚创新和尊重知识的社会风气。除此之外，还要防止科技创新活动对环境的影响，政府要严格执行《中华人民共和国环境保护法》《中华人民共和国循环经济促进法》等相关法律法规，做到依法治理环境，坚决废弃或改造资源消耗及排污不达标的工艺或技术，以法律手段强制经济主体推行环境科技创新，减少资源消耗，降低环境污染。

8.2.2 促进科技流动能力的提升

8.2.2.1 深入推进产学研的高效合作

创新战略要取得成功，企业这一创新主体是关键。单个创新主体不可避免地具有资源缺陷。为了利益最大化，提高创新可能性，产学研合作模式成为企业弥补自身科研和创新能力的不足而主动寻求与其他企业、高校和科研院所合作的一种方式。

因此，政府要努力推动建立企业、高校和科研机构紧密联系的制度，加强企业、高校和科研机构的信息沟通，构建产学研的无障碍沟通通道，充分调动高校和科研机构的积极性，组织建立高校专家组和企业管理层、技术班子对话的互动机制，开展咨询、成果转化、技术培训等。同时，在合作过程中，各创新主体都会要求平等参与，通过合作分担风险，从而共享整体科技创新利益。但是在许多情况下，个体利益和整体利益会存在一定的偏差，政府就需要建立起相应的补偿和协调机制来平衡科技创新主体的利益，或是对个别创新主体的行为进行协调，也可以帮助创新主体间消除矛盾，达成共识。不然，利益受到损害的一方就会放弃合作关系，中止已合作进行的科技创新活动。政府还可以建立公共和私有组织之间的平衡机制，在对企业等私有机构进行激励以大力促进其科技创新活动开展以及提升其科技创新效率的同时，确保有足够的公共需求以推进科学技术的研发和应用。可以看出，在各创新主体的合作过程中，政府要整合创新资源，就要建立与之相适应的平衡、协调以及补偿机制，保证各创新主体在平等、协作和互利的基础上，实现创新资源的扩散。

同时，政府要通过与各类微观创新主体的合作，形成科技创新网络组织，建立物质、信息资源共享平台，促进创新资源要素的综合集成和高效配置，使创新主体和创新资源互相促进、互相进步，从而形成人才、资金和科技高度集中带动科技创新发展的良性循环。

8.2.2.2 建立科技基础条件平台和共享机制

由于突破性的科学技术的实现是建立在各类基础设施之上的，政府应完善各类基础设施,如各类信息和交通基础设施、科研教育基础设施以及科技基础条件平台。

其中,在物质基础建设中最为关键的就是科技基础条件平台。科技基础条件平台是指在各类科技知识、科技信息和科学数据等资源和要素的支持下,由国家重点实验室和实验基地、大型科技装备和仪器、科技网络系统、科技资源和要素等构成,服务于各创新主体的支撑体系。国家在构建基础条件平台时,要根据国家重大战略需求,在前沿和先进的科技领域,依托国家重点研究型大学和科研院所,重点打造各类能力强、水平高、管理先进的科技基础条件平台;同时,根据各类科技基础条件平台的特征,制定多种平台的管理和运行规范,提高科技创新主体对科技基础条件平台的使用效率,打破当前许多地方科技创新基础条件落后、重复分散、动力不足的格局,更好地发挥科技基础条件平台的作用,通过平台构建起共享机制。

8.2.2.3 完善科技产权交易市场

为建立起与市场化要求相适应的科技创新机制,提高创新资源流动性,建立完备的科技产权交易市场就尤为重要。科技产权交易市场是进行科技资本化交易活动的重要场所,它在实现科技的转移和扩散、资本与科技的对接、为创新主体取得资金支持等方面起着重要作用。科技产权交易市场既能促进科技资源的优化配置,也可促进科技创新成果的转化,有助于科学技术成果和产品面向市场,从而改变当前重视科学技术理论研究,而较少顾及其应用的情况,改善和优化科技创新效率。因此,政府要加强对科技产权交易市场的正确引导,对科技产权交易市场的长远发展进行规划,建立起科技产权交易市场运行的规则和秩序,维护各创新主体的合法权益,从而增强各创新主体进行科技创新活动的活力。

8.2.2.4 促进区域间科技协同发展

国家宏观指导在区域间的协调上起着非常重要的作用。对于区域间的重复创新行为,由于没有较好的政府间合作,国内的不同区域之间科技创新园区遍地开花,核心技术缺失,各种设施重复建设、公共技术平台缺乏等现象普遍存在。同时,国内科技发展不均衡,科技发展前沿地区与科技发展落后地区差距过大,区域间联动发展能力差、带动性弱,区域间还没有形成良性发展机制。在市场机制的作用下,加强国内区域间的合作,可以促进科技知识的流动和转移,会使双方获益,转让方可以利用转让收益开发新的科学技术,接受方可以获得科技的市场价值,这是一种帕累托改进过程。因此,从国家层面进行统筹安排,以及对合作制度和政策进行完善,可以有效促进区域间的交流,更好地整合区域间的资源，形成大区域和小区域的互动，解决区域分割问题。

8.2.2.5 加大科技创新国际联系

经济全球化的进程也带来了科技全球化，科技创新在国际经济合作中得到了全新的发展。为了加强科技合作与交流，各种类型的国际科技研究计划也应运而生。为了提高科技创新能力，实现科技创新资源跨国跨区域流动，推动本国产业升级，共享在经济全球化中的利益，具有科技创新能力的各国利用本国优势都在积极参与科技创新的合作与分工。正如前文所述，科技创新的国际联系能力对科技创新活动的开展、国家科技创新能力的增强、科技创新效率的提高以及科技创新产业的发展都具有重要的作用。

因此，我国政府需要以建立多元平衡、全面高效的开放体系为原则，以通过参与全球化科技合作提高我国科技创新能力为目标，以全球化科技合作利益共享为宗旨，统筹协调，推动国际科技合作有序进行。一是从自身科技创新能力培养而言，我国政府应有针对性的扶持和培育一批能够与国际科技相接轨的合作项目，积极吸取先进国家和国际组织的科研成果，提高自身科研实力。二是从与国际科研机构合作而言，我国政府应创造科研环境，加大和先进的科研机构、企业、高校等的交流合作，建立稳定长期的合作关系。通过科研人才引进、科研人才培养、学术交流、技术指导等增强创新实力。三是我国在国际科技创新活动中，应该实事求是，立足国情与民情，不仅要加强利于国家军事、前沿科技等的项目合作，还要结合我国经济发展需求，立足解决经济民生的科研项目，实现在国际科技创新合作中，全方位提升我国科技创新能力。

8.2.3 促进科技产业化能力的提升

8.2.3.1 促进科技产业聚集发展

随着社会经济的不断进步，产业的发展和进步更加依托科技创新，前沿和先进科技的重大突破表现出聚集化的特征。也就是说，以单项科学技术为核心的聚集创新已成为科技产业发展的重要趋势。高新技术产业的聚集发展，可以提高科技创新能力。

因此，要坚持以供给侧结构性改革为主线，通过政府相关的制度设计，完善科技创新网络组织，面向国家和产业需要重新布局，推动产学研结合，形成产学研联动的科技产业。同时，促进创新资源要素的综合集成和高效配置，打造产业链较为完整，产业人才、资金和技术高度集中的科技产业发展基地，促进产业集聚效应的产生。除此之外，还要协调区域间产业聚集的发展。由于不同区域的经济和产业发展情况、要素禀赋有巨大的差异，政府应选择符合当地实际情况的科技创新活动，在此基础上形成产业聚集，这才是高效推动经济高质量发展的根本办法。就我国实际发展情况而言，东、中、西部经济发展极不平衡，不同产业有不同的聚集区。但从世界市场上来看，拥有大量廉价劳动力依旧是我国的特点。因此，要实现我国的科技产业集聚，协调区域发展，东部地区应大力提高产业科技水平，实现整体产业链的优化升级；而中、西部地区应根据发展情况吸纳劳动密集型产业，在发展中也要注重科技创新，重点培育高新技术产业集群。

8.2.3.2 促进产业结构不断升级

科技创新与产业结构调整是相辅相成的，两者不可分割。以科技创新带动产业发展，加强传统产业转型发展，可以在发展过程中提高科技创新能力。这就需要政府不断对传统产业进行结构优化，围绕传统产业的核心优势，不断通过政策和制度安排促进传统产业改造从而推动科技创新；通过对落后技术进行嫁接和升级、对生产流程进行优化、对产业链进行延伸等方式，对部分传统产业进行调整和改造；也要对无法改造的部分进行淘汰。通过这些方式增强原有产业的科技先进性、增强产业链各部分的关联性，带动整个产业链的升级和优化。同时也要继续促进原有创新主体开展科技创新活动，不断更新和开发满足新的市场需求的科技产品，研发关键科技和工艺，从根本上推动传统产业改造。

8.2.3.3 注重科技创新的生态导向

资源利用效率和生态环境代价是衡量经济发展质量的重要维度之一，注重科技创新的生态导向，可以使科技创新与生态环境协调发展，形成促进经济高质量发展的内在合力。这就需要政府坚持资源禀赋、生态环境、产业基础、制度环境与科技创新相适应的原则，协调生态承载力、科技创新、资源消耗与科技产业发展的关系。具体来说，第一，需要重视科技在高污染行业和产业中升级换代的作用，严格限制资源浪费程度高、能源消耗强度高、环境污染严重的产业发展模式，积极扶持绿色科技产业体系的建设，大力促进质量效益型产业和资源节约型产业等对自然资源环境友好的科技产业的发展；第二，需要将经济高质量发展纳入各类与科技产业发展相关政策的考虑范围，注重自然资源、环境资源的合理配置同产业发展和布局的协调性关系；第三，推动新型的绿色清洁型生产模式对传统产业的改造，在传统产业链上延伸绿色的科学发展体系，从而实现生态、经济、社会和环境等与人类社会发展密切相关系统的协调发展，以科技创新带动生态环境的优化，从而实现经济高质量发展。

8.2.3.4 促进产业的市场化发展

促进我国经济高质量发展，需要加快我国经济和科技发展的市场化脚步，把充满竞争力的科技产业推向全球市场。近年来，随着经济全球化的发展，采取自上而下、行政指令的手段和方法对某些科技产业或科技创新主体进行"倾斜型"扶持，往往效果不佳。因此，政府应该积极为各类产业创造一个公平竞争的政策环境，以促进微观经济主体之间的竞争。除涉及国家安全的行业、国家关键核心技术的行业、提供重要公共产品和服务的行业、自然垄断的行业以及支柱产业中的关键科技创新主体外，其他产业和科技创新主体的经济活动都应该体现市场的决定性作用。让各类创新资源和要素流动到效率更高的领域，从而使科技创新主体开展更高效的科技创新活动，提高科技创新的成功率。政府应该发挥建立和维护市场秩序、提供相关科技信息、确保经济安全等间接性作用和导向性功能，为相关产业营造法治化的、公平公正的市场竞争环境。

9　主要结论与展望

9.1　本书主要结论

本书运用马克思的生产力和生产关系理论、马克思的劳动价值论与科技劳动思想、熊彼特的创新经济发展理论、新经济增长理论、诺斯制度变迁与经济增长理论、福利经济学和凯恩斯主义关于政府干预的思想、国家创新系统理论等理论与思想为基础，对中国经济高质量发展与创新系统进行了研究，得到以下结论和研究成果：

结论一：本书循着"提出问题→研究问题→分析问题→解决问题"的研究逻辑和进路，展开"问题导向→理论分析→实证研究→政策建议"的研究：首先，通过对相关文献和理论进行梳理和研究，提出经济高质量发展与创新系统研究的重要性和必要性，在此基础上，对所运用的基本理论以及形成的分析框架进行介绍和说明；其次，根据本书所形成的基本理路和分析框架，对创新系统的内在结构以及创新系统和经济高质量发展之间的契合度进行分析，并根据中国经济高质量发展与创新系统历史形成和发展演变情况就创新系统对经济高质量的作用效果进行实证研究，提出和分析当前所存在的问题；最后，通过研究相关国外创新系统促进经济发展质量提升的实践与启示，提出中国经济高质量发展与创新系统进一步优化的政策建议。

结论二：本书对创新系统的三个组成要素进行研究，分别是创新主体、创新方式和创新能力。第一，创新主体可以分为科技创新主体和制度创新主体，科技创新主体从不同层面来界定，分别是微观主体（可以划分为直接参与科技创新的主体，例如企业、高校和科研机构，还有间接参与科技创新的主体，例如科技中介服务机构）、中观主体（区域）、宏观主体（国家）；制度创新主体则包括政府和科技行业协会。第二，本书对创新方式的研究，类比马克思价值理论的研究方法，运用马克思的生产力和生产关系理论，对创新方式的本质内容和表现形式进行了研究和界定。本书研究发现，创新方式中的本质内容可以分为科技创新方式和制度创新方式，科技创新方式和制度创新方式之间是相互关联、相互影响的。科技创新方式是推动社会经济发展的主要动力，它的发展状况一定程度上决定了与科技有关的制度创新方式；同时，制度创新方式又对科技创新方式具有正面或负面的影响，从而也对经济发展和科学技术的进步产生作用。正是科技创新和制度创新间的相互促进，推动了创新系统的发展。处于经济不同发展阶段的创新也具有不同形式。科技创新的表现形式可以分为四种类型，分别是移植性科技创新、自主性科技创新、破坏式科技创新以及差异化科技创新；而制度创新的表现形式也可以分为四种类型，分别是移植性制度创新、自主性制度创新、破坏式制度创新以及差异化制度创新。第三，创新能力分为科技创新能力和制度创新能力。一方面，科技创新能力分为三个方面，分别是科技的创造能力、科技的流动能力以及科技的产业化能力。科技的创造能力主要由各创新主体对创新资源的运用、配置和组合，开展创新研发活动来衡量，这些创新主体主要由企业、高校和科研机构、科技中介机构、金融机构和教育环境构成。科技的流动能力主要体现为企业间的合作，科研机构、大学和企业间的合作，以及其他一些科技流动途径，各创新主体可以在科技创造的基础上，以资本、科学技术、人才、信息、平台等为纽带进行互动联系。由于产业化是实现科技创新非常重要的一环，本书定义科技的产业化能力由科技的集成能力、科技的应用能力、科技产业集聚能力、产业结构调整和升级能力来衡量。另一方面，制度创新能力可以分为静态制度创新能力和动态制度创新能力两方面。静态制度创新能力主要是指制度质量提升的能力，而动态制度创新能力主要是指制度的灵活性。在对制度质量提升能力进行分析时，本书从微观、中观和宏观三个层面的科技创新主体出发，分析了市场机制对科技创新作用下政府提升制度质量能力的出发点。在微观层面，科技创新的外部性特征决定了需要政府介入，科技创新的公共物品属性决定了需要政府介入，科技创新的不确定性和高风险性决定了需要政府介入，科技创新的信息不完全性决定了需要政府介入；在中观层面，政府需要对创新资源进行有效整合，需要在各类微观主体间进行利益协调；在宏观层面，科技创新的战略资源属性是国家扶持创新的重要出发点，区域间的科技创新和产业协调发展需要依靠政府的宏观调控。在分析制度灵活性时，本书首先对制度的灵活性进行定义，制度的灵活性指的是在不改变基本经济制度的前提下，在基本经济制度内部不断更新具体经济制度，以取代那些僵化的、过时的制度内容，以便使制度保持充分的活力，也就是发展新的具体经济制度以应对不断变化的经济和科技发展的形势。在此基础上，本书对制度灵活性的重要性进行了分析，提出了增强制度灵活性的作用点，即，要想提高制度的灵活性，就要对政府机构进行良好的激励和严格的约束，这是实现制度灵活性的前提，更是实现制度质量提升的前提。

结论三：本书在对中国经济高质量发展与创新系统的契合度进行分析时发现：一方面，一致性契合度可以从主观角度和客观角度来分别考察，本书对主观角度进行研究时发现，人们对经济高质量发展对自身发展所产生的方向定位和愿景，和创新系统作用于社会经济增长的发展方向和愿景是相一致的。从客观角度来考察一致性契合度，本书发现，创新系统作用于社会经济增长的核心价值导向、总体和具体目标与经济高质量发展的核心价值追求是相契合的。另一方面，互补性契合度主要从供给—需求契合度、能力—要求契合度两方面展开分析。其中，供给—需求契合度主要是指创新系统"供给"（数量、类型）与经济高质量发展"需求"（数量、类型）之间的契合问题，从经济高质量发展的"需求"来看，经济高质量发展需要实现协同发展的产业体系、竞争有序的市场体系、高效和公平的收入分配体系、协调联动的城乡区域发展体系、环境友好的绿色发展体系，以及多元平衡和安全高效的开放体系。从创新系统"供给"来看，当创新系统的两个子系统——科技创新子系统和制度创新子系统有效结合时，可以为经济高质量发展提供源源不断的动力和良好的基础环境，为人们实现更有效率和更公平的生活方式创造条件，为实现经济绿色发展和可持续发展提供有效的路径。可以看出，在科技创新子系统和制度创新子系统的有效结合下，经济高质量发展的"需求"和创新系统的"供给"是相契合的。能力—要求契合度主要是指创新系统所具备的"能力"与经济高质量发展对创新系统的"要求"之间的契合度。由于经济高质量发展本身的客观要求是多方面的，因此，提取出的对创新系统的"能力"要求就较为全面。在市场机制作用下，科技创新子系统在某些领域可以自行发挥作用，但在其不能自行发挥作用和产生促进功效的领域，就要求政府进行相应的制度创新来创造条件，使科技创新子系统发挥作用。这表明，经济高质量发展对创新系统的"要求"，实际上还是要求创新系统的子系统之间有效结合，以及创新系统的有效运行。

结论四：本书从历史发展视角研究了1949年以来中国经济高质量发展与创新系统发展的基本现实，并运用VAR模型考察我国创新系统对经济高质量发展的影响。本书发现：第一，通过VAR模型参数结果可以看出，不论是滞后1期的经过一阶差分的科技创新指数还是制度创新指数，都会对一阶差分的经济高质量发展指数产生正面影响。这表明，上一期的科技创新和制度创新对经济质量增长的带动作用十分明显。但从中也可以看出，当一阶差分的科技创新指数和制度创新指数时期定位为滞后 2 期时，对一阶差分的经济高质量发展的影响为负，说明过分陈旧的基础设施建设、投入和产品，以及灵活性较低、落后的制度不适应当前经济高质量发展。第二，从脉冲响应函数可以看出，给一阶差分的制度创新指数一个正的冲击后，在第一期就会对一阶差分的经济高质量发展指数产生正向影响，随后影响慢慢变弱，会出现略低于 0 值的水平。这说明，由科技发展而带动的制度变革会对经济质量的增长产生正面影响，原有落后的生产关系，在新的制度到来之际，得到了革新，对各类经济主体产生了激励，带动经济向上发展。但在经济运行过程中，由于新制度的产生，各类新的问题也会产生，在经济上涨到顶峰时所有问题会显现出来，带动经济下行；而伴随着时间的推移，制度的灵活性会使制度在小范围内自行调整，从而减轻和减缓各类问题的出现，最后消除对经济影响的负面效应。给一阶差分的科技创新指数一个正的冲击后，对一阶差分的经济高质量发展指数的影响在第二期后会达到最大，后随着 0 值波动并逐步减弱。这可以说明，科技创新水平的提高会给经济增长带来明显的推动作用，但由我国现阶段的情况预测出的结果，可以看出，科技创新虽然会在一开始促进经济质量明显的提升，但由于科技发展程度的限制，或者相关制度安排不尽完善，随着时间的推移，科技创新在某些时候也会对经济发展质量产生一些负面影响，例如在环境保护方面或是促进城乡发展协调方面等。第三，通过方差分解可以看出，一阶差分的经济高质量发展指数受制度创新和科技创新的影响较为明显，并逐步增大；一阶差分的科技创新指数受一阶差分的制度创新指数的影响也较为明显，到第三期达到顶峰，后又逐步降低，这说明科技创新受制度创新的影响较大。这种影响在短期内会达到一个最大值，完善且灵活的制度安排会为科技创新的提升营造好的发展环境，反之亦然。综合实证结果可以看出，我国当前科技创新和制度创新形成的创新系统总体说来，对经济高质量发展的促进作用相对较为明显，但在具体影响路径和过程中，我国可以通过继续积极推动科技创新以及不断提升制度灵活性，提升制度创新的质量，对影响路径和作用机理进行优化。

结论五：本书依据理论分析框架，借鉴国外发达国家的发展经验，提出了中国经济高质量发展与创新系统进一步优化的政策建议。针对前文的研究结论，本书从动态和静态制度创新能力两个角度出发，一是分别从对政府的激励和约束作用两方面提出促进制度灵活性提升的政策建议；二是分别从促进科技创造能力提升、促进科技流动能力提升、促进科技产业化能力提升的角度，提出促进与科技创新相关的制度质量提升的政策建议，希冀为政府相关部门科学推进创新驱动发展战略、统筹经济高质量发展提供一定的参考。

9.2　展望

由于创新系统是一个非常复杂的经济系统，在创新系统的不断优化和促进经济发展质量的持续提升方面，仍然存在非常多的理论与政策问题需要深入探讨。由于笔者研究水平有限且受制于客观条件，本书的研究有一些不足之处，今后仍需在如下几个方面做进一步的深入研究：

第一，中国经济高质量发展与创新系统研究涉及多个学科，具有较高的复杂性。本书研究了创新系统中的三个组成部分——创新主体、创新方式和创新能力，但对于创新主体间的利益博弈关系、区域间的差别研究涉及得较少，这就需要在以后的研究中逐步加强对这部分的分析，从微观层面或是区域差别着手进行研究可以更好地找到适宜、适合推动科技创新的内生力量，更能提出针对性的对策建议。

第二，本书虽然试图建立起科技创新评价指标，并给要素指标赋值，进行创新绩效研究，但在研究过程中并没有区分科技创造能力、科技流动能力以及科技产业化能力。这是因为相关数据的获取性较差，因此本书的研究还称不上完善。笔者希望可以在未来的相关研究中，进行一部分微观问卷采集与分析，还可以对不同区域的数据进行收集，去弥补已有的不足。

总之，限于篇幅及笔者的学术水平，本书的研究仍然停留在初级探索阶段，但笔者仍然愿意沿着这一研究思路展开更为深入的探索。同时，在后续研究中，笔者也希望更多地结合创新实践活动的热点话题、创新理论研究的前沿领域展开进一步分析和探讨。当然，在学术研究领域希望本书的切入视角能够起到"抛砖引玉"的作用，为其他研究者提供些许启发，从而共同推动创新理论向前发展。

参考文献

阿特金森，1991. 联邦系统中的创新政策制定：学习各州经验以制定联邦创新政策［J］. 研究政策，20：559-577.

巴特，1989. 叙事作品结构分析导论［M］//张寅德. 叙事与研究. 北京：中国社会科学出版社：4.

白俊红，王林东，2016. 创新驱动是否促进了经济增长质量的提升？［J］. 科学学研究（11）：1725-1735.

贝鲁赫，1982. 美国工业创新政策回顾［J］. 创新政策（1）：271.

蔡皙，王德文，1999. 中国经济增长可持续性与劳动贡献［J］. 经济研究（10）：62-68.

蔡昉，2012. 中国"潜在增长率"趋势［J］. 人民论坛（23）：40-41.

蔡昉，2016. 从中国经济发展大历史和大逻辑认识新常态［J］. 数量经济技术经济研究（8）：3-12.

曹峰旗，2008. 韩国创新型国家建设中的政府作用与启示［J］. 改革与战略（10）：199-202.

钞小静，惠康，2009. 中国经济增长质量的测度［J］. 数量经济技术经济研究（6）：75-86.

钞小静，任保平，2011. 中国经济增长的时序变化与地区差异分析［J］. 经济研究（4）：26-40.

陈波，2014. 论创新驱动的内涵特征与实现条件：以"中国梦"的实现为视角［J］. 复旦学报（社会科学版）（4）：124-133.

陈成文，李春根，2017. 论精准扶贫政策与农村贫困人口需求的契合度［J］. 山东社会科学（3）：42-48.

陈劲，2014. 国家创新蓝皮书：中国创新发展报告（2014）［M］. 北京：社会科学文献出版社.

陈曦，2013. 创新驱动发展战略的路径选择［J］. 经济问题（3）：42-45.

成思危，（2008-01-14）［2020-10-09］. 提高自主创新能力，建设创新型国家［EB/OL］. http://news. xinhuanet. com/politics/2008 - 01/14/content. 7420218. htm.

董为民，2011-08-16. 科技创新需要财政支持［N］. 光明日报（16）.

凡勃伦，1981. 有闲阶级论［M］. 北京：商务印书馆.

樊纲，2014. 回归正常增长与保持稳定增长：当前国际国内宏观经济形势及政策建议［J］. 开放导报（6）：7-10.

樊继达，2016. "央+企+地"创新驱动模式能否持续？［J］. 国家行政学院学报（5）：106-112.

范硕，李俊江，2011. 韩国创新模式：大学、集群与创新体系［J］. 亚太经济（2）：60-64.

方毅，1986. 在全国科学大会上的报告［J］. 中国科技政策指南（1）：259-274.

冯之浚，1999. 完善和发展中国国家创新系统［J］. 中国软科学（1）：55-58.

付家骥，姜彦福，雷家肃，1992. 技术创新：中国企业发展之路［M］. 北京：企业管理出版社.

弗里曼，1992. 日本：一个新国家创新系统？［M］//多西，弗里曼，纳尔逊，等. 技术进步与经济理论. 钟学义，等译. 北京：经济科学出版社：402-424.

傅元海，张丹，孙爱军，2010. FDI 技术溢出影响经济增长方式的理论研究［J］. 当代财经（6）：75-84.

辜胜阻，刘江日，2012. 城镇化要从"要素驱动"走向"创新驱动"［J］. 人口研究，36（6）：3-12.

顾光明，2007. 美国培养科技创新人才的经验及启示［J］. 全球科技经济瞭望（11）：23-27.

郭建平，何建敏，2008. 我国经济增长与资本形成关系的实证研究［J］. 管理工程学报，22（4）：134-136.

郭克莎，1996. 论经济增长的速度和质量［J］. 经济研究（1）：36-42.

郭焰烈，1985. 新技术革命中的日本［M］. 上海：上海人民出版社.

何强，2014. 要素禀赋、内在约束与中国经济增长质量［J］. 统计研究（1）：70-77.

洪银兴，2013. 论创新驱动经济发展战略［J］. 经济学家（1）：5-11.

黄志钢，刘霞辉，2015．"新常态"下中国经济增长的路径选择［J］．经济学动态（9）：51-62．

江飞涛，武鹏，李晓萍，2014．中国工业经济增长动力机制转换［J］．中国工业经济（5）：5-17．

靳思昌，2016．河南创新驱动转型发展评价指标体系研究［J］．国际商务财会（2）：89-92．

靳涛，陶新宇，2015．中国持续经济增长的阶段性动力解析与比较［J］．数量经济技术经济研究（11）：74-89．

经济增长前沿课题组，2003．经济增长、结构调整的累积效应与资本形成：当前经济增长态势分析［J］．经济研究（8）：3-27．

卡马耶夫，1983．经济增长的速度和质量［M］．陈华山，译．武汉：湖北人民出版社．

康华，扈文秀，吴祖光，2016．国家创新体系、资本密度与我国上市公司研发投入：基于制度观视角［J］．科技管理研究（6）：31-35．

康芒斯，1962．制度经济学［M］．北京：商务印书馆．

康梅，2006．投资增长模式下经济增长因素分解与经济增长质量［J］．数量经济技术经济研究（2）：153-160．

克里斯坦森，2010．创新者的窘境［M］．胡建桥，译．北京：中信出版社．

科斯，阿尔钦，诺斯，等，1996．财产权利与制度变迁：产权学派与新制度学派译文集［M］．上海：上海三联书店．

李明德，1992．美国科学技术述评［M］．北京：社会科学文献出版社．

李萍，2000．经济转变方式的制度分析［D］．成都：西南财经大学．

李卫国，2013．中国省际经济增长质量的实证分析［D］．杭州：浙江财经大学．

李晓伟，2009．技术创新与制度创新的互动规律及其对我国建设创新型国家的启示［J］．科技进步与对策，26（17）：1-4．

李燕萍，毛雁滨，史瑶，2016．创新驱动发展评价研究：以长江经济带中游地区为例［J］．科技进步与对策，33（22）：103-108．

林毅夫，任若恩，2007．东亚经济增长模式相关争论的再探讨［J］．经济研究（8）：4-12．

林毅夫，2015-03-07．中国还有20年左右8%增长潜力［N］．山西晚报（2）．

刘满强，1994．技术进步系统论［M］．北京：社会科学文献出版社．

刘诗白，2001. 论科技创新 [J]. 改革（1）：5-9.

刘树成，2007. 论又好又快发展 [J]. 经济研究（6）：4-13.

刘树成，2015. 防止经济增速一路下行：2015—2020 年中国经济走势分析 [J]. 经济学动态（3）：4-8.

刘亚建，2002. 我国经济增长效率分析 [J]. 思想战线，28（4）：30-33.

刘燕妮，安立仁，金田林，2014. 经济结构失衡背景下的中国经济增长质量 [J]. 数量经济技术经济研究（2）：20-35.

刘云，谭龙，李正风，等，2015. 国家创新体系国际化的理论模型及测度实证研究 [J]. 科学学研究（9）：1324-1339.

刘志彪，2011. 从后发到先发：关于实施创新驱动战略的理论思考 [J]. 产业经济研究（4）：1-7.

柳卸林，1993. 技术创新经济学 [M]. 北京：中国经济出版社.

吕冰洋，于永达，2008. 要素积累、效率提高还是技术进步：经济增长的动力分析 [J]. 经济科学（1）：16-27.

吕志勇，2002. 论科技进步与劳动价值论 [J]. 山东财政学院学报，58（2）：14-17.

马克思，恩格斯，1960. 马克思恩格斯全集：第三卷 [M]. 北京：人民出版社.

马克思，1972. 马克思致巴·瓦·安年柯夫 [M] //马克思恩格斯选集：第四卷. 北京：人民出版社：321.

马克思，2004. 资本论 [M]. 北京：人民出版社.

毛其淋，2012. 二重经济开放与中国经济增长质量的演进 [J]. 经济科学（2）：5-20.

梅永红，2010. 创新驱动的体制思考 [J]. 理论视野（4）：42-44.

门亚杰，2006. 科学技术是第一生产力：也论科技劳动创造价值 [J]. 生产力研究（1）：85-87.

诺思，1999. 经济史上的结构和变革 [M]. 厉以平，译. 北京：商务印书馆.

诺斯，托马斯，2009. 西方世界的兴起 [M]. 厉以平，蔡磊，译. 北京：华夏出版社.

诺斯，1994. 制度、制度变迁与经济绩效 [M]. 刘守英，译. 北京：生活·读书·新知三联书店.

庞瑞芝，范玉，李杨，2014. 中国科技创新支撑经济发展了吗？[J]. 数量经济技术经济研究（10）：37-52.

裴小革，2016. 论创新驱动：马克思主义政治经济学的分析视角［J］. 经济研究（6）：17-29.

彭德芬，2002. 经济增长质量研究［M］. 武汉：华中师范大学出版社.

彭纪生，孙文祥，仲为国，2008. 中国技术创新政策演变与绩效实证研究：1978—2006［J］. 科研管理（4）：134-150.

邱晓华，郑京平，万东华，等，2006. 中国经济增长动力及前景分析［J］. 经济研究（5）：4-12.

曲安京，2005. 中国近现代科技奖励制度［M］. 济南：山东教育出版社.

权晓虹，沈体雁，1999. 区域创新的教育因素分析与政策含义［J］. 中国软科学（11）：7-10.

任保平，钞小静，魏婕，2012. 中国经济增长质量报告：中国经济增长质量指数及省区排名［M］. 北京：中国经济出版社.

任保平，郭晗，2013a. 经济发展方式转变的创新驱动机制［J］. 学术研究（2）：67-76.

任保平，王蓉，2013b. 经济增长质量价值判断体系的逻辑探究及其构建［J］. 学术月刊（3）：88-94.

任保平，2013c. 经济增长质量：经济增长理论框架的扩展［J］. 经济学动态（11）：45-51.

任保平，郭晗，2015. 新常态下提高我国经济增长质量的路径选择与改革取向［J］. 天津社会科学（5）：84-90.

任保平，李梦欣，2016. 中国经济新阶段质量型增长的动力转换难点与破解思路［J］. 经济纵横（9）：33-40.

日本通商产业政策史编纂委员会，1996. 日本通商产业政策史［M］. 北京：中国青年出版社.

上海财经大学课题组，2014. 上海"创新驱动，转型发展"评价指标体系研究［J］. 科学发展（66）：5-16.

沈建磊，马林英，2007. 美国建设创新型国家的主要优势和特征［J］. 全球科技经济瞭望（10）：4-12.

沈坤荣，1998. 中国经济增长绩效分析［J］. 经济理论与经济管理（1）：28-33.

沈坤荣，曹扬，2017. 以创新驱动提升经济增长质量［J］. 江苏社会科学（2）：50-55.

沈利生，王恒，2006. 增加值率下降意味着什么［J］. 经济研究（3）：59-66.

舒元，徐现祥，2002. 中国经济增长模型的设定［J］. 经济研究（11）：3-11.

斯大林，1964. 论辩证唯物主义和历史唯物主义［M］//列宁主义问题. 北京：人民出版社：648.

斯蒂格利茨，1998. 政府为什么干预经济：政府在市场经济中的角色［M］. 郑秉文，译. 北京：中国物资出版社.

宋刚，2009. 钱学森开放复杂巨系统理论视角下的科技创新体系［J］. 科学管理研究（6）：1-6.

宋丽萍，2014. 区域创新系统绩效评价及创新能力提升路径研究［D］. 武汉：中国地质大学.

随洪光，刘廷华，2014. FDI 是否提升了发展中东道国的经济增长质量［J］. 数量经济技术经济研究（11）：3-20.

孙辉，2006. 美国创新型国家的基本特征和主要优势［J］. 全球科技经济瞭望（8）：15-24.

谭清美，2001. 区域创新系统的结构与功能研究［J］. 科技进步与对策（8）：52-54.

唐永，范欣，2018. 技术进步对经济增长的作用机制及效应：基于马克思主义政治经济学的视角［J］. 政治经济学评论（3）：147-167.

托马斯，2001. 增长的质量［M］. 北京：中国财政经济出版社.

汪青松，2010. 行政体制转型与经济发展方式转变［J］. 安徽师范大学学报（人文社会科学版）（6）：6-10.

王德华，刘戒骄，2015. 国家创新系统中政府作用分析［J］. 经济与管理研究，36（4）：31-38.

王宏昌，林少宫，1997. 诺贝尔经济学奖金获得者讲演集：1969—1977 年［M］. 北京：中国社会科学出版社.

王积业，2000. 关于提高经济增长质量的宏观思考［J］. 四川政报（6）：11-17.

王邻农，1997. 国家创新系统初探［D］. 北京：中共中央党校.

王薇，任保平，2015. 我国经济增长数量与质量阶段性特征：1978—2014 年［J］. 改革（8）：48-58.

王艳，2007. 美国的科研诚信：大学的作用［J］. 全球科技经济瞭望（1）：10-14.

翁媛媛，高汝熹，2011. 中国经济增长动力分析及未来增长空间预测 [J]. 经济学家 (8)：65-74.

吴贵生，2000. 技术创新管理 [M]. 北京：清华大学出版社.

吴海建，2015. 创新驱动发展评价指标体系设计及实证研究 [J]. 中国统计 (2)：53-54.

吴永忠，2002. 论技术创新的不确定性 [J]. 自然辩证法研究 (6)：37-39.

吴优，2014. 创新驱动发展评价指标体系构建 [J]. 开放导报 (4)：88-92.

武鹏，2013. 改革以来中国经济增长的动力转换 [J]. 中国工业经济 (2)：5-17.

夏天，2009. 创新驱动经济发展的显著特征及其最新启示 [J]. 中国软科学 (S2)：113-118.

小岛计智，1985. 日本的技术创新与工业研究 [J]. 科学学译丛 (3)：40.

熊彼特，1997. 经济发展理论：对于利润、资本、信贷、利息和经济周期的考察 [M]. 何畏，易家详，等译. 北京：商务印书馆.

杨轶，2008. 试论创新驱动型产业政策 [J]. 改革与战略 (2)：103-105.

于津平，许小雨，2011. 长三角经济增长方式与外资利用效应研究 [J]. 国际贸易问题 (1)：72-81.

曾方，2003. 技术创新中的政府行为：理论框架和实证分析 [D]. 上海：复旦大学.

詹小洪，2011. 重视科技让韩国成为抗击金融危机的优等生 [J]. 共产党员 (10)：43.

张来武，2011. 科技创新驱动经济发展方式转变 [J]. 中国软科学 (12)：1-5.

张来武，2013. 论创新驱动发展 [J]. 中国软科学 (1)：1-5.

张利华，1992. 日本战后科技体制与科技政策研究 [M]. 北京：中国科技出版社.

张五常，1991. 交易费用的范式 [J]. 社会科学战线 (1)：1-9.

章祥荪，贵斌威，2008. 中国全要素生产率分析：Malmquist 指数法评述与应用 [J]. 数量经济技术经济研究 (6)：111-122.

赵峰，2007. 科技政策与创新型国家建设研究 [D]. 郑州：郑州大学.

赵志耘，吕冰洋，郭庆旺，等，2007. 资本积累与技术进步的动态融合：中国经济增长的一个典型事实 [J]. 经济研究（11）：18-31.

郑玉歆，2007. 全要素生产率再认识：用 TFP 分析经济增长质量存在的若干局限 [J]. 数量经济技术经济研究（9）：3-11.

中共中央文献研究室，1982. 三中全会以来重要文献选编：上 [M]. 北京：人民出版社.

中国经济增长前沿课题组，2014. 中国经济增长的低效率冲击与减速治理 [J]. 经济研究（12）：4-15.

朱方明，贺立龙，2014. 经济增长质量：一个新的诠释及中国现实考量 [J]. 马克思主义研究（1）：72-80.

BARRO R J, BECKER G S, 1989. Fertility choice in a model of economic development [J]. Econometrica, 57（2）：481-501.

BARRO R J, BLANCHARD O J, HALL R E, 1991. Convergence across states and regions [J]. Brookings papers on economic activity（1）：107-182.

BARRO R J, 2002. Quantity and quanlity of economic development [M]. Santiago：Central Bank of Chile Working Paper.

BECKER G S, MURPHY K M, TAMURA R, 1994. Human capital, fertility, and economic development [M] //GARY S B. Human capital：a theoretical and empirical analysis with special reference to education. Chicago：The University of Chicago Press：323-350.

BLOCK F, KELLER M R, 2009. Where do innovations come from? Transformations in the US economy, 1970—2006 [J]. Socio-economic review, 7（3）：459-483.

BLOCK F, 2008. Swimming against the current：the rise of a hidden developmental state in the United States [J]. Politics & society, 36（2）：169-206.

BOLDRIN M, WOODFORD M, 1990. Equilibrium models displaying endogenous fluctuations and chaos：a survey [J]. Journal of monetary economics, 25（2）：189-222.

DE SOTO, H, 2000. The mystery of capital [M]. New York：Basic Books.

EGGERS A, IOANNIDES Y M, 2006. The role of output composition in the stabilization of U. S. output growth [J]. Journal of macroeconomics, 28（3）：585-595.

FREEMAN C, 1991. Networks of innovators：a synthesis of research issues [J].

Social science electronic publishing, 20 (5): 499-514.

FREEMAN C, 1995. The 'National System of Innovation' in historical perspective [J]. Cambridge journal of economics, 19 (1): 5-24.

GIMOND J, 2002. What ails Japan [J]. The economist, 363: 3-4.

GROSSMAN G M, HELPMAN E, 1991. Quality ladders and product cycles [J]. Quarterly journal of economics, 106 (2): 557-586.

KRUGMAN P, 1994. The myth of Asia's miracle [J]. Foreign Aff. (73): 62.

KURAN T, 2004. Why the Middle East is economically underdeveloped: historical mechanisms of institutional stagnation [J]. Journal of economic perspectives, 18 (3): 71-90.

KUZNETS S, 1955. Economic development and income inequality [J]. American economic review (45): 1-28.

LANGRISH I, 1972. Wealth from knowledge: a study of innovation in industry [M]. Wiley: Halstead Press Division.

LARDY N, 2016. China: toward a consumption-driven growth path [J]. Policy briefs (1): 85-111.

LEWIS S D, 2010. Institutional flexibility and economic development [J]. Journal of comparative economics, 38 (3): 306-320.

LUCAS R E, 1988. On the mechanics of economic development [J]. Journal of monetary economics, 22 (1): 3-42.

LUNDAVALL, B A, 1992. National systems of innovation [M]. London: Printer Publisher.

MANKIW N G, ROMER D, WEIL D N, 1992. A contribution to the empirics of economic development [J]. Quarterly journal of economics, 107 (2): 407-437.

MYERS S, MARQUIS D G, 1969. Successful industrial innovations: a study of factors underlying innovation in selectedfirms [R]. Washington, DC: National Science Foundation.

NELSON R R, 1993. National system of innovation: a comparative study [M]. Oxford: Oxford University Press.

NISHIMURA K, YANO M, 1995. Non-linear dynamics and chaos in optimal growth: an example [J]. Econometrica, 63 (4): 981-1001.

NORTH D C, 1991. Institutions [J]. Journal of economic perspectives, 5

(1): 97-112.

OECD, 1996. The knowledge-based economy [M]. Paris: Organisation for E-conomic Co-operation and Development.

OECD, 1997. National innovation systems [M]. Paris: Organisation for Economic Co-operation and Development.

OLSON M, 1982. The rise and decline of nations [M]. New Haven: Yale Univ. Press.

PISTOR K, KEINAN Y, KLEINHEISTERKAMP J, et al., 2003. Innovation in corporate law [J]. Journal of comparative economics, 31 (4): 676-694.

REBELO S, 1991. Long-run policy analysis and long-run growth [J]. Journal of political economy, 99 (3): 500-521.

ROMER C, 1986. Spurious volatility in historical unemployment data [J]. Journal of political economy, 94 (1): 1-37.

SAMUELSON P A, 1998. Economics [M]. New ed of 1948 ed edition. US: McGraw-Hill Inc.

SMITH A, 1904. An inquiry into the nature and causes of the wealth of nations [M]. London: Methuen & Co., Ltd.

VINOD H D, 2003. Open economy and financial burden of corruption: theory and application to Asian [J]. Journal of Asian economics, 13 (6): 873-890.

YOUNG A, 2000. The razor's edge: distortions and incremental reform in the People's Republic of China [J]. The quarterly journal of economics, 115 (4): 1091-1135.